古蜀城堡战场寻迹

马恒健 著

四川人民出版社

图书在版编目（CIP）数据

古蜀城堡战场寻迹 / 马恒健著 .—成都：四川人民出版社，2024.11.—ISBN 978-7-220-13578-1

Ⅰ. K878

中国国家版本馆 CIP 数据核字第 2024TN1286 号

GUSHU CHENGBAO ZHANCHANG XUNJI
古蜀城堡战场寻迹

马恒健 著

出 版 人	黄立新
责任编辑	蔡林君
封面设计	张 科
版式设计	张迪茗
责任校对	蓝 海
责任印制	周 奇

出版发行	四川人民出版社（成都三色路238号）
网　　址	http://www.scpph.com
E-mail	scrmcbs@sina.com
新浪微博	@四川人民出版社
微信公众号	四川人民出版社
发行部业务电话	（028）86361653　86361656
防盗版举报电话	（028）86361661
照　　排	成都木之雨文化传播有限公司
印　　刷	成都兴怡包装装潢有限公司
成品尺寸	170mm×240mm
印　　张	22.5
字　　数	340千字
版　　次	2024 年 11 月第 1 版
印　　次	2024 年 11 月第 1 次印刷
书　　号	ISBN 978-7-220-13578-1
定　　价	68.00 元

■版权所有·侵权必究

本书若出现印装质量问题，请与我社发行部联系调换

电话：（028）86361656

前言

"天下未乱蜀先乱，天下已治蜀后治"。从古至今，四川甚少发生中原大地上的诸如长平之战、淝水之战、赤壁之战等数十万人血拼的重大战役。但是，由于蜀地有四塞之固，物产丰饶，古代那些怀有争霸天下雄心的盖世英豪，往往利用山川纵横，盆地、丘陵、高原俱全的自然地理环境，不遗余力地进行战略经营，以此窥视中原，图谋帝业。

纷争乱世的割据势力，把蜀地视为"进可攻，退可守"的军事后方；祸起萧墙的帝王，把蜀地视为理想的临时避难地；亡命天涯的将相，把蜀地视为东山再起的希望所在。

于是，中国古代出入四川盆地的大规模军事行动，就有许多躲不过、绕不开的雄关险隘。这些关隘历史悠久，声名显赫。

秦汉时期，陕西方向便有雄踞于峻岭之巅的七盘关和镶嵌于奇峰之间的剑门关，云南方向便有千仞绝壁上五尺道锁钥的石门关，湖北方向便有夹峙于滚滚长江扼阻水道的瞿塘关。

及至唐宋，四川盆地南缘有地处零关道要冲的清溪关，盆地西缘有"壮压西川四十州"筹边楼。1235年，宋蒙战争全面爆发后，南宋在四川采取"守点不守线，连点而成线"的战略方针，于1243年至1252年的9年时间里，有计划、有步骤地在四川境内的长江、嘉陵江、沱江、岷江沿岸，选择险峻的山隘，加固和新筑了数十座既是军事要塞，又是行政中心的山城。这些史称方山城堡的防御体系，是中国古代战争史上的奇观。

明朝时期，川西北和川南，民族纷争此起彼伏，甚至一度威胁成都平原。

于是，在川西的崇山峻岭，在川南的蛮荒之地，一座座威严雄伟的军事城堡拔地而起。川南的川黔交界处，有南拒蛮夷、矗立于滔滔赤水河畔的雪山关；川西的北川与茂县交界处，有西拒戎狄的四川最大的军事古堡群永平堡；川北的民族走廊龙安古道，有扼守入藏重要通道的松潘小河营。这些关隘相互呼应，形成卓有成效的边疆卫戍格局。

历史就在身边，它既不抽象也不遥远。10多年来，我自驾行程20余万千米，持续地跋涉于蜀地鲜为人知或少有人涉足的古城堡和古战场。随着游历和探寻的深入，它们深厚的历史文化底蕴，既令人震撼又令人深思；它们奇绝秀险的自然风光，既令人赏心悦目又令人叹为观止。它们的不可替代性和唯一性，激发了我再现蜀地战争历史真面目的强烈愿望。

比如，考察宋蒙战争时期极具重要战略意义的"蜀中抗蒙八柱"等数十座抗蒙山城，展示波澜壮阔的南宋四川抗蒙战争；游历褒斜道与金牛道交汇处"蜀汉的马奇诺防线"，追忆蜀汉将士北伐之路上的决绝背影；穿越汉代纵贯蜀地的灵关道最为艰险和荒凉的小相岭路段，缅怀司马相如筑路开疆的丰功伟绩；重走明朝大军"叙南平蛮"战争中征剿僰人的进军路线，寻觅僰人的险关坚城；进入威震川西的四川最大的明代军事古堡群永平堡，见证历史上旷日持久的羌汉之争的终结；探寻导致石达开最终兵败大渡河安顺场的宜宾横江大战战场，揭示石达开的"滑铁卢"之谜；登临蔡锷率护国军由滇入川翻越的"锁钥川滇"的雪山关，瞻仰"许壮士生还"的热血诗篇；驻足经蜀地入滇的忽必烈南征大军在丽江奉科金沙江畔集结的古渡头，观赏"元跨革囊"历史大戏的上演……

在写作古蜀城堡战场的过程中，我以散文的文学性、新闻的纪实性和学术的严谨性有机结合的笔法，来解读历史的流云和领略自然的岚烟。书中的每一处，我均做到"三到"：足到，实地详加踏勘；眼到，遗迹周密观察；心到，发自内心地抒发情感和见解。凡涉及历史人物、年代、事件，均反复比对，竭力对人文史料去伪存真，纠正"在书斋中炮制文字"的一些专家、学者的偏见和谬误，补充其语焉不详之处；对场景的描写，在准确记录的基础上，也力求做到语言文字优美简洁。

前　言

　　此外，《古蜀城堡战场寻迹》配有我在人迹罕至、险象环生的境地，拍摄的大量的第一手重要而珍贵的历史遗迹图片。这些图片无论形式、质量还是内容，均与此书文字内容相互映证、相得益彰。

　　人类向过去看多远，就能向未来走多远。古代的城堡战场，是历史、文化、建筑、艺术及民族精神的凝聚地，它既能吸引人们前往凭吊、追忆、解惑，从而增强民族自信心，激励人们豪情满怀地走向未来，又能因为它们大都隐于奇山异水、偏僻险峻之地，是一处处引人入胜的自然景观，吸引着人们前去寻幽览胜。

　　蜀地的特殊地位，决定了它对于统治者的重要性，由此也使蜀地历史焕发着独特的魅力。成都武侯祠"能攻心则反侧自消从古知兵非好战，不审时即宽严皆误后来治蜀要深思"的联语，时至今日仍当对其学习、研究和借鉴。

　　人们离既真实又完整的历史仿佛总有一步之遥。但愿《古蜀城堡战场寻迹》一书，为蜀地人文历史、古代军事史的研究者给予相关的实证和有益的启示，为酷爱蜀地历史文化的旅游者提供拓展探秘寻幽新疆域的可能。

目录
CONTENTS

- 001 灭蜀名将与他的古道荒冢
- 010 王者远去　铜城风雨谁诉
- 018 史诗流芳的格萨尔王
- 026 凌霄城　竹海之上的城堡
- 034 蜀汉北伐的决绝背影
- 047 永平堡　终结羌汉之争的堡垒群
- 057 壮压西川四十州
- 064 茶马古道上的涪源要塞
- 072 兴汉之基小宁城
- 081 攀西大裂谷　诸葛营垒锁大江
- 089 蜀汉兴亡葭萌关
- 097 运山横亘卫巴蜀
- 104 云亭晓烟里的隐士雄杰
- 111 长江第二湾　见证忽必烈的豪赌
- 122 嘉陵曲流绕宋城
- 128 靴城　孤悬川北的传奇
- 135 虎头城　虎踞沱江御强敌
- 142 三多寨　沈从文梦中的"边城"
- 149 苟王寨　造像超度南宋魂
- 157 横断山中嘉绒碉房宛若神筑
- 169 与僰人不瞑之目对视
- 179 笔架山　群山低首拜英雄

186	云顶城　成都平原擎天柱	266	军防要塞式住宅奇观
193	莲花泣血的大良城	272	寻迹唯一的羌族王城
200	虎啸城　蒙军新战法策源地	279	打开孟获城　世上无穷人
207	白马关　见证蜀汉的兴亡	285	牛角寨　张献忠的大本营
213	浮华的云顶堡垒庄园	289	天雄关　剑门关的铁门槛
220	"上帝折鞭"钓鱼城	296	石城山　镇压西南半天壁
229	小相岭上的海棠要塞	302	川黔锁钥处　蔡锷拔剑留遗篇
236	蒙哥御驾亲征首战的苦竹寨	310	中国唯一穹窿地貌的古寨堡群
244	神臂城　铁打的泸州天下闻	328	祁山堡　兴复汉室的桥头堡
252	南丝路上大唐雄关	335	五丈原　星落秋风渭水寒
260	灵关道最后的古堡	342	川滇咽喉处　石达开的滑铁卢

灭蜀名将与他的古道荒冢

展开四川旅游地图,以成都为原点,沿着古蜀道由南向北,庞统、诸葛瞻、蒋琬、鲍三娘、费祎、姜维等蜀汉名臣良将的墓祠,依次映入眼帘。他们生前为蜀汉江山鞠躬尽瘁,死而后已;他们死后声名不衰,其墓祠经历代的保护修葺,成为旅游亮点。

但是,他们若有在天之灵,一定会被卧榻之旁的一个宿敌搅得寝食不安。这个宿敌,便是直接导致蜀汉灭亡的曹魏征西将军邓艾。他的墓茔,也在古蜀道旁;他的灵魂,仍在姜维北伐中原的必经之路上游荡。

兵家传奇

四川青川县与甘肃文县交界处，一座摩天接云、坡陡谷深的山岭苍茫横亘。它自古以来便是川甘界山，名叫摩天岭。

在我国万水千山中，被称为摩天岭的山岭有多个。有了邓艾，这座摩天岭，在众多山岭中脱颖而出；有了这座摩天岭，邓艾灭蜀，便多了几分悲壮和传奇。

盘缠于摩天岭的阴平道，是古今公认的"山高如云表，玄鹤尚怯飞"的险道。它在药农的尖嘴锄和樵夫的柴斧下延伸，在茶农的脚印和猎手跟踪动物的兽道上成型。这是一条由甘入川的奇径，自甘肃文县延伸至四川平武县南坝镇，700余里渺无人烟。严格讲，三国时期，它只是从理论上可以到达成都的"径"，连邓艾自己也称它为"邪径"。

那是在魏景元四年（263年）秋，随着大将军司马昭一声令下，18万魏军浩浩荡荡踏上了灭蜀的征途。

魏军兵分三路。钟会率主力10万人，欲取汉中、克剑门，直趋成都；征西将军邓艾率兵3万由狄道南下，以牵制姜维驻守沓中的主力；雍州刺史诸葛绪率兵3万进攻武都，以切断姜维主力退守剑门关之路。

钟会虽轻取汉中，却因诸葛绪堵截姜维不力，被顺利回师剑阁的姜维阻于"一夫当关，万夫莫开"的剑门关下。诸葛绪因此被专横霸道的钟会治罪，攻蜀的三路大军便只剩钟会、邓艾两路。眼下，钟会面对剑门天险无计可施，司马昭精心谋划的灭蜀大业眼看就要落空。

此时，身为西路军最高长官的邓艾上书朝廷，请求批准率本部人马出奇兵偷袭蜀汉腹地。《三国志·魏书·邓艾传》载："今贼摧折，宜遂乘之，从阴平由邪径经汉德阳亭赴涪，出剑阁西百里，去成都三百馀里，奇兵冲其腹心。剑阁之守必还赴涪，则会（钟会）方轨而进；剑阁之军不还，则应涪之兵寡矣。军志有之曰：'攻其无备，出其不意。'今掩其空虚，破之必矣。"

邓艾这一奇谋，源于对大战场波诡云谲态势的动态推演，源于对人迹罕至的川甘交界处地理状况做足了功课，源于杰出的军事将领所必备的排除万难去争取胜利的素质。正因为如此，其字字见血、句句要命。在今天看来，其蕴含的军事思想和战略战术，仍具有深刻的现实意义。

于是，邓艾率军从"山高谷深，至为艰险"的阴平道南下，凿山开路，修栈架桥。途中因粮运不继，数次陷入绝境。"前进不为名誉，后退不怕罪责。我邓艾虽没有贤人的风范，但还是想不自我嫌弃以损害国家利益"，沿途，邓艾以袒露自己心迹的方式，不断地鼓舞部下的士气，部下深受感染。

当行至摩天岭，道路断绝，进退不得，邓艾身先士卒，以毛毡裹身滚下百丈悬崖。主帅如此，将士自然亡命跟随，结果摔死大半。

东汉名将马援誓言决战疆场当马革裹尸还，作为后生的邓艾，此时辎重马匹尽抛，一旦失手，只能赤条条地埋骨青山。其实，壮志凌云的邓艾此举并非一时之勇，此前多次征战之际，邓艾均将自己坐骑的马蹄包裹起来，以防马失前蹄，然后身先士卒杀入敌阵。

悬崖之下，邓艾清点残部，可怜 3 万人仅剩下不到 2000 人。哀兵必胜，绝处逢生，邓艾率九死一生的余部取江油关（今绵阳南坝镇）、克绵竹（今德阳黄许镇），兵临成都城下。

刘禅把自己的棺材装在车上，率太子及王侯群臣 60 余人两手反绑来到邓艾军门，表示罪该当死，蜀汉灭亡。邓艾非常大度地烧掉棺材解开众人绳索，并好言安抚他们。

魏景元四年（263 年）十二月，魏王下诏，以邓艾大功官拜太尉（一品），赞词中将其勋绩与"白起破强楚，韩信克劲赵，亚夫平七国"相比。

这是中国古代战争的经典战例，这是注定要载入史册的一段辉煌传奇。

后世兵家，汲取邓艾的经验和蜀亡教训，守蜀者必然加强阴平一线的防御：五代时，石敬瑭攻两川，西川孟知祥一面遣军堵剑阁，一面派军趋龙州，扼守要害，以备阴平故道；石敬瑭果然遣军欲从阴平道进兵，因西川兵有备，败还。

然而，历史总是固执地在看似偶然之中，显示它的必然。到了明代初年，朱元璋手下大将傅友德，扬言出金牛道攻蜀，实则仿效邓艾，循邓艾阴平故道越过摩天岭，一举平定蜀地。

阴平豪赌

阴平道上最险恶的地段，正是海拔2227米的摩天岭。其岭北坡较缓，南面则峭壁悬崖，无路可寻。

我慕名攀爬在摩天岭两侧的阴平道上，犹如在阅读一部立体的史书。我强烈地感受到邓艾在当地是多么深入人心的，当地有许多与他的传奇有关的地名。

在摩天岭甘肃一侧，有邓艾砺剑的磨刀石，盖印的印盒山，以及马鞭失落此地的"马鞭崖"，有邓艾的士兵歇息时抖鞋土的鞋土山，以及练兵的射箭坪。如果说这些地名或许有附会之嫌，那么不得不令人叹服的是，在最靠近摩天岭的刘家坪乡，有一个村子叫邓家坝，而此村却没有一家姓邓。仅因当年邓艾路过此地时遗失了一支笔，后来人们便把这个村子叫作邓家坝；刘家坪乡的让水河边，仍绵延着长约200米、清晰可见的栈道石孔，这也是阴平道上曾经有过重大军事行动的见证。

在摩天岭四川一侧，有一当地人称之为"落衣沟"的溪沟。传说邓艾翻过摩天岭之后，站在此沟边命令军士迅速整理器械军备，忙碌中所披的战袍飘在溪沟里也未觉察，"落衣沟"因此而得名。在邓艾惊险跳跃之处，有"艾以毡自裹，推转而下"的裹毡亭；在裹毡亭下面百米处，有邓艾集结滚崖幸存士兵的将军寨。

当我伫立摩天岭之巅，一通苔痕累累、字迹漫漶的川甘界碑，令人浮想联翩。

当年邓艾军行至此，已即将是"千山鸟飞绝，万径人踪灭"的冬季。眼看路绝崖断，萧瑟秋风中的邓艾是否在绝望之中，后悔不该出这个险招——阴平道"七百余里无人之地，山高谷深，粮运艰难"，部队行至此险地，一旦敌人察觉，就必将全军覆没。即使敌人没有察觉，自己能不能从这天然险地脱身也是个问题。既然是"偷渡"，那么不可能用大队人马，这残存的几千人如何克江油关占涪城，又如何战胜绵竹的重兵和成都卫戍军队？

事实上，邓艾此次领命伐蜀之后，曾梦见自己坐在山上，山上有流水。他对着珍房护军爰邵自言自语："按《易》经的卦辞，山上有水叫《蹇》。孔子说：'《蹇》利西南，往往有功；不利东北，往往穷途末路。'前去讨伐西蜀，难道回不来吗？"说罢，他若有所失。

当然，这一切都只是邓艾在阴平道上摩天岭前的一闪念。否则，他将成为军事史自取其辱、狂妄自负的典型教材。

奇袭，往往是以寡敌众，以弱胜强。虽然有对战略战术的精心策划，却又有是非成败的预测难料。因此，这本来就带程度不同的运气成分。欲使奇袭的战果最大化，则它的执行者需要有与生俱来的胆量，需要有出生入死的气概，需要有身经百战的磨砺。

事实上，诸葛亮早就告诫过："全蜀之防，当在阴平。"但是，邓艾仍然成为这场豪赌的胜者。当邓艾幸存的2000余名士兵，突然出现在扼阴平道蜀汉境内出口的江油关前时，蜀军守将马邈以为神兵天降，惊得魂飞魄散，不战而降。对那位苦劝丈夫马邈与魏军决一死战不成，咬破自己的手指写下血书一封，然后口衔血书自缢身亡的李氏，邓艾则敬其忠义，将她厚葬于关内。

刚烈侠义的李氏，留下"可怜巴蜀多名将，不及江油李氏贤"的千古美名。而邓艾也因此赢得了蜀中民心。所以，历代各级官吏，对灭蜀厥功至伟的军事天才邓艾，是崇拜有加的；历代黎民百姓，也早已捐弃前嫌，对这位智勇双全且仁义宽厚的将军，心怀敬意并祭祀纪念。

断碑残坟

邓艾墓位于剑阁县北庙乡孤玉山南麓。我进入北庙地界后，经当地人指点，找到了北庙小学，邓艾墓就在这个小学后面。

"有智独能收蜀汉，无成空自惜将军。"清人杨端凭吊邓艾的咏叹，颇能代表我的心境，使我对创造了中国古代军事史上奇迹的邓艾长眠之地充满了期盼，也自然对它有了一番想象。它不太可能像姜维墓那样坟头饱满、古柏参天，也不可能如庞统墓那般红墙拱卫、祠堂森严，但邓艾毕竟是终结蜀汉的一代名将，三国后期最重要的人物之一，其坟茔的规模可能寒碜，但也不至于破败难觅吧。

这想象虽然带有个人的感情色彩，但并非凭空遐想。因为我曾经在一位从孤玉山上走出来的文化人的回忆录中读道：五十年前我上小学时看到，邓艾墓的前脸部分规模宏大，楼台舫寓、斗拱翘角、雕梁画栋，错落有序，十分精美。前面镶嵌着一块大青石墓碑，上面刻着"魏大将军邓艾之墓"。

如同咸阳古道音尘已绝，秦宫汉阙都做了衰草牛羊野，当我在北庙小学周围久久寻觅时，没想到邓艾墓就在眼前，因为它已是荒坟断碑。

大名鼎鼎的邓艾之墓，已没有了坟头，1米见方的墓道口，暴露在日光之下。墓道和墓室用青石修造，由于无数次被盗、无数次被人为破坏，加之年久失修，墓道已坍塌。在墓道的两侧，各有一石砌墓室，为一墓双穴，分别安放了邓艾及其子邓忠的遗体，各深3米、宽1.4米、高1.8米。两室间隔3米。

邓艾墓右侧50米开外是祭祀邓艾的庙宇，始建于唐长庆年间（821—824年），规模宏大，历代不断扩建维修。据著名的明代史学家曹学佺所著《蜀中名胜记》载："《碑目》云：'剑阁有《魏太尉邓公神庙记》，唐剑州刺史刑册题。又《邓卫圣侯碑》，唐刺史郭准立石'。"清雍正《剑州志》载："彰顺王庙在县北二十里的孤玉山，魏征西将军邓艾庙及邓艾墓在焉。"而在20世纪80年代发现的明弘治八年（1495年）篆刻的石碑，对邓艾庙祭祀的盛况和邓艾父子的死因，作了较详细的记载。如今庙仅存正殿，用作北庙乡小学学生宿舍。

从邓艾墓前的一尊断碑，仍可一窥邓艾墓及其神庙昔日的壮观。断碑正对墓道口，宽近1.5米，厚近0.33米，距地面0.33米高处以上被折断，被折断的碑体已不知去向。从断碑的宽度和厚度可大致推测，完整的墓碑高度在2

灭蜀名将与他的古道荒冢

剑阁邓艾墓

米以上。

"冬十月，艾自阴平道行无人之地七百馀里，凿山通道，造作桥阁。山高谷深，至为艰险，又粮运将匮，频於危殆。艾以毡自裹，推转而下。将士皆攀木缘崖，鱼贯而进。"这是《三国志·魏书·邓艾传》中关于他偷渡阴平的记载，这是他的勇；而他"攻其无备，出其不意"，则是他的智。

这正如前蜀时期建于邓艾墓前的彰顺王庙（前蜀皇帝王建封邓艾为彰顺王）庙门对联所言："越天险已入蜀，战未生还，漫诩将军夸智勇；筹万机而擒王，身能死决，堪称父子是英雄。"

英雄末路

　　伫立背倚孤玉山的邓艾墓前,一个个关于邓艾的传说在我耳畔回响:邓艾的大刀曾掉入山下一条小河,这便是那条叫关刀河的河名来历;附近有一块巨石被称为摊尸石,那是因为停放过邓艾父子的尸体……

　　在邓艾墓前数十米开外,便是人称翠云廊的金牛蜀道。它是邓艾进军成都没有走过的大道,是邓艾在阴平道上披荆斩棘时所梦想的金光大道。他的生命,竟然在极度的喜悦之中、在这凯旋之路上戛然而止。

　　平定蜀汉后,战绩无比辉煌的邓艾位列三公之首。按常理,功成名就、位极人臣的邓艾自当效仿张良,急流勇退、明哲保身。然而,站在锦官城头,豪情万丈的他已确定下一个奋斗目标,那便是出三峡、取荆襄,直捣建业,踏平东吴。

　　因此,邓艾上书司马昭说:兵家讲究先树立声威,尔后才真正以实力进攻。今凭借平定西蜀的声威,乘势伐吴,正是席卷天下的有利时机。

　　然而,邓艾的伐吴宏论被司马昭以"事当须报,不宜辄行"而否决了。这不难理解,正图谋改朝换代的司马昭,有着极度敏感多疑的内心:你邓艾拿下一个蜀汉尚且有如此之大的口气,再拿下东吴,岂不是要无法无天了?

　　如果不是因巨大的胜利而内心膨胀,任何人都能掂量出这八个字的分量。可悲的邓艾,军事上冷静机警狡黠,政治上却狂躁愚钝麻木。他再次上书司马昭请命出征,且言辞张狂,"春秋之义,大夫出疆,有可以安社稷,利国家,专之可也",一口"将在外,君命有所不受",谁又能把我怎样的腔调。

　　老谋深算的司马昭隐忍了,他在等待以解心头之恨的机会。

　　踌躇满志的邓艾更加放肆了。他没有请示司马昭便自作主张,以天子的命令和刘禅签署了协定并任命大批官吏。

　　一直与邓艾争夺伐蜀之功的钟会和监军卫瓘,早就开始罗织他的罪状,其僭越之举,无疑是钢鞭材料。两人立即上报司马昭,以邓艾矫诏为名,污蔑邓艾大封官爵是培植私党，意图在蜀地谋反自立。

司马昭大怒，其实他心里明白，邓艾谋反还不至于，但挑战权威也必须治罪。于是，他密令卫瓘擒拿邓艾父子，押回洛阳。事已至此，邓艾仍执迷不悟，认为自己一心为国，并没有私心，便主动放下武器，走上囚车。

其实邓艾束手就缚本来并不危及性命，当着司马昭的面把事情陈述清楚并认错，顶多解甲归田罢了。可是，一代将星在一场惊天突变中陨落。

当钟会取代邓艾成为蜀地最高统帅之后，不甘心蜀亡的姜维主动接触钟会，并且激起钟会在蜀地割据自立的野心。于是，钟会和姜维发动了兵变。结果，两人都死于乱军之中。

围攻钟会、姜维的将领杀掉钟会之后，立刻派军队追赶邓艾的囚车，希望邓艾回来重新执掌兵权。卫瓘闻讯又惊又惧，一旦邓艾重掌大权，必然会清算自己，于是速派与邓艾有仇的护军将军田续追杀邓艾。

当邓艾父子的囚车行至绵竹（今黄许镇）一个叫三造亭的地方时，田续将邓艾父子斩杀。为以绝后患，田续又潜入洛阳邓艾府邸，将邓艾其余的儿子杀害，邓艾的妻子及孙子则被司马昭流放西域。

邓艾的亲信本欲将其尸体运回洛阳，但行至孤玉山下时，见此地林木苍翠、环境幽静，又考虑到洛阳远在千里之外，尸体可能腐败，便将邓艾父子就地安葬。

从飞渡摩天岭的悲壮，到殒命三造亭的悲怆，再到草葬孤玉山的凄凉，可惜邓艾立下奇功，却最终未能还都，更未能返乡。这真是"功成身被害，魂绕汉江云。"

徘徊在漫漫金牛道上，远方的故乡令人魂牵梦萦。它达成都，通洛阳，当然，也通往邓艾的故乡——河南棘阳。

一代豪杰，再也用不着攀爬七百里不见人烟的阴平道了……

王者远去　铜城风雨谁诉

四川通江县的永安镇，全国有数十个各级行政区划与之同名。但是，它的一个村的村名——得汉，却独一无二。

永安此名虽然众多，但是可以被忽略；得汉此名不但独有，而且不易被忘记。

得汉村所在的得汉城，是大汉基业的第一块基石。得汉城之名，正是刘邦一统天下之后钦赐。在宋蒙战争中，蜀地有八座山城荣膺抗蒙八柱威名，得汉城便是其中之一。

大汉基石

得汉，令人首先联想到的是，闺中怨女终于觅得中意的汉子。然而，翻阅浩繁的典籍，历史注解得明明白白："汉高帝据此以通饷道……引兵定三秦"（明·曹学佺《蜀中名胜记》）。是那位高歌"大风起兮云飞扬"的刘邦，在四年的楚汉战争中，命重臣萧何坐镇群山拱卫的得汉城，利用这物产丰饶之地，屯粮聚财、募兵练武，使之成为争霸天下的坚实大后方。

《蜀中名胜记》如此介绍得汉城："万山中崛起，巉崖四面峭绝，独西南二径临险转折而上，诚一夫当关之势。"当地村民则用形象的语言介绍道，得汉城形如乌龟，三面环水，四面绝壁如刀削。

得汉城下，是绕城而过的大通江（古称宕水），江水碧绿，如玉带般蜿蜒于群山间。得汉城地形奇异，它有三层台地环绕。底部的一圈台地叫中坝里，中部的一圈台地叫二古楼，山巅的一圈台地叫高古楼。台地的每一级高数十米的台阶，皆构成一道天然城墙。因此，得汉城自古便享有"地环三玉涧，天铸一铜城"的美誉。

人事兴废，世事沧桑。我驾车沿盘山公路，轻易地越过第一级台阶中坝里，直抵二古楼。字迹漫漶不可辨认的几通汉代摩崖石刻，便坐落在这里。有文史工作者根据地质学家对石刻风化程度的评估，一致断定其题刻年代为汉代。

楚汉战争之初，汉中王刘邦常驻汉中、南郑靠前指挥作战，负责后勤的萧何则留守巴蜀，筹措粮秣。"戚姬幸，常从上（刘邦）之关东……吕后年长，常留守"（史记·吕太后本纪）。楚汉短暂议和之后被项羽释放归汉的吕雉，因刘邦已宠幸戚姬，也忍辱远赴大巴山，与萧何一起进行这项艰难而重要的工作。

在此期间，萧何做了三件为大汉奠基立业的大事：第一件是被古今传为美谈的月下追韩信；第二件是将碧水环绕、列障如屏、良田万顷的得汉城，打造成汉军的重要后勤基地，前线所需的粮草、兵器，均在此屯集并转运。"镇国家，抚百姓，给馈饷，不绝粮道，吾不如萧何"（《史记·高祖本纪》）。于是，便有了刘邦这一番肺腑之言。第三件，则要从汉军的士气说起。在各路义军联合灭秦的战争中，刘邦拔得头筹，率先拿下咸阳。但是，按事先约定据有关中的刘邦，却迫于项羽的淫威，极不甘心地认领了当时远离中国政治经济中心的巴蜀之地。

对此，有着雄才大略的刘邦，仅仅是郁闷、愤恨和隐忍而已，而汉军将士却没有那么大的抱负，且由于其多为中原人，由思乡而厌战，由厌战而逃亡。汉军非战斗和伤病减员的事件频频发生。"诸将及士卒多道亡归，士卒皆歌思东归"（《史记·高祖本纪》）。

此时，忠心耿耿、眼光非凡的萧何，做了一件直接增强汉军战斗力的大事：征募和动员生活在巴地的賨人从军参战。

据《华阳国志》载：早在楚汉联合灭秦的战争期间，刘邦率领的起义军中，便有一支由阆中人范目统率的賨人敢死队，其战斗力虽强但人数不多。这次不一样了，近乎置死地的汉军，在萧何的率领下全力动员賨人参战，甚至吕雉也亲自深入巴地鼓动賨人从军。史载，当时賨人从十六岁到六十岁的男子都拿起武器参加汉军。

为此，萧何特地在得汉城辟出一处练兵场，用以训练賨人，以使其熟悉阵法和号令。此练兵场古称古操坝，如今讹传为苦草坝。

賨人有既勇武好战，又能歌善舞的民族特性，周武王伐纣就声名在外。《华阳国志·巴志》载："周武王伐纣，实得巴蜀之师。巴师勇锐，歌舞以凌殷人。"在楚汉战争中，賨人的民族特性发挥得淋漓尽致。他们手执牟弩、板楯（盾牌），高唱战歌，狂跳着巴舞，冲向敌阵。试想，在生死搏杀的战场上，一边冲锋陷阵，一边唱歌跳舞，将给敌方带来多大的恐惧。何况当时有不少人拜神信鬼，楚军面临的对手，犹如天兵天将了！

孤城独守

以后1400多年，晋隋匆匆掠过，大唐也成过眼烟云。北方大漠草原逼来的铁骑，使南宋人再次想到了得汉城。

1235年，宋蒙战争爆发。战局的发展如蒙古贵族们所料，他们很快便饮马长江。但是，面对天堑，他们就是过不了长江。"得陇蜀为基础，顺流掩举吴越。"于是，攻占财多粮广的四川，继而东出三峡，迂回进击华中、华南，便成为蒙古贵族的重大战略决策。

在波澜壮阔的南宋抗蒙战争中，四川的80多座抗蒙山城中有8座战略地位最为重要，地形也最为险绝。"号为八柱，不战自守矣"（姚燧《中书左丞相李忠宣公行状》，《元文类》卷四十九）得汉城，便是令所向披靡的蒙古铁骑勒马的八柱之一。

得汉城险峻，还不是得汉城荣膺擎天一柱的全部原因。

在冷兵器时代，依恃山水之险，亦战亦耕，才不至于被困死在山上。据《读史方舆纪要》载：得汉城"出泉，冬夏不竭……顶平数里，可以耕艺"。正因为如此，"宋淳祐己酉季冬，大使余学龙（余玠，时任四川安抚制置使）亲临得汉城山，视其形势，而授都统制张实，躬率将士，因险垒形，储粮建邑，为恢复旧疆之规"（明·曹学佺《蜀中名胜记》）。

余玠，千里迢迢跋山涉水亲临得汉城，督促城池的建设，可见得汉城在四川抗蒙全局中有着举足轻重的地位。奉命的都统制张实，亲率通江军民筑城，分工细致明确，责任到人，以确保施工质量。得汉城崖壁上的石刻，记载了总管、铃路、司整、制领等各级施工负责人的姓名，日后一旦哪个环节出了问题，就拿相关责任人问罪。

与此同时，余玠在得汉城积极整军备战。他举荐"力能举牛过头，武艺超群"的向佺为得汉城主将。向佺不负众望，在得汉城抗蒙战斗中屡立战功，被宋理宗敕封为"开国将军团练使"，并称其"有勇且略，独守孤城"。

1258年，蒙古军队再次大举征蜀。誓与得汉城共存亡的向佺，战死于得汉城防区内的檬坝塘山中（今通江铁溪镇境内）。由于在激战中阵亡的向佺身首异处，肢体不全，宋理宗闻讯后，赐金头银手厚葬之，谥"黑都武僮"（神名），在墓前立祠。

铜城铸入守军钢铁的意志，令得汉城自1249年至1273年的24年里，始终坚如磐石、稳如泰山，史书上甚至找不到蒙军直接攻击得汉城的记载。而在同一时期，四川抗蒙八柱的苦竹寨、运山城、大良城、云顶城等，均被蒙古铁骑反复攻陷。

国难当头，激荡在得汉城守城军民心中的是，前辈岳飞的"待从头收拾旧山河，朝天阙"的呐喊，以及"青山处处埋忠骨"的决绝。

如今，得汉城东门的城门拱顶已坍塌，但仍遗存着高近两米的门墙。长1米多、高和宽均0.33米多的大条石垒砌而成的门墙，至今也令人感到它的坚

南宋得汉城南城门

实。此城门的朝向，不是正对山下，而是面向门外绝壁上掏凿出来的石梯道，具有南宋抗蒙方山城堡的典型特征。这样的建筑布局，既可使沿石梯道向城门进攻的敌军无法展开火力，又可避免山下敌军的炮火直接命中木制的门扇。

令人惊讶的是，得汉城南城门保存完好。它的门洞高近 3 米、宽 2 米、进深 3 米，门墙和门顶的大条石尺寸准确，打磨得很规整，彼此嵌合得严丝合缝。与一般的山寨门相比，得汉城南门系官府行为无疑。

当年对南城门具体位置的选择，有战术上的精心考虑。从门外进来后，是一道半封闭的高 3 米多的陡坡。也就是说，万一城门被突破，那道陡坡便是第二道城墙，守军仍可居高临下迎击敌军。

众志成城

震颤大地的草原铁骑逝去，万里长城的烽烟淡去，明代中后期发生在天府之国的震惊朝廷的蓝廷瑞、鄢本恕农民大起义，令官军与义军再次将目光投向得汉城。

得汉城被不同的雄杰惊扰，被不同的时代倚重，究竟是它的荣光，还是它的不幸？

无论怎样，得汉城有明清时期留下的 30 多处以诗词和楹联为主的题刻，算是此城给今人的珍贵遗产。城东、城南的悬崖石壁，简直就是题刻的诗词楹联陈列馆。

我沿着苔藓横生的石梯道步出东门，观赏题刻于石壁上的诗词楹联。明正德四年（1509 年）四川巡抚林俊所题的"峡起行龙帐，云归放鹤台"，仍清晰可见。

堂堂四川巡抚题联于得汉城，正是源于蓝鄢起义。蓝鄢十万起义军在川东北攻城略地，通江县城也被其占据。时为四川巡抚的林俊紧急调兵扼守川东北各处关隘，同时亲率重要幕僚收复通江，并攻下被蓝、鄢视为战略要地的得汉城。

戎马倥偬的林俊站在固若金汤的得汉城头，抚今追昔，乘兴写下了这副楹联。这副楹联为行楷，从其遒劲的笔力，可以想象他当年的豪情。此后，他惊叹于得汉城绝佳的易守难攻地势，做出了一个重要决定，将通江县治迁至得汉城，"驻此四年，以图恢复"（清·道光《通江县志》）。

与林俊楹联比邻的一幅高约1米、宽约2米的题刻，是一首名为古崖草书的诗文："自昔得汉城，巴蜀号形胜……何当夸归鸿，更借天风送。"此诗对得汉城的历史、地位、作用等作了形象而准确的评述。此诗字体龙飞凤舞，气势不凡，令人不由得驻足品味、细细观赏。

南城门外的入城石径，用宽大厚实的石板铺成，是当年的主要进出通道。石径一面临深沟，一面是一列长100多米、高10多米的绝壁。考古学家确认的汉代题刻，以及主要的明清诗词楹联，便镌刻在此。

当历史的尘埃落定，伫立于得汉城字迹灭失的汉碑前，人们难免浮想联翩：它的字里行间，是否曾有萧何的睿智与尽瘁、吕雉的妩媚与心机、賨人的奇俗与狂野……

拨开绝壁上的杂草藤蔓，轻轻地抹掉壁上苔藓，那一副堪称得汉城楹联金句的"地环三玉涧，天铸一铜城"，映入我的眼帘。

此楹联乃林俊进驻得汉城时所书，字体为正楷。史载，林俊学识渊博，史学家称他"文以武用"。他的字体效仿怀素书法，但在得汉城石壁上共题刻的4副，则分别用了4种字体。

"天铸一铜城"的得汉城，在清代中期再次经受战火的检验。清嘉庆元年（1796年），席卷川、陕、楚、甘、豫五省的白莲教起义爆发。起义军一部转战巴山渠水，迫使通江县治再次迁往得汉城。

1802年，得汉城岌岌可危。时任通江县令的徐廷玉，为诫勉部属、激励士气，在得汉城写下一副楹联："固国不以山溪险，成城全凭众志和"，并命人刻于南门外崖壁上。

这副富有哲理、寓意颇深的楹联，系正楷书就。令人有些费解的是，其"和"字明显大于其余13个字。想来，可能是因为大敌当前，徐廷玉是在强调"和为贵"吧。

我沿着得汉城第二级台地二古楼边缘，也就是老城墙的墙基，作环城游。

途中，只见得汉城层层梯田菜花黄，块块坡地麦苗翠。曾经刀戟如林的军事要塞，如今一派田园风光。这正是亦战亦耕的得汉城的特殊之处。如果不是这样，得汉城不可能在蒙军围困万千重的情况下屹立24年，林俊也不可能将通江县整体迁徙至得汉城。

东临大通江，南北皆深溪，"四面峻壁，其上平衍，可容数万人"（民国吴世珍撰《续修通江县志稿》）的得汉城，的确是冷兵器时代宜于长期固守的军事要地。

与得汉城隔江对峙的，是一座顶部平衍的大山。奇怪的是，其平顶之上又凸出一座平顶的山冈，仿佛是一个巨大的空中碉堡，又似一顶巨大的礼帽搁在山上。一问方知，那空中"碉堡"果然又是一座古代军事城堡，史称擂鼓城。

据《读史方舆纪要》载："得汉城东二十里山有石城，周三里，相传三国时筑，谓之擂鼓城。"据说，蜀汉时期关羽的义子关索曾镇守擂鼓城，其妻鲍三娘镇守得汉城，一有敌情，便击鼓响应，联袂拒敌。清道光《通江县志》有如此记载："擂鼓城，与得汉城对峙，巍然列嶂如屏……有警则击鼓相闻。"如今，擂鼓城城门基本完好，城内有后人修的寺庙。

要真正一览"地环三玉涧，天铸一铜城"的得汉城全貌，擂鼓城是最佳位置。

当杀戮已成为过去，当乱世已成为盛世，得汉城的使命才真正完成了。

"早已森严壁垒，更加众志成城"。的确，真正的铜墙铁壁，是民族的尊严，是人民的意志。而人的意志力是肉体的主宰，是任何金城汤池所不可比拟的。

史诗流芳的格萨尔王

世界上最长的英雄史诗《格萨尔王传》，以百万诗行，将戎马一生、扬善抑恶、广播文化的岭·格萨尔，塑造为人神共体的文学形象，被誉为"东方荷马史诗"，在中国乃至全世界，产生着广泛且深远的影响。

众多历史学家及史诗传唱者，根据《格萨尔王传》中自然地理环境的描述，坚持不懈地寻找着这位英雄的故乡。

经过大家多年的努力，格萨尔王的出生地终于得以确认。2020年6月，第二批四川历史名人揭晓，岭·格萨尔入选。

坠地青蛙石

藏东、川西、滇北、甘南的城镇乡村,酒店饭馆、街道广场,冠以格萨尔之名的举目可见。然而,作为一个活生生的人,岭·格萨尔传奇的一生,知道的人却不多了。

雄鹰翱翔、骏马奔腾、草碧天蓝的德格县阿须草原,是藏族人民心目中的旷世英雄——格萨尔王出生的地方。

游历生养历史名人的山山水水,往往是一段令人彻悟、深思的心路历程。我的思绪,在格萨尔王无数次策马扬鞭的土地上,回到10世纪前后的混沌岁月。

9世纪末期,吐蕃王朝最后一个赞普被刺杀后,各地土酋分别占山为王。屹立于青藏高原的吐蕃王庭,在内讧中轰然倒塌。此后,残酷的部落战争延绵近两百年,使各部落人民苦不堪言。格萨尔王惩恶扬善,戎马一生,坚韧不拔,在金沙江上游和黄河上游地区,统一了大小150多个部落。民族团结、生活安定的祥云,降临在这片广袤的大地上。

格萨尔王于1038年出生在时称多康岭地的阿须。称王之前的他名叫觉如,童年时期与母亲郭萨拉姆一起放牧,少年时期被岭地居民赶至青海、甘肃谋生,16岁时被接回家乡参加赛马会。格萨尔赛马夺冠后称王,在今川、青、藏三省区相连的涉藏地区,建立了岭国。1119年,格萨尔王去世,享年81岁。

进入海拔达3000米的阿须草原后,车窗外时隐时现的雅砻江,变成了一张从天边撒来的巨大水网。由于地势平缓,来自巴颜喀拉山南坡的江水,在这里肆意横流,积蓄着最终扑入金沙江的强大力量。

当年的格萨尔王,正是在这看似蛮荒实则生机勃勃之地,蓄势待发,最终以磅礴的力量,荡平了西至西藏昌都、北至青海玉树、东至四川若尔盖、南至云南德钦的割据势力。一个百姓安居乐业的岭国,在青藏高原东部诞生。

行走在远离喧嚣的阿须镇街上，青稞酒的清香、奶酪的醇香，令空气里弥漫着雪域高原特有的味道。藏家新居房前屋后的格桑花，五彩缤纷、绚丽多姿，把这座草原小镇打扮得像待嫁的新娘。

　　格萨尔王出生地的小地名，是出现在史诗《格萨尔王传》中的吉色雅格康多，以及一个叫青蛙石的地点。历史学家们正是以这两处确凿的地名为线索，在茫茫大草原上寻觅多年，最终确认了格萨尔王出生时的具体地点。

　　我跟随当地向导，出阿须镇约两三千米，来到巨大的青蛙石下。巨石旁边，是格萨尔王的后裔修建的家庙。

　　向导告诉我，史诗中的吉色雅格康多，"吉"是指此地左边的吉河沟；"色"是指此地右边的色河沟；"雅格"是指此地前面的雅砻江。吉色雅格，即取这两沟一江的首字之音为名。

　　我放眼望去，吉河沟、色河沟、雅砻江尽收眼底。史诗《格萨尔王传》中，描述格萨尔王童年和少年时期生活的"英雄诞生""赛马称王"章节里，所出现的地名和阿须的地名基本相同，且几乎都沿用至今。

　　青蛙石是一块几十立方米的岩石，从侧面看，酷似巨蛙，此石也因之得名。它蹲在斜坡下，"蛙头"向坡顶，似乎随时准备一跃而上。我四下环顾，方圆一两平方千米，均为草原、河滩，并无山峦、高岗。这块突兀的巨石，显然不是人力所能搬动的。它从何而来，自然也没人说得清楚。然而，正因为史诗里有它的存在，人们才得以在当今，精确定位格萨尔王问世之处。

　　我绕青蛙石转了一圈，以示怀念和景仰。在右侧石壁上，呈现着如铁矿石一般的暗红色痕迹。向导见我似乎在留意，便兴致勃勃地说，当地人相信，这是格萨尔王的母亲分娩时，鲜血溅到石头上留下的血迹。

　　见我又惊又疑，向导介绍了多康岭地一个久远的习俗：妇女产子，是不能在住家的帐篷里完成的，要在外面附近另搭一处帐篷作为产房。由于青蛙石就在格萨尔王母亲的帐篷旁边，因此产房便挨着巨石搭成。

　　格萨尔王母亲的帐篷的坐落之地，与青蛙石相距仅数米远，如今矗立着格萨尔王家庙。青蛙石如同有灵性的生物，千百年来守护着它。

格萨尔家庙

格萨尔王家庙建于清道光年间,是当时的岭葱土司为纪念自己的先贤,特地在格萨尔王降生处修建的。

当地藏族同胞的祖辈,对当时的格萨尔王家庙有如此记忆:庙内塑有格萨尔王跨马征战的威武铜像,有爱妃珠牡和大将丹玛、辛巴等的泥塑像,有岭葱土司世代珍藏的格萨尔王的象牙印章、征战的铠甲、兵器,以及格萨尔王岳父使用过的轮珠等文物。庙内墙壁四周,绘制了许多精美的壁画。

如今的格萨尔王家庙,是一座红墙四合、庙宇金碧辉煌的大院。庙外墙下,一座经石垒砌的椭圆形玛尼堆前,有几位远道而来的朝拜者合十肃立。一问,方知这玛尼堆下,是格萨尔王母亲安埋爱子胎盘的地方。

格萨尔王家庙

走进大院，两侧是厢房，庙堂位于正后方。大院中央，是一块水桶般粗细、约半米高的拴马石，缠绕着洁白的哈达。此石根部，被马绳勒出一圈深深的印痕。据介绍，这是当年格萨尔王的拴马专用。

迈过庙堂之门，一阵酒香飘然而来。只见过厅两旁的配殿，整件整件的品牌曲酒，堆得直抵天花板。见我诧异，见惯不惊的守庙人半认真半开玩笑地解释道：如果是供奉神，肯定不会献上美酒。格萨尔王固然是人民心中的战神，但也是要食人间烟火、有血有肉的英雄。因此，美酒祭英雄。

正因为当地人对格萨尔王，既敬若神明又景仰爱戴，所以他们的贡品之中，便多了这壮行酒、庆功酒。

既然是家庙，那供奉者自然是人而不是神。在经堂里居中的格萨尔王塑像，神情刚毅却又慈祥，身披铠甲，头部祥云环绕，右手执金刚橛，左手作降魔印，腰别利斧、短剑，跨棕色骏马。左右两旁，是有名有姓、身怀绝技的30员大将的塑像。

在格萨尔王塑像前，我没有合十祈祷，没有暗自许愿，只是心怀崇敬和景仰。

格萨尔王的母亲郭萨拉姆的塑像，自然位列其中。她手捧哈达、佛珠，戴玛瑙项链，面部饱经沧桑的皱纹流露着坚韧、智慧，一双炯炯有神的眼睛闪烁着慈爱之光。

母爱的伟大和力量，在郭萨拉姆身上有着完美的诠释。格萨尔王出生之时，该地区的掌管首领绰瞳（格萨尔王的叔父，一说为舅舅）见这小男孩聪慧过人，将来很有可能成为夺取首领职位的人选，便不惜一切代价迫害他。绰瞳在屡次诬陷无果后，最后谎称格萨尔王母子妖魔附体，将母子俩强迫流放到黄河下游的玛麦萨那隆朵。此后数年，母子俩一直颠沛流离，并躲过了绰瞳的多次暗害。

"天将降大任于斯人，必先苦其心志，劳其筋骨，饿其体肤"。幼年的格萨尔王，正是在郭萨拉姆的鼓励和教导下，得以在严酷环境中练就非凡的武功，拥有超强的智慧。

岭地归一统

家庙一侧，是刚落成的气势恢宏的格萨尔展览馆。这幢红墙金瓦、飞檐翘角的多层藏式建筑，融合了涉藏地区寺庙与民居的建筑风格，因而既庄严肃穆，又温馨亲切。

展览馆前广场的高高莲花台上，屹立着格萨尔王铜像。他面向东方，威猛之形尽显。这一尊铜像系整体铜铸，其工艺复杂、精细。细看，格萨尔王手牵缰绳，腰挎长剑，身背箭囊，怀抱套有岭国旗幡的带钩长矛。他怒目圆睁、使劲呐喊，仿佛正率领千军万马冲锋陷阵。

进入展览馆内，迎面是一尊格萨尔王幼年的雕像。他头戴羊角童帽，以木棍为马，以树枝为剑，驰骋在想象中的战场。这是他自幼便不屈服于命运的写照。

格萨尔王在 12 岁时，在兄长嘉查协噶的帮助下，悄悄返回。他在多康岭地的公平选拔贤能领袖的赛马大会上，一举夺魁，入主金席大位。多康岭地人民闻讯后，敲着法鼓，吹着法号，击响磬钹，高举法幢，向格萨尔王庆贺胜利。

人民才是历史前进的真正动力。在格萨尔王骑着疾如闪电的赛马，遥遥领先对手冲过终点的那一瞬间，多康岭地的历史，便注定在人民的欢呼声中掀开崭新的篇章。

赛马称王，充分反映了格萨尔王时期，多康岭地人民所具有的公平竞争、崇尚勇武的优良传统。我想，这应该是游牧民族在历史上数度入主中原的原因之一吧！

文化展示厅里上千幅唐卡，以矿物质为原料作画，颜色更加贴近自然，既反映了藏族文化，也蕴含着东方美学。当然，更为吸引人的是，它图文并茂地再现了史诗《格萨尔王传》中的精彩场面。

格萨尔王妃珠牡，美丽善良，忠于爱情。当格萨尔王还是一个穷孩子时，珠牡不顾父母的反对，解除了与富翁的婚约，立志与格萨尔王成婚。因此，格萨尔称王之后，立即把珠牡接回宫殿，请她"坐在绿松儿石宝座上"，作"正宫娘娘"。他向人民郑重承诺："我要革除不善之王，我要战胜残暴和强横。"

正如战国时期的长平之战，东汉时期的赤壁之战，东晋时期的淝水之战一样，奠定格萨尔王胜势格局和立国基础的是著名的霍岭大战、姜岭大战、门岭大战。这一系列战役，格萨尔王均亲自部署并直接参与。

在格萨尔王南征北战的过程中，珠牡饱经磨难，帮助丈夫取得了最后的胜利。格萨尔王对珠牡的深情，体现在《格萨尔王传》的诗句中："珠牡，你右转好像风摆柳，你左转好似彩虹飘，你后退一步价值百紫骠，好像天上的仙女在舞蹈。"

正义必然战胜邪恶，光明最终战胜黑暗。格萨尔王顺应民意、不惧艰险，以惊人的毅力和神奇的力量，最终以多康岭地为中心，建立了幅员辽阔的岭国，完成了统一四方的英雄壮举。

英雄未离去

如今的阿须草原上，春去秋来，草枯草荣，仿佛依旧回荡着格萨尔王战马的铿锵蹄音；日出日落，晨曦黄昏，好似仍然有行游诗人诵读史诗的吟唱。斑斓星空下，熊熊篝火旁，老牧民给绕膝的孙子讲述的故事，还是那千年的传奇。

在雪域高原上，人们用神话的方式传颂格萨尔王，其实也是借这个人物讲述历史。这既能在一定的程度上还原历史的真实面貌，也能将一个历史真实人物精神实质予以升华。

由于高原生态环境的恶劣，所以文字出现之前，藏文化传播基本依靠口头说唱。而让格萨尔王的英雄事迹得以传扬的是，一群说唱艺人。在他们的口口相传中，诞生了伟大的英雄史诗——《格萨尔王传》。

在涉藏地区，讲述格萨尔王故事是一件庄重的事。说唱艺人会穿上专门的服饰，伴着一把六弦琴，庄严而富有仪式感地吟唱。此外，以格萨尔王为题材的藏戏，如今依然流传着。

2009 年，四川作家阿来出版了长篇传记文学《格萨尔王》，将这位伟大的战神、慈爱的化身，描写得栩栩如生。2022 年初，藏戏格萨尔《赛马称王》在北京天桥艺术中心演出，意在助力冬奥，让世界感受中国藏族文化的丰富多彩。动画电影《格萨尔王之磨炼》，讲述了少年时期的格萨尔王，团结各部族战胜邪恶，建立了新家园的传奇故事。

霍岭大战的战场，位于如今的甘孜县县城旁。在霍岭大战遗址之上，落成的格萨尔王城，占地千余亩。在城中心，坐落着根据历史遗迹和原始信息仿建的格萨尔王故都（今德格县俄支乡境内）森周达则宗王宫实景。徜徉在王城中，如同观看一幅幅格萨尔文化的立体画卷。

与游牧民族的成吉思汗一样，格萨尔王的安息之地至今成谜。然而，藏地百姓相信，这位英雄从未真正离去：凡是水草丰茂、人畜两旺的地方，一定有格萨尔王的英魂在那里护佑着。

凌霄城　竹海之上的城堡

兴文石海国家地质公园扩充地盘，将把以地表峡谷、桫椤、楠竹等自然景观为特色，以抗蒙古城、僰人遗迹为依托的凌霄城，开发成一个旅游园区。

凌霄城，这座在13世纪惨烈的宋蒙战争中的南宋堡垒，被历史的烟云湮没700多年后，又隐约进入今人的视野。

据凌霄山四十八道拐崖壁上刻于南宋宝祐五年（1257年）的题记："宋宝祐己卯，鞑贼自云南斡腹。越明年，制臣蒲择之以天子命，命帅臣朱禩孙措置泸、叙、长宁边面。又明年，城凌霄为屯兵积粮、出攻入守据险之地。闰四月经始，冬十月告成。"在凌霄山巅修筑凌霄城，是为了防备占据云南的蒙古军队从背后夹击泸州防区，且情急时将长宁军治于城内固守。

秘道陡如天梯

初夏的一天，我从成都出发，目标是凌霄城。由于凌霄城尚未得到正式开发，其上山之路，只能从那些徒步穿越的驴友处打听。遗憾的是，多数号称到过凌霄城的驴友其实并未登顶入城，少数入城者因上山之路过于隐秘迂回又说不清楚。无奈之下，我只得聘请一位当地人带路。

其实，当地政府为方便凌霄城山上村民的生产、生活，已开辟了一条半环山简易车道，此车道的尽头，与凌霄山西北陡壁上的古道四十八道拐相接。由于此车道普通轿车难以通行，步行时间又来不及，向导便带我从凌霄山的西南面抄近路上山。

山色迷蒙，既像下雾又像飘雨。仰望头上海拔1000多米的凌霄山，其状如一株底部盘根错节、齐腰锯断的庞大树桩，整个山峰犹如一座空中城堡。平阔的山顶，具有南宋时期四川抗蒙方山城堡的典型特征。

抗蒙方山城堡，是中国一个特殊的历史时期的一个特定称谓。

13世纪中叶，整个欧亚大陆都在蒙古军队的铁蹄下颤抖。兴盛于蒙古高原斡难河流域的蒙古帝国，其剽悍的骑兵向西越过伏尔加河、多瑙河，向西南越过底格里斯河、幼发拉底河，向南越过黄河。1251年，蒙哥继任蒙古帝国大汗后，决心将"上帝之鞭"挥向两个更远处：跨过非洲最长的河流——尼罗河和亚洲最长的河流——长江。

空前辽阔的疆域、巨大的财富、强大的军队，激发着蒙古军队中上至最高统帅、下至普通士兵的空前蓬勃的征服欲望。剽悍骁勇的金人、西夏人不是蒙古人的对手，高大健壮的欧洲人也不是蒙古人的对手，偏安长江以南且只善吟诗作画的南宋人，更是一群待宰的羔羊。

因此，当蒙古贵族们将箭头和马首对准南方时，他们踌躇满志：10年灭宋不成问题。

这场战争一开始，蒙军的主攻方向便是四川。时任四川安抚制置使余玠，针对蒙军善于平野驰骋，拙于山地及跨江作战的特点，采取"守点不守线，连点而成线"的战略方针，在1243年至1252年的9年时间里，有计划有步骤地在四川境内的长江、嘉陵江、沱江、岷江沿岸，选择险峻的山隘加固和新筑了数十座山城。因这些城堡大多建在山顶平阔、四周峭壁环绕、状如城郭的方山之上，史称方山城堡防御体系。

这是中国古代战争史的奇观，是非常时期的特殊产物。

游牧民族低估了农耕民族的气节与智慧。南宋军民悲壮惨烈的保卫战，持续了令蒙古人做梦也没想到的52年。

我行走的这条小道，是与四十八道拐一样崎岖的秘密古道，是在蒙军围困万千重的危境中凌霄城军民秘运给养的通道，羊肠小道也不够形容其险。宽仅一尺多的山道上铺的不是石板，而是只比马蹄大一点的不规则石块。但是，它块块厚实、表面平整，如牙齿般牢固地镶嵌在泥土之中，且绵延不绝，直至山顶。毫无疑问，这就是当年凌霄城南宋守军的杰作。

由于多年无人行走此道，野草从石块周围的缝隙里疯长出来，如果不手持竹竿拨开这些湮灭古道的高数尺的蒿草，是看不清小道向何方延伸的。

令人有些胆战心惊的是，这仅容一人通行的在崖壁上呈"之"字形攀升的小道，一边是陡壁，一边是悬崖。如果不是临悬崖一边的道旁野草与悬崖下的茂密杂树连成一片，令人在视觉上不至于因恐高而目眩，恐怕我要打退堂鼓了。

向导一路告诫我，不可朝后看，不可朝下看，也不可朝前方远处看，只能盯住前方一米以内的石块。

当在距山顶不远的一块突出于崖壁的方桌般大小的岩石上稍作休息，以便最后冲刺时，我俯瞰上山之路，不由得万分惊奇。哪还看得见什么路，满山长得密不透风的蕨类植物、楠竹以及各种野草，似一床无缝的绿色巨毯披在凌霄山上。经向导提示，我才发现，走过的地方由于植物枝叶上的露水被碰掉，颜色稍为深一些，如折在绿色巨毯上的一道条纹。

虎口狂吞来敌

翻过这块大岩石，转过一个小山包，我到了一个深约数丈的山沟沟底。这是一处断裂的悬崖，阻断了自五斗坝上凌霄城之路，古称"断颈岩"，当年曾置有吊桥。

我从深沟的一侧艰难地攀爬上去后，一片状如城墙的山石横亘眼前。山石的一侧形状如虎口，"虎口"下腭临万丈深渊，登顶入城之路，就被衔在"虎口"之中。

在"虎口"前，筑有凌霄城第一座城防工事。这是一堵半人高、厚约0.5米、宽约5米的石砌掩体。它背倚那块城垣般的巨石，前临我刚才攀上的深沟。它如一排锋利的虎牙，随时准备将袭击者咬得粉碎。这一排掩体，可供数十人隐蔽固守，从而与其背后山顶城墙上的守军构成立体防线。

如今，这覆盖着一层厚厚苔藓的掩体虽然不怎么残缺，但它背后巨石壁上却密布状如蜂巢的凹坑和裂痕，令人看着头皮发麻。那是无情的箭矢甚至火炮留下的印迹。

过了"虎口"，小道稍宽，道面铺的不是石块而是石板了。我知道，离城门不远了。

如同不少隐秘且险峻的抗蒙方山城堡的城门一样，凌霄城的城门也是在我转过一道急弯后，蓦然跃入眼帘的。如果说我此前对凌霄城的存在、对它的种种神奇故事还有些许疑幻，那么在这一刹那间，我是真真切切地走进了它的历史。

由于凌霄城是沿凌霄山顶四周绝壁边缘构筑的，因此这座城门左右的城墙，是高好几米的整块巨石。那城门是在巨石上剖出通道后修筑的，门洞高约2米、宽1米多。门内通道长约4米，也就意味着这天然城墙的厚度相当可观，即使用当今的榴弹炮、加农炮轰击，也不容易摧毁它。

南宋凌霄城城门

这城门的位置真是险绝。门外仅几步远，下面便是与地平面垂直的陡崖，若有人坠下崖去，将毫无碰触地从相对高度数百米的城门前掉到山底。我稍稍向崖边移步下望，便觉头晕目眩。

在门洞内盘桓时，我很快发现这城门不是宋代城堡特有的卷拱门。门洞顶部，横铺着直径如大土碗的原木，原木之上填塞着大小不等的石块，石块之上用泥土夯实填平，从而使之与城门两侧的岩石联为一体。

这些盖顶的原木，千疮百孔，似乎腐朽得随时可能断裂，导致城门坍塌。我们用手试着拨弄，木质仍坚硬似铁。向导告诉我，这应该是漆树，只有它才朽而不烂。

当我的视线从门顶移向门内的墙砖时，在距地面约一米高处，发现了宋代特有的刻有"人"字形纹路的墙砖。

这些墙砖与一米高以上的无纹墙砖，形成鲜明对比。这是当年蒙古军队攻克凌霄城后，像对待四川省内其他方山城堡一样，将所有建筑，尤其是防御设施荡平，使其回归原始状态，以防残余的抵抗势力东山再起。之所以这城门是今天我们看到的模样，是因为明代僰人占据此城，在断壁上予以培修。此城门一米以上部分，应该是僰人所为。

的确，这城门上半部分虽然用料也算结实，但却工艺粗糙。僰人的生产力落后于汉人，且南宋的方山城堡的修筑系国家行为，其质量水平显然不是一个部族的工匠所能达到的。作为南宋和僰人的文化遗迹，凌霄城门是研究那段历史的极好物证。

凌霄高耸天外

穿过城门，又拐过一个山包，眼前豁然开朗。此时，我已站在这个如大树桩的凌霄山顶部，即当地人常说的"连鹰也飞不过去"的孤峰之巅。

山顶如同一个小平原，碧色连天的蕨类植物，覆盖了大半个山顶。这看似荒野的山顶，却有零零散散的先民们开垦的庄稼地。因山顶的两家农户已于前几年搬下山定居了，庄稼地里的野草已长得与玉米的残干一样高。一丛丛翠绿的苦竹，守护着门窗洞开的被农户遗弃的房屋。一株株茶树由于无人采摘和修剪枝叶，已疯长得如野树一般。

透过眼前的荒凉、寂寥，仍能感受到在这天地相接的云雾之中，在这与世隔绝的弹丸之地，人适宜居住于此。

据向导介绍，山顶上有浑素二井，浑井水浑浊，专供灌溉和牲畜饮用；素井水清洌甘醇，专供人饮用，最宜沏茶。二井常年不涸不溢，人称神井。素井位于清雍正年间所建的凌霄宝殿（已毁，废墟上今人修有一座城隍庙）背后的凌霄山最高处；浑井位于凌霄宝殿前的庄稼地与苦竹林之间。二井皆为四方形，浑井之水至今仍可浇灌庄稼。如果没有这两口水井，凌霄城的南宋军民，不可能在此长期抗敌，夔人也不会在这里盘踞多年。

我曾登上川内遗存的 20 余座南宋抗蒙方山城堡。无论它们是临江屹立还是拔地而起，其山顶均有经年不渗不漏、四季不涸不竭的水池或水井。长年坚守城内的南宋军民，赋予这生命之源以动人的传说和美丽的名称，如运山城内的天生池、虎头城内的白鹤井、神臂城内的红、白菱池等。700 多年过去了，这些神奇的水池和水井，至今不坍不塌、不壅不塞，仍是当地村民的主要用水来源。古人高超的智慧，由此可见一斑。

本来我准备仔细寻觅南宋的炮台、更鼓楼、遛马台、练兵场以及夔人的烽火台、哨所、战壕等遗址，但近一人高的蕨苔长得密不透风，脚下一尺多厚的腐草让人如走弹簧床，勉强挺进了数十米便实在无法前行。于是，我只能在那座残破的城隍庙里，从一位无名氏题写的诗中，遐想着无缘目睹的一切："凌霄巍巍耸天外，川南重镇有遗篇。四十八拐天梯立，断颈岩下一线天；烽火台上狼烟举，跑马场前鼓角喧。黑白分明浑素井，贯古通今传万年。"

"国破山河在，城春草木深。"站在这充溢着南宋军民浩荡骨气的古城堡上，令人感到凄凉而悲壮，荒芜而又充满生机。我相信，随着凌霄城作为景区的开发，历史的本来面目将逐渐在世人面前恢复展现。

"我们能够往以前看多远，我们就能够往未来看多远"。古人留给今人的那一笔宝贵精神财富，将会让我们走得更远。

我站在凌霄山顶俯瞰，北面是绿色波涛般的长宁竹海；东面山下的龙潭沟，则是总量在 20000 株以上、与恐龙同时代的桫椤树林，据向导讲，其中一株树高超过 8 米的桫椤，是目前国内已知的最高桫椤，被称为"桫椤之王"；南面绝壁下陡然平缓的坡地上，绵延着茂密且望不到边的楠竹。当我下山后穿行于楠竹林中时，林荫令人惬意气爽的清凉，竹叶令人提神醒脑的芬芳，始终伴随我。

"青山依旧在，几度夕阳红。"巍巍凌霄城，它见证了南宋王朝的最终消亡，见证了僰民族的彻底消失。它冷对大地的腥风血雨，它又阅尽人间春色。它的故事和传说，如同簇拥着它的那些从远古走来的桫椤树，幽远而神秘。

蜀汉北伐的决绝背影

巍巍秦岭，横亘在中国腹地，是著名的南北方地理分界线。

"云横秦岭家何在，雪拥蓝关马不前。"在令人望而生畏的东西走向的秦岭山脉中，十分幸运地有一条纵贯南北的山谷，汉水的支流褒水和渭河的支流斜水，奔腾其中。2000多年前，人们巧妙而执着地利用大自然这一恩赐，在上负千仞绝壁、下临激流深渊的山谷之中，开凿和架设了一条连通三秦与巴蜀，既有石板道又有木栈道的古道。

这条历史悠久的古道，许多人不知道它的名称，但他们熟知它的历史典故。萧何月下追韩信，诸葛亮六出祁山，明修栈道、暗度陈仓等，便发生在这条古道上或与它紧密相关。它，就是褒斜道。

清初顾祖禹《读史方舆纪要》载："褒斜之道，夏禹发之，汉始成之。南褒北斜，两岭高峻，中为褒水所经。春秋开凿，秦时已有栈道。"

褒斜古道与出入四川的金牛古道相连，共同构成近两千年时间里川陕之间里程最短的通道。褒斜古道与金牛古道，留下了太多的历史车辙，见证了太多的沧桑巨变。

威风八面阳平关

褒斜道北起陕西眉县，南达汉中，是古代关中连接巴蜀的傥骆道、阴平道、陈仓道等古道中里程最短的一条。汉中，是褒斜道由北向南的终点，也是川陕多条古道交汇点。三国时期，这里是蜀汉丞相诸葛亮企图匡扶汉室的桥头堡。

沿着历史的车辙北上出川，首先出现在我视野里的是那座曾经威风八面的古阳平关。

古阳平关位于西距勉县县城约6千米的武侯镇莲水村口，虽然关楼遗址就在108国道旁，因道旁树木和房屋遮挡，加之文物标示牌设置得不显眼，久寻不见。经村民指点，我向南走下108国道，穿过树林前行数十米，阳平关青灰色的城垣才出现眼前。

要走近城垣，先要过一座在铁索上铺上木板的桥，桥下是宽与深均数米的护城河。旧址周长达5千米的阳平关，经汉中市文物部门维护，尚存300米长、高8米的一座城垣。在底宽8米、顶宽6米的城垣之上，建有一座两层层楼和两座角楼。

伫立关楼向西看去，是东汉汉中军阀张鲁筑有张鲁城的走马岭，如今在西通巴蜀的金牛古道基础上拓宽而成的108国道，蜿蜒其间。向南远眺，隔汉江与十二座秀峰连绵、主峰海拔833米的定军山遥遥相望，当年蜀汉五虎上将黄忠便将曹魏名将夏侯渊斩于此山下；向北，是与定军山互为犄角，共同为阳平关提供依托的天荡山；向东，则地势平坦，直通秦岭南麓的粮仓汉中盆地。

古阳平关始建于西汉，史传为萧何所筑。它雄踞于西通巴蜀的金牛道口和北抵秦陇的陈仓道口，是巴蜀通往关中的最前沿，严密地封锁着北上关中、南下蜀地的交通要道。

北依秦岭，南临汉江和巴山，西隔咸河与走马岭上的张鲁城遥遥相对，雄踞于西通巴蜀的金牛道口和北抵秦陇的陈仓道口，与汉江南北的定军山、天荡山互为犄角之势，是汉中盆地的西门户，也是巴蜀通往关中的北端前沿，地理位置十分险要。进利于攻，退可以守。晋人张荟《南汉记》载："蜀有三关：阳平、江关、白水……"而《隋书·地理志》则对古阳平关的军事战略地位描述得更为详尽："西控川蜀，北通秦陇，且后依景山，前耸定军、卓

古阳平关护城河吊桥

笔，右踞白马、金牛，左拱云雾、百丈，汉、黑、烬诸水襟带包络于其间，极天下之至险。蜀若得之上可以倾覆寇敌，尊将王室；中可以蚕食雍、凉，开扩土地；下可以固守要害，为持久之计。……"因而，古阳平关自古就被视为"蜀之咽喉""汉中门户"，才有了人们"汉中最险无如阳平"的感叹。

阳平关特殊的地理位置，令历代英雄豪杰在此以文韬武略，演绎了一幕幕威武雄壮的历史活剧。因争夺古阳平关而发生的大小战役不计其数，而令它名扬四海且有史记载的，是三国时期的蜀魏之战和南宋时期的宋蒙之战。

215年，曹操率兵10万进军汉中，攻下张鲁经营20多年的阳平关后，留夏侯渊、张郃等镇守汉中。218年，刘备率兵进军汉中，被张郃阻挡在阳平关以西的深山峡谷之中。对峙一年有余，蜀军未能进入汉中盆地。219年，蜀军吸取教训改变进攻策略，一面攻打张郃在走马岭的营堡，一面南渡汉江，沿山间小路夜袭军事要地定军山成功，还斩了夏侯渊。随后，曹操增兵阳平关与刘备决战，后终因崎岖难行的褒斜道军粮转运困难，无奈败退关中。自此，汉中归蜀汉。

227年，诸葛亮出师北伐，率大军屯兵于沔阳（今勉县）长达8年之久。在这期间，阳平关一直是诸葛亮"进可攻，退可守"的大本营。其中，六出祁山，有四次都是出阳平关沿陈仓古道进行北伐的。而每当退兵时，他又在这里休养生息，教兵演武。现今在古阳平关的卧龙岗上仍留有诸葛亮读书台遗址。

顺便一提，史载的另一次发生在阳平关的大战役，是蜀魏之争千年之后的宋蒙战争初期。不过这次战役的发生地，在汉代称阳安关，位于宁强县西北。至宋代，此关才更名为阳平关。

1236年，蒙古大将阔端率军分两路攻四川。阔端亲率剽悍的铁骑攻取大散关武休关，一路势如破竹，占领汉中。蒙古军于宁强阳平关遇到了南宋名将曹友闻的顽强抵抗。曹友闻深知，阳平关一旦被蒙军攻破，通往巴蜀的门户将洞开一半，金牛道上唯一可拒蒙军的关隘，就只有剑阁苦竹寨了。因此，这是一场在很大程度上关系巴蜀安危的战役。

曹友闻所率的两万余宋军，面对数倍于己的蒙古骑兵的轮番驰突，情势异常危急，南宋四川制置使赵彦呐却拒发援军。宋军虽然在阳平关城头和关外殊死抵抗，最终因蒙军名将汪世显率援军赶到，曹友闻所部无人生还。

阳平关的关楼，曾林立着八方雄杰的刀枪剑戟，曾高扬着千疮百孔的各色旌旗。它的城墙墙体，曾被无数生命染成血色；它的护城河，曾蓄满殷红的河水。如今的它，仿佛布下了一次空城计，四下一片沉寂，呈现着一派大战来临之前可怕的宁静。

青灰色的墙砖，干涸见底的护城河，麦苗青青的田野，将我的思绪从血与火的战场带回现实。天堑变通途，蜀道不再难，阳平关再也不会有历史大戏上演了。

世代景仰武侯祠

离开古阳平关，沿一条县道向定军山方向行约 5 千米，便来到武侯墓。

说到诸葛亮，人们自然会想到"武侯祠"。粗略统计，目前国内有点规模的"武侯祠"，有四川成都武侯祠、湖北襄阳武侯祠、河南南阳武侯祠、陕西宝鸡岐山武侯祠、礼县武侯祠、勉县武侯祠等，其中当属成都的武侯祠最为著名。然而，诸葛亮的长眠之地却无可争议。

234 年，诸葛亮率军第五次北伐，"明知不可为而为之"的他，这一次倾全蜀汉之兵，欲与曹魏一决生死。这次征战的结果，是他在陕西汉中勉县武侯墓留下一个永远的身影。

武侯墓园位于陕西省汉中市勉县城南 5 千米的定军山脚下，山环水抱，古木参天，占地 360 余亩，坐西朝东。园区内，古柏繁茂，鲜花盛开，清静幽雅，依次排列着山门、拜殿、大殿、坟亭、墓冢、崇圣祠。

散布园区的 40 余间殿宇，多是明清时代的古建筑。历代留下的碑刻、匾额、对联不计其数，多为对诸葛武侯的赞颂之词：大汉一人、名垂宇宙、功盖三分、儒行将略等。正堂大殿内诸葛神像，头戴纶巾，身着鹤氅，手执羽扇，神态庄严，栩栩如生。大殿之外，香烟袅袅，红烛长明，似乎诸葛武侯的魂魄还游荡在定军山。

位于园区中央的诸葛亮陵墓，在数十棵千年古柏掩映下，令人无不为之肃然。传说这些柏树是武侯归葬时种下的，原有54棵，象征他在世之年。高6米、周长60米、用汉白玉石栏杆围护的墓茔之上，芳草萋萋，四季常青，仿佛是诸葛武侯的生命不息。墓碑立于墓茔之前的一座飞檐翘角、小巧玲珑的坟亭中，为明万历年间陕西按察使赵健所立，并亲撰"汉丞相诸葛忠武侯之墓"镌刻于碑上。

从锦官城里两上《出师表》的凛然，到褒斜道上六个来回的悲壮，再到五丈原军帐中的苍凉，正如与武侯墓相邻的勉县武侯祠内的牌匾所题："忠贯云霄"。

勉县武侯墓工作人员告诉我，1700多年来，武侯墓从未被盗。此墓与墓主传奇的一生一样，给世人留下很多未解之谜。

诸葛亮死后为何葬定军山而不葬于成都？陈寿的《三国志》未加诠释，罗贯中的《三国演义》也未加妄议。

民间的普遍说法是：诸葛亮未能实现"北定中原、兴复汉室"的宏愿和承诺，壮志未酬心有不甘，于是遗命将自己安葬在汉中定军山下。武侯墓殿内"生为兴刘尊汉业，死犹护蜀葬军山""未定中原，此魄何甘归故土；永怀西蜀，饮恨遗命葬军山"的楹联，颇有代表性。

透过千年的时空阻隔，我们试着接近这位先贤，倾听来自他内心深处的声音。在最后一次出征前，诸葛亮常常一个人来到定军山上。"兴复汉室"是他奋斗终身的理想，但历史却一次又一次地嘲弄了他的雄心、辜负了他的心血。"此魂何甘归故土"，作为一位军人，他毅然选择定军山下的战场当作自己的归宿。

既如此，三国时期正处于中国历史上第一个盗墓高峰期，诸葛亮墓穴为何保存完好呢？通俗的解释是，因诸葛亮生前曾留下"殓以时服，无葬金银"的遗言，盗其墓无利可图。当然还有多种说法：因诸葛亮一生足智多谋，盗墓贼都害怕墓中机关太多而不敢盗；诸葛亮的部属出于对他的无限敬仰，设了多处疑冢，令盗墓贼无所适从；忠肝义胆的诸葛亮被视为圣人一般存在，连盗墓贼也对其敬如神明。

当伫立武侯墓前时，我坚信诸葛亮"死犹护蜀葬军山"的遗愿，也愿意相信其"殓以时服，无葬金银"的遗言是避免被盗的原因。

勉县武侯祠隔着汉水与勉县武侯墓遥遥相望，是最早的武侯祠，也是中国历史上唯一由帝王（刘禅）下诏为臣僚修建的祠，已有1700多年的历史。祠院规模宏大，占地80余亩，其建筑极具陕南民俗传统特色。院内古树森森，碑石林立，唐碑、千年古柏、旱莲都是稀世之宝。魏晋以来，历代无数帝王将相、文人墨客都在此留下足迹。

据李复心《忠武侯祠墓志》载：公元263年，后主刘禅下诏为诸葛亮修建祠庙之时，当时给武侯"墓栽植54株柏树，象征诸葛亮在生之年"，由于勉县武侯祠坐落在诸葛亮北伐期间的"中军帐"所在地，因此同时在这里也栽植了64株柏树，"象征诸葛亮生前在定军山下所摆的六十四阵八卦阵"。如今，祠内的古柏虽仅存18株，但株株挺拔苍翠，其树高、树径和冠幅与武侯墓的古柏基本相同。据北京林学院专家现场鉴定，这18株古柏确属汉柏，是货真价实的蜀汉文物。

时至今日，每年的清明节期间，勉县武侯墓武侯祠都十分热闹，来自全国的游客和诸葛氏后人，都会在这里举行盛大的扫墓和祭祀活动，以纪念这位"名垂宇宙"的先人。

武侯祠墓的清明庙会，是历史沿袭的民间自发祭祀诸葛亮的盛大集会，会期5天，清明节为正会。每到会期，四方民众呼朋唤友，扶老携幼，纷纷云集于此拜谒先贤，寄托哀思，发思古之幽情，谈天下之兴亡。在此期间，各种小吃、艺摊、杂货陈列，应有尽有。戏班通宵达旦，演出三国剧目，连续三天四夜。正会之日，祭祀者可达数十万之众。

芳草萋萋马超墓

如果说诸葛亮确切的长眠之处存疑，那么勉县马超墓，则是这位镇守阳平关的大名鼎鼎的骠骑将军真墓。

1988年，马超墓旁住有一户农民。当年秋收后，该农民将稻草堆在马超墓冢上晾晒，没想到给盗墓者提供了方便。盗墓者在稻草遮掩下爬到墓顶挖了一个盗洞。连续作业几天后的一个夜晚，盗墓者的动静终于惊动了这户农民家的看门狗，盗墓者只得鼠窜而去。

案发后，勉县文物和公安部门现场侦测发现盗洞直径近1米，深达8米，已可见墓的砖圈顶。在场的文物工作者清晰地看见，墓室的墓顶是典型的东汉三角几何花纹砖所砌，砖缝是白灰浆，没有受到丝毫的破坏。由此可知，马超墓货真价实而且没有被盗。这也与当年修建汉惠渠时发现马超墓甬道的情形相互印证。

马超位列蜀汉五虎上将，武艺高强，人称"三国英雄数马超"。刘备称帝后，升马超为骠骑将军，领凉州牧，镇守阳平关（即现勉县老城）。公元222年病逝于勉县，并安葬在此。《关中陵墓志》载：公元227年，诸葛亮屯兵阳平关，设相府及武库于筹笔驿（今勉县武侯祠所在地），"亲诣墓所致祭，并命其弟（马）岱挂孝"。

我从定军山下的武侯墓回到勉县武侯镇，便来到位于镇街108国道旁的马超祠墓。

文物工作者曾对马超墓组织发掘，打开墓顶之后发现：格局与砖石均系汉代，且与史书记载相符，史学界亦无异议，故真马超墓系无疑。

马超祠墓占地20余亩，被汉惠渠隔为两院，墓北祠南，有风雨桥相连。

马超祠前院有三座殿。正殿的门匾上书"信著北土"四字，此乃刘备封马超为骠骑将军、斄乡侯时，宣诏上夸耀马超的词语。正殿门前的对联可谓气势磅礴：威震西北正气弘扬天汉，武比关张英雄炳焕斗牛。殿内神龛上马超像为明代万历年间所塑，神采奕奕，威武雄壮，颇有"扶风勇略冠当年"之雄姿，左右分立庞德、马岱两尊神像。一座名为"一世之杰"的偏殿里，是图文形式的马超生平展，包括著名的"渭水之战""马超投刘"等；另一座名为"兼资文武"的偏殿里，则介绍了曹操与刘备的汉中争霸战经过，此战役马超起到重要作用。

仅有一进院落的马超祠，在我看来不免有些寒碜。因此，在我穿过正殿后的小门之前，揣测后面的马超墓也不会壮观。岂料小门之后架于汉惠渠之上、直通马超墓园的，竟是一座华丽的木石廊桥。廊桥尽头，是一座朱柱石础、古朴大气的垂花门。走在廊桥之上，有一种柳暗花明的感觉。

为什么马超祠墓会被汉惠渠隔开又廊桥相连呢？当地人告诉我，汉惠渠是20世纪30年代末兴建的一个重要水利工程，其规划路线正好从马超祠与墓之间穿过。于是，祠与墓只能以一座廊桥相连了。据说在修渠时挖到了马超墓的墓道，在墓道里捡到一把铁刀。

果然，马超墓园一改马超祠的局促，占地宽阔，有十余亩的面积，地面全部用青石板铺就。我沿着中轴线朝墓冢方向望去，是一座汉代风格的三开间的歇山式墓亭，比单开间的武侯墓亭更加威严气派；墓亭后面的覆斗状墓冢，相应地也比武侯墓高大了不少。我想，这可能是因为马超长驻勉县，当地百姓对这位官员厚爱有加吧。

墓亭内，伫立一块石碑，碑上镌刻"汉征西将军马公超墓"，系清乾隆四十一年（1776年）陕西巡抚毕沅所立。此碑当属资历不浅的文物了，因此当地文管部门特地用玻璃罩将它保护起来。

出墓亭绕墓冢走了一圈，明显感觉比武侯墓大。看了文字介绍，方知马超墓的周长90米、冢高8米，武侯墓只及它的三分之二。它与武侯墓以及其他著名墓冢有一个不同之处，那便是墓冢之上长满了数米高的松树。这些松树郁郁葱葱，笔直挺拔，仿佛是伫立于城堡的披坚执锐的将士。

伫立马超墓前，一个早已萦绕心中多年的疑问，再一次固执地浮出脑海：马超正当壮年，怎么会一病不起呢？普遍的三种解释是：常年征战，积劳成疾，天不假年；和关羽、张飞、赵云相比，马超是降将，刘备对其信任度不够，故抑郁而终；受彭羕的牵连，受刘备、诸葛亮对其信任度大打折扣，郁闷加惊吓，落下沉疴，如此岂能长寿。

不管是何种原因，稍加思索便会发现，真正令马超一战成名且威名远扬的是，211年马超与曹操的潼关大战。此战中，如果不是曹军大将许褚拼命为曹操遮挡箭雨，曹操必死于箭镞之下。西凉英雄马超由此差一点改写了三国的历史。

而马超归附刘备之后参加的唯一一次较大战役，是 217 年的刘备与曹操争霸汉中之战。这场战役，张飞是当仁不让的主将，调拨给马超的兵力却不多，所幸马超凭借其在西凉素有的巨大威望，策动氐族雷定七部万余人响应刘备，牵制了曹军先锋主力，从而为刘备最终占据汉中立下一定功劳。因此，有人推测，马超对曹操有灭族之血海深仇，刘备却不给机会，从而导致他郁郁而终。

其实，我更相信"积劳成疾"之说。因为马超在世之时，蜀汉占据汉中仅一年多时间，立足未稳，北伐曹魏还谈不上，哪有大仗让马超去打？

大概是天近黄昏的原因，巨大的马超墓园里，只有我们几人，显得有点冷寂萧索，但长眠于此的马超，可能感觉这里和他那地广人稀的陇西大地差不多吧！

名垂青史定军山

"天汉遥遥指剑关，逢人先问定军山。"这是清初著名文学家王士禛，在汉中沔县武侯墓祠拜谒诸葛亮后有感而写的《沔县谒诸葛忠武侯祠》诗中的佳句。

定军山不高不大，不奇不险。但是，自 218 年刘备北上进军汉中，翌年攻下这一战略要地，从而确立三国鼎足之势，以及随后诸葛亮在此屯兵北伐、教兵演武、推演八阵图及遗命安葬在此，定军山便名垂青史，誉冠古今。因此，定军山被誉为"中国三国历史文化第一山"。

定军山坐落在如今的勉县定军山镇，是巴山支脉的十二座山峰中的第三峰，海拔 833 米。

遥望定军山，我明白，距今已近 1800 年的战争遗迹，肯定灰飞烟灭了。但是，此山本身就是一处庞大的文物，它是因历史而矗立的。它的一石一坡，都给今人以巨大的想象空间；它的一草一木，都给今人以无尽的幽思怀念。

定军山西麓，有一段宽阔的峡谷地带。驾车沿峡谷里的一条公路前行，便可抵达定军山主峰下。据清代沔县（今勉县）武侯祠墓住持虚白道人编修的《忠武侯祠墓志》记载，峡谷西侧的山峰，在汉代名为降山。三国时期，蜀汉名臣法正在山头插旗指路，居高临下的黄忠从峡谷跃马而下，成功诛杀曹魏名将夏侯渊。为了纪念这次胜利，后人将此山更名为旗杆山。

正因为如此，215 年的这一场定军山之战，为后来的人们提供了取之不尽的艺术创作源泉。中国第一部电影就是《定军山》。

如今，在公路左侧一片缓坡之上，矗立着一座黄忠刀劈夏侯渊的雕塑。雕塑水泥基座，人马为黑色大理石，再现着黄忠奋力挥刀，马首高昂、马蹄奋扬，直取人俯身、马缩蹄的夏侯渊性命的瞬间。

伫立于此，相信每一位游人的脑海里，都不约而同地浮现黄忠腰斩夏侯渊那惊心动魄的场面。黄忠那疾如阵风快如闪电的致命一刀，砍出了他的一世英名，劈出了魏蜀吴鼎立的格局。

距雕塑不远，是一个售卖烧烤食品的摊点。须发皆白的摊主十分肯定地告诉我，当年黄忠斩夏侯渊，就在这个地方。

实际上，文学和传说，或有些夸张或有些想象。据《三国志·蜀书·黄忠传》载："建安二十四年，於汉中定军山击夏侯渊，渊众甚精，（黄）忠推锋必进，劝率士卒，金鼓振天，欢声动谷，一战斩渊，渊军大败。"从中可知，似乎夏侯渊并不是被黄忠亲自斩杀。又据《三国志·魏书·夏侯渊传》："建安二十四年正月，（刘）备夜烧围鹿角，（夏侯）渊使张郃护东围，自将轻兵护南围，备挑郃战，郃军不利，渊分所将兵半助郃，为备所袭，渊遂战死。"其中也不见夏侯渊到底战死于何人之手。

不过，夏侯渊战死于定军山，战死于与黄忠所部的对决，的确是事实。

夏侯渊是曹操麾下的西部战线最高领导人，死时是征西将军。当时，征南将军曹仁负责南部战线，夏侯惇负责东部战线。可以说，夏侯渊是魏国三大方面军主将之一。三国时期，直接亡于战阵的名将不少，如颜良、文丑、张郃、郭淮、典韦等，但若论军职，夏侯渊无疑是最大牌的一位了。他的死，令曹操失去攻蜀的战略要地汉中，犹如关羽之死令蜀国失去荆州。

一位将领的死亡，能改变一方战略区域的归属，在三国时期，应该就只有关羽和夏侯渊了。自此，汉中成为蜀汉的北方门户和北伐曹魏的根据地，三国鼎立的局面，也由此正式开始。

沿进山公路继续前行，便来到一块称之为武侯坪的小平坝。当年蜀军的饮马池和诸葛亮推演八卦阵的督军台，便位于此处。

在原址上修葺扩建的饮马池，亭台阁榭，碧水一潭，面积达好几百平方米。这饮马池，想来当年也不小。定军山作为战略重地，常年驻军一定不少，因此远不是开凿几口水井便可解决人马之需。

据现代地质学家勘察，定军山山体皆由白云石构成，基本无地下水。诸葛亮是如何发现武侯坪地下水，并凿池蓄水，至今依然是不解之谜。

池畔，成群体态强健的铜铸战马，或埋首饮水，或悠闲吃草，或仰天长嘶。几位雕塑的蜀汉士兵，正俯身埋头铡草，为战马储备秋冬的粮草。在这里，既有大战之前宁静安闲，又隐隐可见激战在即的厉兵秣马。

如今，这里是游人登山的歇脚地，也是休闲纳凉的好去处。我与在此售卖小食品的当地人攀谈中得知，武侯坪上时常发现扎马钉和箭镞。他们认为，那一定是蜀军的军需之物。

武侯坪上，矗立着一座石栏环护、呈覆斗状的高台。正面的台壁上，大书"督军台"三字，台顶地面面积百余平方米，绘有一幅硕大的太极图。

登台四望，正面之下是大片开阔地，应该是当年的演兵场。开阔地尽头，便是高耸的定军山主峰。其余三面，倚山靠坡。环顾此台周边地势，可见当年诸葛亮对台址的选择，既追求实用，又讲究风水。

过督军台不远，便是公路尽头。右侧有一石梯道，通向定军山之巅。行进在蛇行斗折的梯道，两旁时而山石嶙峋，时而松柏蔽日。路边，有一大石，高约3米，宽约2米，中间有一道缝隙，当地人称之为"挡箭牌"。传说诸葛亮曾在此石后面，躲避过魏军箭镞。

山顶仅有一块数十平方米的平地，曾立有一通"古定军山"石碑，可惜在五十年前被毁。如今人们看到的是，一通新立的石碑。碑文以"天下名山固多矣，而以争战得名赫赫然如定军山者也鲜"开篇，以"惜前代碑石毁损，今人循踪览胜，复于定军山头树碑设亭以昭示天下"结束。

定军山之巅视野开阔，眺望四下，令人心旷神怡：向北，山麓的武侯坪尽收眼底，汉中平原的原野遥遥在望；向南，山麓三国时期"可屯万兵"的"仰天洼"，也一览无余。仰天洼是一个锅底形的、周长约1500米的大洼，夏侯渊曾在洼中驻军，诸葛亮也曾此洼中设中军帐，传说中的诸葛井便遗存在此。

定军山东麓也有一条青石铺成的登山道，但只通到山腰。沿此道上行数百米，可见一座长16米、高2米的"神兵天降"锻铜雕塑，由8位在北伐前线征战且功勋卓著的蜀汉将军组成，他们是赵云、黄忠、魏延、马超、马岱、王平、蒋琬、姜维。

这组通高5米的雕塑，8位将军的造型为跨战马、持刀枪，形态各异。其形似飞龙、虎虎生风，再现了当年蜀军名将的雄姿。

有着深远历史渊源和深厚文化内涵的定军山，足以让今人与先贤进行心灵的对话，足以让今人感知先贤的智慧与忠勇。

永平堡　终结羌汉之争的堡垒群

迄今为止，我国西南地区发现的遗存面积最大的明代军事堡垒群，是四川北川县开坪乡的永平堡。

永平堡西北方向，以片口乡为中心的北川、平武一带，是历史上被称为"白草番"的羌人的地盘。因此，永平堡地处汉人实际控制区的最前沿，是羌汉民族在特定的历史时期，从对立、摩擦、争斗，到和解、融合、共同发展的见证者。

当年腥风血雨化为羌笛杨柳，我走进了永平堡，走进了羌汉民族共同难忘的历史。

历史回顾

北川县与茂县交界的青片河南北、白草河两岸，自汉代以来便有史记载，一支名为白草羌的羌族同胞在这里聚居。

这是一片面积达数百平方千米的高山河谷地带。北周以来，历朝历代便在北川设县、建城、驻军，对其进行管辖。唐宋时期，白草羌聚居地以北的平武，以南的安州、绵竹，以西的松潘至茂县一线，均已控制在朝廷手中，而白草羌虽然地处汉人地区，但却并不在汉人的控制之下。

由于唐宋时期，松茂一线是汉与非汉的边缘，朝廷驻军的给养军械补充，各民族之间的贸易往来，就要穿越横亘其间的白草羌聚居地。清代顾祖禹所著《读史方舆纪要》称：石泉（今北川）"地扼氐羌，位在番汉之间，粮援之道恃石泉以无恐"。

经济发展的落差，导致强者与弱者之间的不平等；文化习俗的迥异，导致先进者与落后者之间的隔阂。于是，在封建社会里，汉羌相互间的摩擦争斗乃至战争，便不可避免。

15世纪中叶起，白草羌频繁"攻劫"，直到1478年，这一波战乱才被明军平息。1544年，发生了史称"白草番乱"的战乱，为首者自称皇帝。1547年，明王朝派松潘总兵何卿会同四川巡抚张时彻，率军从龙州（今松潘及江油一部）、石泉（今北川）、坝底（今北川坝底镇）三路围剿白草、青片。

在此役中，明军一路毁碉拆寨，严惩参与起事的村寨，最后在走马岭一役，彻底消灭了白草羌的主力。

在征剿前，何卿就修建了永平堡下城。明军大胜之后，虽然白草羌已完全丧失了与明军对抗的能力，但何卿未敢懈怠，在硝烟尚未散尽的当年（1547年），又在永平堡下城所在的半山上修筑了中城，在山顶修筑了上城。3座城堡自山麓依次而上直至山顶。

不仅如此，明军还在3座城堡的周围，修筑了9个称为墩的烽火台，以便迅速将敌情传达到各城堡。

　　同一时期，在何卿的谋划主持下，又在永平堡附近修筑了伏地堡、万安堡、大方关、伏羌堡。这些城堡与此前的军事重镇坝底堡连成一线，严密地控制了从内地通往松潘、茂县的道路，北川也成为四川西北地区军事城堡最为密集的地方。

走进古堡

　　从成都驾车前往永平堡所在的北川县开坪乡，沿途经过在汶川特大地震后重生的北川新城，穿过山体不稳定且地质状况复杂的唐家山隧道后，在禹里镇与通往茂县的302省道告别，便驶上了通往开坪乡的县道。

　　这条逆白草河而上直通片口的县道，在汶川大地震后被重新铺筑并拓宽，令人丝毫看不出古道的痕迹。然而远在明代乃至汉唐，我车轮下的道路，是东边安（州）绵（阳）通往西边松（潘）茂（县）的必经之道，也是成都平原西入松茂的主道之一，古称永平路，又称白草路。

　　永平路上，曾奔逃着在汉、羌、吐蕃之间的冲突中躲避战火的难民，曾狂欢着攻村掠寨、满载而归的惯匪流寇，曾行进着旌旗如林、视死如归的征剿大军。当年，此道虽"羊肠一线，马不列行，车不方轨"（据《龙安府志》《石泉县志》），却是朝廷对松茂驻防军队进行军事补给的生命线，是汉、羌、吐蕃贸易往来的交通线，也是丝绸之路的一条重要的南支线。因此，川西北各县史志，皆称此路沿途为汉番之要冲。

　　1957年，考古学者曾在此路必经的开坪，发掘出汉代将军墓，说明这里在汉代已是军事要镇。在唐代，唐军在开坪、小坝、坝底一线，与进占白草河流域的吐蕃，展开了数十年的拉锯战。在明代，明军则沿白草河、青片河流域，修筑了数以百计的关、堡、墩等军事设施，并派重兵把守，以"内障安绵，外屏氐羌"，既防御土著南下，又确保这条道路畅通。

　　我即将抵达的开坪，则是唐宋至明清时期（元代相对安宁），朝廷与当地土著争夺的焦点。作为白草河、青片河流域众多军事设施的指挥中枢，永平堡修筑在开坪，不仅是军事家的正确抉择，更是历史的必然。

永平堡是这一处明代军事城堡群的统称。它由分别位于开坪乡三面山山麓、山腰、山顶的下城、中城和上城组成。

在开坪乡政府大院稍事休息后，在乡干部袁先生陪同下，我驾车沿着一条基本上只容一车通行的村道，向永平堡所在的永安村驶去。

车行数分钟，右边便出现一道高二三十米的悬崖。悬崖尽头拐弯处的路边，一段不起眼的石墙就出现在眼前，这就是位于当地人称的牛背梁上的永平堡下城。

永平堡下城呈长方形，残墙高度仍有好几米。其东西墙长 75 米，南墙长 47 米，北墙长 41 米。墙体用粗加工条石垒砌，以碎石泥土填心。东西面各开一道城门，如今仅有东门保存较为完整。当年驻军备战的军营仅有屋基可寻，唯有一只古老的石臼，让人们忆起那金戈铁马的岁月。

从下城的规模和所在的地形位置来看，不像是长期固守的堡垒，更像是一座相对完备的前进基地。

据《四川通志·名宦传》载，早在何卿平定白草羌之乱之前的明嘉靖十一年（1532 年），都御史宋沧曾经"西平白草"，并在今开坪乡的大鱼口和麂子坪，分别筑平番堡和赤土堡，留兵守之。嘉靖二十三年（1544 年），数千白草羌人突袭并攻占了平番堡，且俘获平番堡提督指挥邱仁及所属的数百名明军。嘉靖二十五年（1546 年），身负朝廷重任的松潘总兵何卿集结 3.7 万大军，欲分别从龙州（今松潘及江油一部）、石泉（今北川）、坝底（今北川坝底镇）三路围剿白草、青片。在这次大规模出兵之前，何卿先遣一千精兵修筑了永平堡下城。平定"白草番乱"后，才继续修筑了中城和上城以及周围的九墩。

中城雄风

过了下城，便进入三面山。继续沿这条村道上行两三千米，在道路右边有一个岔口，其小道更为狭窄且泥泞坎坷。艰难地沿这条小道上行两百多米，一个残缺的城门及顺山势向上而筑的城墙，便出现在我的正前方。这便是永平堡中城东城门。

站在东城门前回望登城之路，只见小路右侧是数十米高的绝壁，左侧是数十米深的沟壑，这条进城之路，是在陡峭的山腰掏凿出来。东城门正对小道，北侧面临沟壑。整座中城城堡占地为一斜坡，南高北低。

正当我在东城门前四下察看时，从城内走出一位年老的村民。他一看我周身的行头，便知道我的来意，随即招呼我来到距城门十余米的崖壁前。

崖壁上有一坍塌处，一截断面20多厘米见方的石质引水道，出现在我眼前。这位村民告诉我，由于中城内没有水塘，守城明军将士的生活用水，全靠这条隐埋在崖壁上的管道输送。接着，他又指着云遮雾障的三面山山顶告诉我，这水就是从筑在那里的上城附近引来的。

水是生命之源，它甚至比粮食重要。隐秘的引水道，精兵把守的水源，永平堡缜密而完备的建构，由此可见一斑。

中城作为明军的指挥和防御中心，是精心选址、精心设计、精心施工的。它的原址，曾经是饱经惨烈战阵的剽悍的蒙古人的都元帅府。

在这一处天险之地，何卿率明军竟然又修筑了内外两道城墙。从高处俯视，整座中城城墙构成"回"字形。其外墙全长近600米，高10余米，宽8米；内墙全长319米，高9.5米，宽7米。外墙的东西方向各开一道门，如今西门已毁，东门尚存。

进外墙东城门后10多米远处，便是内城墙的东城门。在两道门之间的右侧，是一块荒草没顶、面积约百余平方米的方形空地，形如瓮城却又不当道。

带着疑惑，我向村民咨询后，方知这是当年的一座监狱。这监狱并未分隔出若干小间，因此出于人性化考虑，只关押女犯。关押男犯的监狱，在西城门附近，面积约200平方米。

走过第二道东门，便进入内城。街道的左边，一处底部由粗大的石条砌成的且宽六七米、台阶，映入我的眼帘。台阶共24级，由下而上逐级收窄，顶部的一级宽1.5米。

这通高 7 米的台阶，令人顿感威严。果然，台阶之上是一平台，这便是当年松潘总兵巡行驻地，当地人称之为松潘正堂衙门。

明代松潘总兵巡行衙门遗址

想当年，戎马倥偬的松潘总兵何卿，便是在这里日理万机，指挥着那场平定白草番的战役。遗憾的是，其遗址之上，我仅仅看见 3 间村民的房屋。

石阶下的街道的尽头，正对着男监的大门。这男监也是内外城墙之间围成的无顶空地，也形若瓮城。据村民讲，当年这男监是盖了顶的，后来被拆掉了。

沿着正对男监大门方向的左边的坡道（也可能是城墙垮塌而成的）而上，便登上了永平堡中城北面的外城墙。

伫立马道俯视，200 平方米的男监如同一口干涸了的方形水池，"水池"四壁是七八米高的城墙。据村民讲，当年守军给监狱里的战俘或盗匪送饭，是从马道上倒下去的。据此推测，由于牢中之人过于剽悍，此监狱围墙四合，没有开设牢门，能够最大程度地防止越狱或暴动。

在马道上放眼望去，城墙的雉堞已被铲平，北城墙最西端转角处，角楼（炮台）荡然无存，只留下高于马道的基础。墙体黝黑的西外城墙，如一条欲窜向山顶的巨蟒。

行至西外城墙马道，只见墙外是一道从山上延伸而下的沟壑，视野顿时大开，山下的白草河谷、永平古道尽在监控之下。再看城内，只见内外城墙之间，从低到高垒砌了数道堡坎。每道堡坎的坝子上，布置有兵营、校场、指挥台等。如此这般，即便来犯者破城而入，守军也可凭借一道道几米高的堡坎，作最后的抵御。

永平堡的城墙建筑，有着明显的地域特征。它虽然是按照明代的军事防御工事形制修筑，但在建造中也部分采纳了羌、藏民族的建筑技术。

据有关资料记载，该城墙建造就地取材，均用粗加工条石垒砌，中间以泥土碎石夯实填心，墙缝用拌和好的黄泥浆勾抹。高达十几米的城墙，内侧与地面垂直，外侧则向内倾斜，有点类似羌族碉楼的修筑方法。城门的用料较多，且较规整，梯坎则多用较薄的片石垒叠而成。

何公不死

作为国家文物保护单位的永平堡，何公生祠碑是其最重要的文物之一。

所谓生祠，即为当时尚在人世的人物修祠立碑。这在历朝历代都少见，在北川更是仅此一例。何公，便是威震白草河流域的松潘总兵何卿。

相关资料介绍何公生祠碑的位置，语焉不详，仅告知在永平堡以南约200米处，连那位当向导的村民也说不清楚。经我再三描述，这位村民觉得可能是在南边城外的一个当地人称马王庙的地方。

于是，我出城后在泥泞坎坷的山上绕了半圈，来到了有几户人家和一座新修的小庙——马王庙。资料介绍没错，此地距永平堡南城墙直线距离的确只有近两百米，但坡陡且无路，只得绕行近两千米。

在马王庙村民热情的指引下，我走到了那座新修的小庙背后的坡坎前。高 2.5 米、宽 1.8 米的何公生祠碑，便伫立在一座似亭非亭的简易建筑物之中。

何公生祠碑用一整块页岩的石材錾凿而成，碑面呈古铜色，左下方已剥落了一大块，碑面其他地方因风雨侵蚀，碑文漫漶难以逐句辨认，但其中"驱数万之兵深入羌地""朝夕瞻仰，其庶乎系边人之永思""嘉靖二十六年"等语句完整。所幸碑额"何公生祠碑"5 个大字十分清晰。

享此殊荣的何卿，在平定"白草番乱"的过程中，表现出非凡的政治素质和军事才能。他不顾朝廷催促，反对夏秋时节发兵攻打羌寨。这不仅是考虑到此期洪水对进兵不利，更考虑到当年四川各地遭遇灾荒，粮食歉收，筹措军粮困难，若强迫百姓送粮，容易激起民变。因此，他确定在看似不宜用兵的冬季发动进攻。

在动用兵员上，何卿针对崇山峻岭中大部队难以展开的现实，淘汰冗兵，将原计划动用的 3 万多人减少了 2 万多人，仅选骁勇精壮者 9000 余名强化操练备战，这样也节省了大量粮饷，减轻了百姓负担。

全线进攻开始后，明军兵分三路，从龙州（今松潘及江油一部）、石泉（今北川）、坝底（今北川坝底镇）对白草、青片的白草羌形成合围态势。何卿亲率驻永平堡的中路军担任主攻。

当兵临陡峭的走马岭时，遭到白草羌的顽强抵抗，明军进攻受阻。几天后，大雾四起，这对作战双方都非常不利。狭路相逢勇者胜，何卿却在云遮雾障中，判断出克敌制胜的趋势。他抓住时机，果断命令擅长攀岩的军士，迅速组成敢死队，出其不意地从悬崖绝壁登上走马岭。后续部队则拽住敢死队员从山头放下的绳索，攀缘而上，一举攻占了走马岭。

在随后的逐个山头攻坚战中，何卿亲自击鼓助威，"摧坚陷阵面当箭"，极大地鼓舞了明军将士的士气。

走马岭一战，何卿取得了彻底的胜利。据《明史·列传》载："讨擒渠恶数人，俘斩九百七十余级，克营寨四十七，毁碉房四千八百，获马牛器械储积无算"。征战结束善后之时，他仅将为数甚少的头领处斩，并未滥杀无辜，又让白草羌自守其土，自选寨主，避免了矛盾的进一步激化。

"平临云鸟八窗秋，壮压西川四十州。诸将莫贪羌族马，最高层处见边头。"身为成都人的何卿，肯定读过唐代女诗人薛涛登临川西边防重镇理县筹边楼，感慨万分写下的这首名诗；也肯定研习过时任剑南西川节度使的李德裕，在筹边楼施行的民族和解政策；也肯定总结过由于元代朝廷对民族地区采取的高压政策，以及明代前期的管控过度，导致这一地区治安反弹的经验教训。再加上他在复杂的民族地区长期的宦海生涯，剿抚并举、以抚为主的策略方针，便顺理成章地在他心中诞生。

由此，番民"愿为编氓""变易番姓，从习汉仪"。此后，为使这一方天地长治久安，何卿又遍设关、堡、墩、台等军事设施，扼住白草羌进出的通道。

据清代《石泉县志》载，石泉的明代军事设施中，除了最为重要且最具代表性的白草河流域的永平堡和青片河流域的坝底堡外，还有伏羌堡、曲山关、大鱼关、石板关、上雄关、鱼滩子堡、青杠堡、石泉堡、绝香墩、喜悦墩、振番墩等。此外，何卿的另一策略，则是毁掉白草羌所居住的碉房，因为它既是羌人平日居住的房屋，也是战时据守的堡垒。清道光年刊行的《石泉县志》记载，自何卿平番之后，"青片、白草碉楼皆空，一望民居皆耕作之土也"。

自何卿重创白草河、青片河流域的白草羌之后，当地汉人的经商与生活有了安全保障，因此何卿也成为当地汉人心目中的救世英雄。在他离开川西后，北川军民建何公生祠，勒石塑像，敬若神明。

古堡绝唱

上城位于中城以东的墩包山顶，距中城有近一小时的步行路程。

由于山顶开阔，城堡是靠山围筑。城为长方形，南、北墙长 97 米，东墙长 41 米，西墙长 35 米。如今，虽然上城的残墙仅有 4 米多高，宽也不到 5

米，但还是能依稀看到当年炮台或角楼的影子，并发现了一个残石臼，也能辨认出当年营房、马房和点将台的遗址，其中马房的残墙高6米。

就是这样一个相对小型的城堡，也在南北方向各开了一道城门。为增加保险系数和提前预警，明军又利用南门外的两座小山之间的垭口，修筑了一处关隘。这个关口本来就是天然形成，易守难攻，但明军仍然在此修筑了防护墙，只留下了宽一米多的狭窄通道。

伫立居高临下的永平堡上城，山下的动静尽收眼底。它与蜿蜒于白草河畔进入内地要道的下城，与盘踞山腰有泰山压顶之势的中城，共同构成了一个严密的梯次防御体系。再加上创造性地使用万里长城烽火台的功能，在三城的南北两面，修筑了用石块垒砌的墩，用墩上所立的10米高灯杆发出信号，及时传递敌情，从而使这个防御体系更加完备。

正是明嘉靖二十六年（1548年）走马岭明军的大胜，以及永平堡军事堡垒群的建成，剧烈动荡的川西北白草河青片河流域的广大地区，便成为"白草番"由盛而衰的转折点，也成为北川境内众多军事设施失去存在价值的开始。

到明代后期，"白草番民卖刀买犊"，渐成"顺民"，官与民的军事对抗逐渐减少，朝廷驻军数量也相应减少。至清代，统治者对羌、藏民族实行以抚化为主的政策。自此，威震一方百年未被攻陷的永平堡，以及周边的关、堡，便逐渐失去军事意义。

永平堡的绝唱，上演于明末清军入川之时。明代安绵道詹天颜，率川西一带的明军抗击清军，于清顺治九年（1652年）撤退至北川，欲凭借永平堡作生死一搏。无奈大势所趋，永平堡不可能成为历史潮流里的中流砥柱，詹天颜所部终因寡不敌众，被清四川总兵王明德击败。

永平堡虽然被废弃了，但它的魂似乎还在。当地百姓在何公生祠原址，重建了一座小庙，庙里供奉着新塑的何卿像。

这是一种对祥和安宁的寄托，这是对国家永远长治久安的祝愿。因此，永平堡作为川西北地区多民族融合的见证，无疑具有独特的历史文化价值。

壮压西川四十州

摊开四川旅游地图，目光沿 317 国道起点向西，掠过理县一个叫薛城的小镇后，你所看到的城镇村寨的地名，都具有典型的少数民族特征，真所谓西出薛城无乡音。

当你收住惆怅的思绪，将眷念的目光再次停留在薛城镇，停留在镇旁一个叫筹边楼的景点时，一种探古寻幽的冲动，就再也按捺不住了。

浓郁羌风满古镇

如果要领略"一片孤城万仞山"雄浑苍凉的意境，地处杂谷脑河与孟屯河交汇处的薛城古镇，一定会作出确切的诠释。该镇坐落在熊耳山与笔架山之间一个狭长的坡地之上，险山环抱，孤城独守，扼控着自逶迤群山里蜿蜒而来的川藏茶马道必经的隘口，是唐朝名副其实的边塞重镇。

薛城古镇古为氐羌之地，地处藏羌汉接合部，川甘茶马古道穿越全境。公元 628 年，为抵御全盛时期的吐蕃由青藏向四川盆地的扩张，位于内地通往藏区的茶马古道隘口的薛城，在 584 年设立的薛城戍的基础上，升格为薛城县，从而成为保一方平安的边陲重镇。

我将车停在绕镇而过的 317 国道旁，步行跨过杂谷脑河上的大桥，沿着展示古镇发展历程的浮雕墙的茶马驿道，便进入镇内。

1000 多年来，曾经多次作为戍边之城的薛城，深深地烙下了民族融合的印迹。映入我眼帘的是，参天大树掩映下的仿唐民居和川西四合小院，是售卖羌绣、手镯和传统小吃的羌风商铺，是往来穿梭的身着羌、藏、汉等民族服饰的人群。一问，方知薛城古镇所在的校场村有近 400 人，目前虽然已经是羌、藏、汉族杂居，但仍然以世代聚居于这里的羌族人为主。

镇内有东西走向的前街、后街两条街道，有东、西两座城门。东门至西门长数百米的前街，在尽量保留原有古镇布局和特色的基础上，按修旧如旧的原则，对临街的房屋院落修复翻新。细看，一些改造的院墙、屋柱、门框等建筑物，老旧的物件隐约镶嵌其中，而建筑的墙面即便是新筑的，也仍采用以本地的石块垒砌的修建工艺。因此，在游人眼里，虽然少了一些沧桑之感，但却也古风盎然。

由于地域原因，薛城主产玉米、小麦、荞麦和马铃薯等。因此，对于已经饥肠辘辘且颇有好奇心的我们一行人，玉米面做的金裹银蒸蒸饭、小麦荞麦面做的刀片子馍馍和麦粒子、马铃薯做的洋芋糍粑等传统小吃，就格外有诱惑力。

择一家民风浓郁的餐馆坐定，品种繁多的风味小菜，如盐韭菜、蒜白菜、豆腐乳、水豆豉、土豆花、酸圆根等，更是令人胃口大开。餐馆老板介绍，早年在当地的盛宴上才能品尝的香猪腿、刺龙苞、驴耳韭、野山菌、核桃花等，如今也能让游人大快朵颐。

作为一个三国迷，我饶有兴致地向当地人了解曾筑于附近的姜维城。遗憾的是，人们只知道此城曾经位于镇东不远的山麓，但遗迹已不可寻。不过，意外听到了一个凄美的传说。

蜀汉以前，羌族妇女能征善战，诸葛亮遣大将军姜维到汶山（今四川汶川、理县一带）平乱招安，却屡被当地羌族女兵打败。据说，后来善用"攻心为上"策略的诸葛亮，在挑花围腰上织符咒送给羌族妇女，羌族妇女被围腰上的艳丽图案吸引，争相系戴并效仿编织。从此，符咒迷住了羌族妇女的心，时间一长，她们便只知挑花刺绣而不思打仗征战了。

传说固不可全信，但这种挑花艺术经羌族人民长期的实践和提炼之后，其构图、纹彩既汲取了汉族挑花刺绣的基本针法，又继承了古羌文化的传统，具有羌族的风格和特色。羌绣已成为独特的艺术珍品。

万古良相镇此楼

筹边楼始建于唐大和四年（830年），位于原薛城小学内一平地突兀拔起的巨石之上，雄伟壮观。此楼为正方形二层重檐歇山式木结构建筑，通高18米，四角飞檐，青瓦红柱，恰似一颗焕发异彩的明珠镶嵌在危崖之巅。

在这藏、羌、汉族杂居的地区，蓦然置身此地，目睹悠远的大唐风韵，真是令人感觉恍如隔世。

当年，唐蕃对峙，战事频仍。时任剑南西川节度使的李德裕为加强战备、激励士气、筹措边事，在薛城古镇修建了"筹边楼"。据《理番厅志》记载："李德裕克吐蕃……于松建七层楼、茂建镇岷楼、维建筹边楼、汶建七盘楼以

筹边楼

重边防。"

　　李德裕颇有战略眼光，讲究斗争策略。他并没有把这筹边楼作为纯粹的军事要塞，而是将此楼同时作为与少数民族首领联络感情的交际场所。据《资治通鉴》记载："德裕至镇，作筹边楼，图蜀地形，南入南诏，西达吐蕃。日召老于军旅、习边事者，虽走卒蛮夷无所间，访以山川、城邑、道路险易广狭远近。未逾月，皆若身尝涉历。"由此又可见，李德裕建此楼之后，并未有丝毫懈怠，反而倍加警惕。

　　筹边楼上莺歌燕舞，筹边楼下厉兵秣马。这一时期，李德裕组建军民一体的"雄关子弟"，积极改善粮草供应方式，形成了卓有成效的边疆卫戍格局。在他的任内，收复过被吐蕃占据了长60多年的维州城（今阿坝州理县），从而成功地西拒吐蕃、南拒南诏。因李德裕政绩卓著、清正廉洁，颇有名望，老百姓在筹边楼内塑其像，供世人参拜祭祀。

　　光彩夺目的筹边楼，以它的威严和雄伟，弘扬着唐朝的军威，散发着不要战争、渴望和平的人性光辉。因此，在李德裕任剑南西川节度使的近三年时间，不仅薛城周边没有硝烟战火，整个川西也平安无事。此后，李德裕在唐文宗时期两度为相，被李商隐誉为"万古之良相"。

薛涛题诗天下闻

唐大和六年（832年）十一月，李德裕奉调离蜀，唐蕃之间随即冲突又起。此时，一位对李德裕心怀景仰、忧虑着边境动荡的人关注筹边楼，令此楼声名远扬。她便是唐代著名女诗人薛涛。

谁也不会想到，一首气势之大、境界之高、寓意之深的七言绝句，从她的口中吟诵而出："平临云鸟八窗秋，壮压西川四十州。诸将莫贪羌族马，最高层处见边头。"

"平临云鸟八窗秋"言筹边楼之高，四望天高云淡；"壮压西川四十州"点明筹边楼据西川形胜之地和李德裕建楼的用意。后两句寓严正遣责于沉痛慨叹之中：由于将军们眼光短浅，贪婪掠夺，招来了战争，而他们又没有抗御的能力，以至于连这西川的首府成都，都受到战争的威胁。

区区一位女校书，何来如此胆略与卓识？

其实，早在薛涛初识提携她的时任剑南西川节度使韦皋时，便以即席所赋的"朝朝夜夜阳台下，为雨为云楚国亡；惆怅庙前多少柳，春来空斗画眉长"七言绝句而声名鹊起。此后，她在韦皋府邸参与一些案牍工作，相当于现在的女秘书，后经韦皋举荐成为"校书郎"，从事公文撰写和典校藏书。

在此期间，薛涛的眼界大为开阔。其诗章和气质，已初具深居闺阁的小女子所没有的壮志和霸气。然而，这似乎不足以孕育她的胆略和远见。老天仿佛是嫉妒和惩罚她，也仿佛是要提升和成全她。她在权倾西川的韦皋府衙里，不知不觉地恃宠而骄，从而得罪不少人，以至于连韦皋也不便再护她了，将她罚至松州（今阿坝州松潘县）。

松州地处西南边陲，人烟稀少，气候恶劣，兵荒马乱。身处险地，内心恐惧的薛涛，开始反省自己的轻率与张扬。同时，她也对那一带的风土人情、边塞时局、兵家常识作了较为详细的了解。于是，贬罚成为历练，苦难成就坚强。登上筹边楼的薛涛，其目光已穿越千山万水，其诗意已是壮阔豪放，其情怀已是家国天下。

楼不在高，有诗则名，筹边楼也因此名扬天下。当然，对筹边楼所在的薛城，薛涛也吟诗赞美："梓橦塔下南沟水，笔架奇峰穿入云，高登熊耳望美景，赛过江南是薛城。"

见证战争与和平

筹边楼底楼为正方形，边长7.38米，高4.43米，以楼内中部的4根立柱隔成一神龛，神龛上嵌有介绍李德裕生平事迹的木制牌匾，给人以肃穆之感。楼外东南两面建有半圈栏杆，栏杆柱顶为须弥座上托莲花瓣。

二楼高3.60米，有绕楼一周的栏杆，中为方形大厅，边长3.64米。在厅内，有李德裕伏案筹划军政事宜的雕塑，一副殚精竭虑之态；雕塑上方悬一匾牌，匾牌上"国强民安"四个金色大字熠熠生辉。四周板壁及顶部望板，彩绘各种人物故事图案，内容多为李德裕筹边的故事，如商讨军事、协商政务、勘察地形、操练士兵等。人物生动传神，栩栩如生，见证着筹边楼的荣耀和沧桑。大厅四面各开方形大窗三副，厅外有一周木栅栏走廊。

伫立厅外廊道凭栏眺望，山坡上树林里隐隐可见羌寨碉楼，杂谷脑河里的雪水泛着清亮波光。环顾四方，青山如黛，放眼天边，雪山皑皑。当年宋代词人范成大在此凭栏，感慨万千地写下了这样的诗句："万里筹边处，形胜压坤维……分弓了，看剑罢，倚栏时。苍茫平楚无际，千古锁烟霏……"

如今游人们伫立筹边楼之上四望，无不心旷神怡、浮想联翩：北有高耸的熊耳山、笔架山为其屏障，南有如屏的马鞍山为其依托，清亮的杂谷脑河水自西向东在楼下奔流，葱茏的苹果树、花椒树环绕簇拥。鸟瞰古老薛城，街巷纵横，屋舍鳞次栉比，杂谷脑河桥上商贩穿梭，绕城而过的317国道上车来人往。

据薛城民俗博物馆的负责人介绍，如今成为省级文物保护单位的筹边楼，曾毁于康熙四十七年（1708年）的一场罕见的大洪灾，现存的筹边楼是清乾隆年间修建，距今已有200多年。由于多年风雨侵袭，已有倒塌的危险。2005年，四川省及阿坝州、理县投入资金27万元，按照"修旧如旧，保持原貌，保证安全"的原则，对筹边楼进行了保护性修复。2008年汶川特大地震，此楼部分受损，当地政府又及时对其进行了维修，并在筹边楼周围新建了映月亭、听溪亭和望山亭等人文景观，加强了对筹边楼进行管理和保护，供游客免费游览。

如今，筹边楼已成为阿坝州百里藏羌文化走廊中的一处亮丽景观。

作为一座古镇，薛城的历史确实十分悠久。自隋开皇四年（584年）建薛城戍、唐贞观二年（628年）置薛城县起，历宋、元、明、清，薛城一直都是州县所在地，直至1946年才改名为薛城镇。

1935年，中国工农红军第四方面军曾在这"天高皇帝远"的杂谷脑河流域建立苏区，红四方面军领导者们曾决策于筹边楼上。在薛城名为宁江门的古城门券拱外侧，刻有"为中国的独立自由奋斗到底"等标语，迄今还清晰可见。

熊耳山下，杂谷脑河畔，早已不见旌旗狼烟和刀光剑影。薛城古镇与筹边楼，便是战争与和平的见证者。

茶马古道上的涪源要塞

岷山主峰雪宝顶之下的涪江之源，一条神秘沧桑的茶马古道，与涪江在长100多千米的大峡谷逶迤并行。

这条大峡谷最为幽深的一段，便是终日云雾蒸腾、气象万千的丹云峡。峡谷里的这条茶马古道，是古代的一条官方驿道，是平武到松潘的必经之路，史称"龙安古道"。

龙安古道上，有一座距今已有600多年历史的古城。它是已知的四川省面积最大的明代千户所古城，又被历史学家称为"四川省保存最为完整的古城"。它便是对历史产生过较大影响的松潘小河营。

茶马古道峡中过

明清时期，小河营是北进松州（今松潘县）、甘肃、青海等地，南达龙州（今平武县）的军事要塞，具有重要的战略地位。该城建于明洪武十一年（1378年），城墙东西长680米、南北长765米、墙高4.45米、厚度4.9米。明宣德四年（1429年）置小河守御千户所，驻军千人。

我知道小河营并对它产生兴趣，源于无意之中看到的一幅老照片。那幅照片是大名鼎鼎的英国植物学家、探险家威尔逊，于1910年8月19日平武县小河乡拍摄的，题为"涪江源头的军营——小河营"。

照片上，左右高山对峙，逼仄的峡谷里一座城池如龙盘虎踞，涪江傍城而过。其城墙绵延至山腰，其城楼凛然矗立，其瓮城如大张的虎口。

100多年之后，我踏上了威尔逊走过的道路，探寻这座古军事重镇所历经的传奇故事。

我驾车从松潘县黄龙沟口沿松（潘）平（武）公路东行，过涪源桥后，便行进在龙安古道上、丹云峡里了。

中国的茶马古道，是世界上海拔最高的传播物质和文化文明的通道之一。古道上繁华与兴衰的演变，千百年来一直让人们产生去探究、去体味的欲望。

松潘是川西北茶马古道上重要的茶马互市交易的中心，松潘以东是平武、北川、安县，这些地区盛产茶叶。当地人用茶树的老叶子和嫩枝制作而成的粗茶，被称为"边茶"，边茶运往松潘后，再由松潘运往川西北草原和青海、甘肃等藏族同胞居住的地区，再从藏族同胞那里换取马匹、药材等物资。

据史料载，仅宋绍圣三年（1096年）一年，经龙安古道运至藏区的茶叶就有89000余斤，而无数的良马，从松州经过龙安古道源源不断被赶往龙州和四川盆地。

在松潘境内，茶马古道有两条，一条是松潘到茂县的通道，其走向与现在的213国道基本一致，另一条便是从松潘到平武的通道，即现在的县道松平公路。松潘到平武的这条茶马古道，从北川进入平武县最南端的牛飞村开始，从豆叩经李家（现称荣华）、徐塘、龙安（平武县城），再沿涪江西上，经丹云峡中的小河、施堡，再翻越雪宝顶到松潘。这段茶马古道，当时往返一趟至少半月。

如今，只有沿松平公路穿行在这条茶马古道的龙安古道路段，偶尔且零星通过的马队，漫长的峡谷里原始的自然风光，才能让人们依稀感受到当年古道的风采。

在松平公路丹云峡中，道路十分险峻的12倒拐处，广集支流的涪江水势浩荡，在大起大落的河床形成几道陡转直下的回环河道，也顺势倾泻出几处撼人心魄的瀑布。此处河道岸边的石崖上，矗立着一通古老的鋆字碑。它北距松潘县城约75千米，南距平武县城约107千米，海拔1880米。

龙安古道上的这一通丹云峡鋆字碑，是由一块方圆数十米的大理岩削平而刻的石碑。石碑由高约2米的主碑和副碑组成，主碑宽约2米，副碑宽约0.8米。碑前有一高约40厘米的石龟托负石碑，龟首已被破坏，仅余龟身。赭红色的石花侵蚀了碑体，文字在苔痕中漫漶。

据祖辈世居丹云峡内的当地文化人杨友利先生考证，主碑碑文为一首七言古诗《松州一老歌》，系作者为友人而赠。其描写了作者对边塞生活的体验，抒发了作者对英雄的感慨和渴望边塞安定的感情，款识为"皇明嘉靖丙午秋宪大夫松州兵使南中缪宗周惟静书　易文男生员易□刻石　州统营诚右营官弁兵勇继先游击邹纪南重刊"。

由碑文可知，主碑碑文当于明嘉靖二十五年（1546年）秋季所刻，距今已有470多年历史，由松州（今松潘）兵使、南中缪宗周所书。缪宗周为云南通海人，正德进士，明代著名的廉吏。

清乾隆十二年（1747年）和乾隆三十六年（1771年），朝廷几乎倾全国之力进行的两次大、小金川战役中，中国火药之乡——江油重华老君山所生产的火药，主要经平武运至龙安古道丹云峡中的小河营，再从这里转运到前线，以供清军当时已大量配备的九节炮、冲天炮和威远炮等使用。

■ 茶马古道上的涪源要塞

涪源古城壮国威

刚出丹云峡口,路旁一块"涪源古城"的牌子蓦然跃入眼帘。细看,牌子下的一条小道正是小河乡场入口。

昔日的小河营,如今是松潘县小河乡政府所在地,松平公路绕镇而过。它西距松潘县城百余千米,东距平武县城70多千米。

一段高高的城墙残垣,矗立在进入乡场的道旁,这是明代小河营瓮城城墙。细看城墙断面,其墙体用料全是从周边高山上开采的片石,以石灰黏合垒砌。

由于当年的松平公路要穿场街而过,因此将瓮城城墙拆掉了一半,为公路让道。正遗憾之际,放眼望去,距瓮城城墙约20米远的遗存的小河营南城门,赫然在前,完整呈现。

小河营南城门

伫立南城门前，沧桑之感油然而生。城门之上本来是矗立城楼的地方，在威尔逊拍摄那幅照片之后不知何时，飞檐翘角的城楼荡然无存。向城内的老人打听，得知那漂亮的城楼是在 20 世纪 60 年代，有一个探矿的地质队因修建驻地房屋需要木料，图省事便拆了这古老的城楼，直接用城楼的梁柱建造了他们的住房。

南城门仍残留约 4 米高的墙体，虽然墙顶已没有了铺地的石板，只有裸露出墙芯的黄土，有人在土上种了蔬菜，但墙体的高度应该没有减少多少。幸运的是，门洞的进深约 8 米，保留了原来的厚度。令人有些惊讶的是，门洞内的基石有半人高，全部用长约 1 米、高近 1 尺的大青石垒砌，异常坚实。门洞的条石上，还依稀可见出当年一些筑城工匠刻下的"××府××刻"的字样，这是为保证工程质量而制定的一种追责方式。

古人的精心之作，得以幸存已属不易。

与南城门右边城墙垂直的瓮城城墙，墙面的墙砖剥落了不少，但墙体仍是当年的形态，比南城门稍小的瓮城城门，也基本保存完整。

由于明清时期的数百年间，小河营一直是军事重镇，因此城门前一度留存着很多颂扬当年驻军将领德政的石碑。它们彰显着边塞的浩荡雄风，也铭记着戍边将士的壮烈情怀。如今，仅有清代光绪年间的两通此类石碑，形影相吊地安抚着无数血洒边关的将士英魂。

穿过南门门洞，步入乡场，只见宽不到 5 米的石板铺就的街道两旁，几乎都是一楼一底、古色古香的木结构民宅。小河古城以这条长 600 多米的南北走向的街道为轴线，东西对称。过去这里称为营，但当地居民习惯叫它为包山古城。细问缘由，才知这是小河营城池构筑的一个独特之处。

小河营西临涪江，有天然的护城河，但临河仍筑有城墙。它东倚一座海拔 2000 多米的山峰。当年筑城者为防止敌军从山坡绕行偷越，干脆将东面的城墙随山而筑，把这座山的西面自下而上包入城内，俨然一道小长城。

我随意走进一户民宅，只见一楼一底的木质结构房屋半围着一个天井，天井中间是一座不大但打理得很好的花园，楼上有一排典雅的美人靠，房屋窗棂是古朴的镂空雕花。在这半封闭的天井后面，是一幢独立的房屋，这既是住房也是客房。因为当年这里也是茶叶及其他生活必需品的山区集市，且地处川北与藏族聚居区之间的要道，所以这里的许多人家都备有单独的客房，一年四季接待着南来北往的客人。

由于街上过于冷清，我不禁问一位在街沿边半睡半醒的老太太，这里的逢场天热不热闹。岂料她告诉我，这里虽说是街但不赶场，每天街上除了本地人还是本地人。我又问其他人，都说确实如此但又不知原因。

我想，这在四川乡镇非常少见的习俗，也许缘于当年这里过于热闹且天天热闹，也就没有必要定下一个赶场的日子再去凑热闹；也许缘于当年这里是边关重镇，要严防敌军奸细趁机混入，干脆以行政命令禁止赶场。

据当地老人们回忆，在清末民初年，小河营城内有居民百余家。由于由此再往西行，路更荒凉，因此汉人商贩所雇用的挑夫、背夫们，大多至此为止。再至松潘，商品则多被改用藏民的牦牛马匹驮运。

这里，既是千里跋涉的终点，又是漫漫途程的起点。因一路平安而还愿，因祈求前路无险阻而拜祭，使小河营城内一度有众多的庙宇、宗祠。老人们自豪地对我讲，当年有马王庙、武庙、城隍庙、五显庙、文庙、天爷庙等，坐落于民宅之间。言谈间，这些老人仿佛回到了他们的童年时代。这些殿堂幽深、香烟缭绕、曲栏回廊的庙宇宗祠，曾是他们每天流连忘返的儿童乐园。

一座座庙宇，展现了当年小河营老百姓的精神生活图景。由此，他们世世代代也对城墙城门城楼有一种近乎迷信的崇拜。如果有人将城墙的砖块、木料拆下来用在自己家中，就会给家庭带来灾祸，这也就无形中保护了这座小小的古城。

其实早在宋代，松州（今松潘县）与龙州（今平武县）的边界贸易十分兴盛，小河营就是松龙茶马古道（又称龙安古道）上的重要驿站，产于德阳、绵阳、北川、平武一带的边茶，经由此道运往草原牧区，而青藏牧区的马匹，也经由此道送往内地。

庇佑苍生千秋立

《读史方舆纪要》载:"小河守御千户所卫东百九十里。古曰涪阳。宣德四年,调成都前卫后所于此,为小河千户所,增置城堡,又添调官兵,更番戍守。编户一里。"

明代实行卫所兵制。卫隶属于都指挥使司,卫以下设千户所、百户所。而守御千户所不同于普通的千户所,它是明朝卫所制度中的一种特种编制,不隶属于卫,而是直属于都指挥使司。守御所其实就是皇帝委派到各个要地的特种部队,凡遇重大事件,它能够将消息迅速地传至朝廷。由此可见,小河守御千户所的军事地位非常重要。

由于小河营在大小金川之战中的特殊地理位置,所以它在这两次平叛战争中发挥了重要作用。

民国《松潘县志》载:"县属小河城垣,明宣德四年筑石城,高二丈八尺九寸,周二里七分有奇,计四百九十八丈零四尺八寸。门四。"

小河营的四座城门,并非一般城池的东西南北四门,而是在南北城门的瓮城又各置一城门。我从南门走过700米的场街,便来到了北城门。

北城门的形制和规模与南城门相同,瓮城门也基本完好。也就是说,小河营本来就有的四座城门,全部遗存下来。据我所知,这在全省的古城中应属唯一,无怪乎人称"四川省保存最为完整的古城"。

600多年来,这座小小的古城在乱世之中,不但守护着王朝广袤的疆土,还庇佑着当地百姓脆弱的生命。

明代中叶波及四川全境的几次民变,明末清初波及全国的改朝换代的战争,清中后期以举国之力镇压的发生在川西北的几次事变,每当这些人为的灾难来临时,不论城里还是城外的百姓,都会扶老携幼躲进小河营城中,让那不高但却坚实的城墙,护卫他们最后的一线生存的希望。

令人称奇的是,1976年的松潘、平武大地震,小河营后山发生滑坡、泥石流，正是这座古城几百年前的城墙挡住了滑坡！如果没有古城墙，小河营恐怕已成为遗址了。2003年，又是一次泥石流，汹涌的泥浆掀起十几米高的大浪冲向小河营，那一道现代化防洪堤，在大浪的面前不堪一击。危难之际，仍然是古城墙挡住了泥石流。虽然北门瓮城门几乎被这次泥石流吞没，但是泥石流也在此止步。

我徘徊在北门瓮城门洞里，其拱顶与我的头顶之间20厘米左右的距离。这显然不是北门瓮城门洞本来的高度：明清时期骑马的将士不能驰骋而过，新中国成立后松平公路上的客运车辆更是不能通行。造成这门洞低矮的原因，正是那次肆虐的泥石流抬高了路面。

一座600多年的城池，坚持不懈地抗击着古代的连绵战乱，竭尽全力地抵御着当代的自然灾难。它虽然在历史的长河里渐渐被淡化，但绝不会消失，更不会被忘记。

兴汉之基小宁城

南宋淳祐五年（1245年），为防御沿嘉陵江、米仓道进击川东的蒙军，南宋四川制置使余玠于通江之滨筑小宁城，从而与差不多同时建成的得汉、平梁二城，形成了川东抗蒙铁三角。

小宁城竣工之时，负责监工督造的南宋抗蒙名将张实，在城外临江的一处名叫老虎崖的陡壁之上，满怀喜悦地镌刻下《宋张实小宁城题名记》，发出"兴汉之基"的壮言。

有了小宁城这块"兴汉之基"，余玠也有了与蒙军决战的底气。

南宋淳祐十一年（1251年），余玠集结全川南宋军精锐，第一次也是最后一次发动声势浩大的北伐，其战略目的是收复被蒙军占领并倾力经营的攻蜀最重要的军事重镇——兴元（今陕西汉中市）。

因此，小宁城在众多四川南宋抗蒙城堡中，显得尤为特别。因为它是在蒙古大军压境的严峻形势下，出于防守反击的军事目的而构筑的城堡。它的落成，既鼓舞了南宋四川军民的抗蒙士气，又在随后的20多年里，发挥了稳定宋蒙战争川东战局、策应钓鱼城抗蒙作战、拱卫四川抗蒙的军事指挥中心重庆的作用。

弯刀开路探古城

初夏的一天，我抱着浓厚的兴趣，怀着深深的景仰，登上了小宁城。

在此之前，四川南宋时期的近百座抗蒙城堡，我已探寻过半。但是，当我伫立于地形地貌具有方山城堡典型特征且坚持到与南宋王朝同时消亡的小宁城时，还是别有感触。

据清代《巴州志》载：小宁城"三面环水，尤为阻险可持……前后有大宁、小宁二滩，周匝环绕，四周悬崖壁立，高十余丈，水周其下，仅一径可通，宽仅数百步，两旁峭削亦高十数丈，真天险之区。"

屹立于我眼前的小宁城形象，与史册的记述非常吻合。江面宽百米有余、江水汹涌的通江，从小宁城的南、西、北三面流过，形成了在冷兵器时代不可逾越的天堑。其周长约3000米的外城城垣，下临斧切刀削般的悬崖，崖高30米左右，犹如一圈铜墙铁壁。

即便如此，为万无一失，小宁城还依山就势，利用城内崖高10米左右的台地，筑有周长约1500米的内城城垣，形成具备内外双重防御体系的坚固堡垒。要进入小宁城内，唯有走东面的路窄坡陡的陆上通道。因此，小宁城名副其实易守难攻，占有得天独厚的地形条件和战略位置。

小宁城坐落在如今的平昌县江口镇杨柳村二组。东门外，有一条坡度较大的简易公路盘旋而上，斜插南门进入城内，然后在居住着几家农户的小院前戛然而止。

我环顾四周，只见茂密的树木翠竹、成片的稻田菜畦和漫坡疯长的荒草荆棘。要在这面积达70万平方米的城内，披荆斩棘地逐一仔细寻觅，才能瞻仰那700多年前的历史遗迹。对我个人来讲，这显然不是一两天所能做到的事情。

正踌躇间，院内一中年村民闻声而出。我急忙上前说明来意，并奉上带路费。这村民迟疑片刻答应了，说路不好走回去拿一把弯刀开路，但当他转身时却面有难色。此时，他见一位手提弯刀的老汉走了出来，便犹豫着推辞不去了，可请这位老汉去。无奈之下，我只得找这位老汉一试。

有点出乎人意料，这位名叫杨志贵的老汉爽快地答应了。但是，我反而有些忐忑不安了，他已年逾七旬，行吗？

面对这笔对当地人来讲不多但也不算少的酬劳，杨老汉并未表现出过多的欣喜。他叫我稍等，要回家换一把更长更锋利的弯刀。当问明我的意图后，他为我设计了从西门开始，然后顺时针绕城一周的探寻路线。我的小宁城探秘之旅，便这样开始了。

硝烟散尽城门在

刚开始，我们是在小院附近的田间小道上行走，但不久便穿行于田埂之上，接着便钻入浓密的树林。如果不是杨老汉不停地用弯刀拨开近一人高的荒草丛，我根本不知道脚下竟然还有一条镶嵌着零零落落石板的小路。

当我透过树林和荒草的缝隙看见了在城下如玉带般的通江时，杨老汉停下脚步，回过头来一本正经地叮嘱我：现在我们已经到了西城墙的边缘，下面是绝壁，稍不留心往外跨一步，便会下坠几十米滚入通江。

经杨老汉这一番提醒我才发现，由于西城墙的墙基早已覆盖着浓密的植物，挡住了向下的视野，因此当我们行走在已无城堞的城墙马道上时，才不至于因恐高而不敢移步。

兴汉之基小宁城

我再也不敢东张西望，老老实实地踩着杨老汉的脚印，小心翼翼地走到西城墙的一处豁口。这里，便是从小宁城西门入城的路口，西城门就在下面不远处了。

由内外两层城防体系构成的小宁城，当年共筑有 9 座城门。在现存 4 座城门中，只有西门及北门为南宋真迹。相比城门城墙荡然无存的南宋四川抗蒙八柱之一的苍溪大获城，仅存残垣断壁的虎啸城、平梁城，以及一些仅留城名、城址都不可寻的抗蒙山城，小宁城算是幸运的。

西门位于三面环江的鸟瞰呈"Ω"状的小宁城的顶部，远离位于"Ω"底部的与外界联系最为频繁的东门，相对而言，少有人迹且不是战乱之中敌方的主攻方向，也许是它遗存至今的原因。

小宁城西门是蓦然出现在我眼前的，因为这座通体用大石块垒砌的拱券形城门，覆盖着厚厚的苔藓。它仿佛披着一件迷彩服，将自己和绿树芳草融为一体，也将自己的功勋、威严隐于山水间。

小宁城西城门

如同我所见过的不少抗蒙方山城堡的城门那样，小宁城西门西外侧濒临悬崖，东外侧则是高高的城墙。驻足细看，这座拱券形城门由9块长方体石材垒筑而成。

我现场翻阅随身携带的平昌县文管部门提供的考察资料，得知该城门现存通高325厘米，拱内空间高230厘米，门道宽203厘米，进深240厘米。再看城门内壁，錾刻有细密的"人"字纹及斜纹，这是宋代开采石料砌墙筑城的典型工艺。城门左右壁的门槽以及门栓窝尚存。

虽然这是一座难得的基本保存完好的城门，但它仍给考古和历史的研究者带来了遗憾：在其拱券顶部的《谭渊创建小宁城题名记》题刻，因风剥雨蚀而模糊不清，已有多处无法辨认。据清《四川通志·舆地·古迹》（卷五十一）载，题刻内容为"皇宋淳祐己酉孟秋吉日，武显大夫知东路马军总管权知巴州军州事节制军马任责城壁垣御边西谭渊创建"。

南宋淳祐五年（1245年），四川制置使余玠命都统制张实于此筑小宁城。其后，时任小宁知州的谭渊等人续建，于南宋淳祐九年（1249年）建成。

出西门后，按计划是下到江边，观看刻于临江崖壁上的《宋张实小宁城题名记》，它是小宁城曾为南宋抗蒙古城最确切的实证。

这段路不长，但由于年复一年的洪水裹挟的养料沉积在江岸坡地上，致使这一处呈60度以上的陡坡上，长满密不透风的齐腰深的野草，到江边之路完全找不到了。杨老汉奋力挥刀斩草，岂知野草过于茂盛且绵韧，难以开出一条路来。无奈之下，我们只得双手攥紧草茎往下溜，如果双手打滑，则不可避免地坠入通江。此刻，我仿佛是从未跳水之人，胆战心惊地置身于游泳池的跳水高台之上。

下到临水的沙地，往右上方走20多米，刻于一处颇似老虎嘴的凹崖崖壁的《宋张实小宁城题名记》终于出现在我们眼前。该题刻字大如拳，清晰可辨：宋淳祐乙巳制置使余侍郎遣都统张实总师城巴，为兴汉之基。主兵监修总管：刘汉立、谭渊；钤辖：张虎臣、陈兴；路分：曾友端、权旺、崔舜臣、刘成；路将：刘文德、徐昕、安忠、巩琦、孟俊、徐立；拨发豪寨：王成、汪仲、李德。

杨老汉告诉我，历年来通江涨水，有几次曾将这题刻淹没。我不禁为之庆幸，若不是字大刻痕深，恐怕早已漫漶了。

炮台威镇来犯敌

离开凹崖，我们从原路攀缘而上回到城内，然后沿着时而城墙时而断崖的城池边缘，向北城门进发。

小宁城的北门是南宋城门真迹，形制与西门相同，仍是拱券形。其城门两边的城墙，均以楔形石块以丁砌法修筑，这是南宋城墙最为典型的标志。它仍是当年那位小宁城知州谭渊所建，是预防小宁城不保时的退守之门。它的下半部被泥土掩埋，门拱残高150厘米、宽183厘米、进深180厘米。由于城门外地势较为平缓，防守相对困难，因此其城门及左右城墙所用石材的体量比西门更大。由于门拱高度低，人只能弯腰而行，因此拱券顶部的《王李忠小宁城题名》的题刻因长年摩擦而磨损。

我蹲在门拱里不禁纳闷：它原来究竟有多高，抑或是有意为之有助于防守？杨老汉揣摩到了我的心思，哈哈大笑道：这是前些年城内的村民防止牛群跑下山，故意用泥土壅塞了一半城门。

出北门后，沿当年出入此城的石板道继续向江边下行，只见一座石质平顶城门当道而立。这一座北门已非南宋谭渊所创建，据门楣上的石刻文字得知，此门于"大清嘉庆二年（1797年）丁巳之冬"重新补修，其外立面门额处，有字径20厘米的楷书"重禧门"三字。

这一座北门补建的原因，是为了抗御从湖北过来的白莲教起义军。史载：清嘉庆元年（1796年），"湖北、四川、陕西白莲教徒焚香起兵，时征苗军兴，各地失业之民无以谋生，多投白莲教，势遂更炽。清政府分别剿击，此灭彼起"。嘉庆二年，四川已有达州徐天德、宣汉王三槐、巴州罗其清、通江冉文俦等白莲教军10余支，各有数千之众。

是时，小宁城守将名叫何瀛州。由于白莲教义军的迅猛发展和声势浩大的攻击，很有可能是他补修了损毁的小宁城这一座城门。

我们仍然是从重禧门原路返回北门，继续沿着由城墙和天然绝壁组成的城缘走向东门。

临近东门时，我右侧城内方向的台地上，一座庞大的坟包状的物体，如巨兽卧伏在那里。杨老汉告诉我，那便是东门炮台。

此炮台周长约20米，距它下面的那座名叫朝阳门的东门约30米远，是在圆弧形土质平台外，覆盖一层楔形石以丁砌法垒成的外壳而成，因此比单纯用石块构建的堡垒要坚固得多。它那黑森森的墙体如一头被激怒的熊罴，它那棱角分明的墙砖如一枚枚利齿，时刻准备着将来犯者撕得粉碎。

类似的大型炮台在小宁城内还有3座，分别是位于西门东侧约130米处的山脊处的西门炮台，位于内城西北方向的较场坝北部边缘的较场坝炮台，以及位于较场坝东侧的北门炮台。这3座炮台垮塌严重，要么只可见台基，要么只可见几层墙砖了。

小宁城东门为石质平顶城门，是该城仅存的4座城门之一，扼守着唯一一条由陆路入城的通道。它的城门外立面门额上，有阴刻的楷书"朝阳门"三字，门额左右分别刻有楷书纪年落款，左为"咸丰庚申前三月"，右为"合寨公建"。

从东城门俯瞰，感觉进攻者要从这条唯一的陆路通道登门入城，也并非易事。这入城通道，绵延于坡脊上当地人称"九连坎"九组石梯坎。它不但坡度大，总长度也有200多米，而宽度仅1米。

不难想象，在这毫无隐蔽物、两侧为陡坡的小道上，只擅长草原骑射而拙于山地作战的蒙军，无疑是东门背后那座庞大炮台火炮的活靶子。

南宋的东门，也极有可能是毁于清嘉庆年间白莲教起义时期。当时，通江、南江、巴州是四川剿杀白莲教的主战场之一。巴州的小宁城与其周边的方山坪、仪陇庙、红云台寨、金华台寨等，都是官兵乡勇或白莲教控制的主要寨垒。在长达9年的反抗与剿灭的战争中，这些寨垒城池的毁损也就在所难免了。

而东门的重建，则有可能与太平天国起义有关。清咸丰九年（1859年），清政府为阻止太平军石达开部"入湘图蜀",号令四川各地结寨安民、筑墙御寇。于是,"咸丰庚申前三月"(1860年),小宁城民众集资合寨重建了东城门。

"兴汉之基"功不没

由于形成川东抗蒙铁三角的小宁、得汉、平梁三城在同一时期的相继建成,时任四川安抚制置史的余玠,便有了防守反击的底气。

南宋淳祐十一年(1251年),余玠集结全川南宋军精锐,第一次也是最后一次发动声势浩大的北伐,其战略目的是收复被蒙军占领并倾力经营的攻蜀最重要的军事重镇——兴元(今陕西汉中市)。

此次北伐,是一场明知不可为而为之的悲壮之举。由余玠亲率主力军由金牛道出兴元,由巴州知州谭渊率军北出米仓道予以策应。此次重大军事行动虽然最终失败了,但是或长或短延续了南宋王朝的命祚。作为"兴汉之基"的小宁城,无疑功不可没。

发生在小宁城的抗蒙战事,有确切记载的发生在南宋宝祐二年(1254年)正月。这年,蒙军在利州、阆州站稳足跟后,为了进一步控制渠江航道,更有效地夹攻合川钓鱼城和广安的南宋军,派遣一支2000多人的部队向小宁城进军。

面对蒙军向小宁城的白顶子和黑水潭一带发起的猛攻,南宋军都统张实和知州谭渊坚守阵地,奋起迎战。由于小宁城南宋军居高临下且准备充分,火炮、乱箭、飞刀齐发,蒙军两次攻城未遂,大败而退。白顶子一战,蒙军死伤1000多人,故此后该地又名"血顶子",黑水潭一战,蒙军死伤800多人,故此后该地又名"血水潭"。

作为三面临水的山城,码头和渡口必不可少。在小宁城的东北面设有渡口,供小型的快船随时通报敌情之用。在其西南面建有码头,停泊负责漕运的大型船只。而一旦战事将临,经过东门"九连坎"进入城内的任何外来人,都要由城外的客栈店主通报或以响箭发出信号，得到守城将领的允许方可进城。途中还要受到外城、内城岗哨及游动卫兵的严加盘查。

当年在小宁城内的东城门与南城门之间，建有三进院衙署。在城内其他区域，庙宇、寺院（钟鼓楼）、寨栅、校场、粮仓、炮台、碾坊、古井等一应俱全。其中，在北门偏东方向的内城绝壁下残存的一座在红砂石上开凿的碾盘，其半径竟达到惊人的140厘米！这显然不是老百姓的碾盘可以比拟的，由此也可推测，当年该城驻军不少。

位于内城西门东北侧的较场坝，南北长250米，东西最宽处近50米，整体面积达6000平方米，这就确切地印证了小宁城有庞大驻军的存在。伫立于此，似乎仍然能感受到南宋将士的呐喊声中迸发出的浩荡雄风，因为这里是他们的操练之地、誓师之地，更是"壮士一去兮不复还"的决绝之地。

作为南宋四川大纵深防御体系中的代表性山城，小宁城内有相当数量的土地可供耕种，水源也充足。这是四川抗蒙方山城堡的标配，有利于打持久战。据杨老汉介绍，小宁城内现在仍有土地600余亩，其中可耕地面积245亩。城内有古井两口，水量充沛，至今还是40余户村民生活的主要饮用水源。

作别小宁城时，已是红日西坠。"愿假十年，手挈全蜀之地，还之朝廷"，当年临危受命的余玠，对宋理宗许下的气壮山河的誓言，已随风而逝。

历史的车轮滚滚向前，但和平终归是主旋律。愿小宁城永远如今天这般祥和安宁。

攀西大裂谷　诸葛营垒锁大江

　　从雅砻江下游及与金沙江汇合处起，至四川宜宾的江段，古称泸水。它自北向南穿越攀西大裂谷南端之后，在云南永仁境内华丽转身，向东北方向奔流而去，成为川滇的分界线。

　　攀西大裂谷，是与东非大裂谷齐名的地质景观。伫立攀枝花市迤沙拉村悬崖处的金沙江大峡谷观景台，凭借极为开阔的视野，既可饱览攀西大裂谷奇观，又可领略泸水在大裂谷中腾挪蜿蜒的风采。

　　泸水，不仅仅是一个地理概念；攀西大裂谷，也不仅仅是一处地质奇观。

　　在历史上，这里多次成为征战双方的天然屏

障和对垒防线。其江峡的几处得天独厚的渡口,至今为世人所津津乐道。其高耸云端的群峰之巅,一座座据险而筑的军营堡垒,如回望历史的凝重碑碣,让人们反思和铭记血腥的浩劫与战乱。

诸葛五月渡泸处

我的攀西大裂谷古代战争遗迹之行,是从人们烂熟的"五月渡泸,深入不毛"的四川会理金沙江拉鲊渡口开始的。

这拉鲊渡口,曾目送南方丝绸之路的无数过客,曾迎来史迪威公路重要支线的无数车辆。堪称世界铁道史奇迹的成昆铁路,与它依依相邻。

诸葛亮所渡之"泸"究竟在何处,历来有宜宾的戎州渡、巧家的杨柳渡、元谋的龙街渡、会理拉鲊渡之说。诸葛亮南征耗时近一年,迂回辗转走过的渡口不少,传说自然也不少。而多数史家考证认为,诸葛亮本人从拉鲊渡入云南的可能性最大。

古时泸水盛大,水流湍急,江弯滩险,乘木船过江,其惊心动魄可想而知。拉鲊渡口距方山不远,且此处江道直、山势缓、江滩开阔。我在拉鲊渡口看到,江东岸边是一片面积很大的沙土缓坡,适宜千军万马集结;江西岸称鱼鲊,江边虽有山石堆垒,但一处面积不算很大却是坚硬石质地面的平地倒也宽敞,是一个良好的登陆场。

早在西汉,中央政府设立的全国十三州之一的益州,其地盘包括今四川和贵州、云南、陕西汉中盆地。此后,又在今云南大部、贵州西部和四川南部一带,设有永昌郡(郡治在今云南保山)、益州郡(郡治在今云南晋宁)、牂牁郡(郡治在今贵州黄平)、越嶲郡(郡治在今四川西昌),统称益州的南中地区。

蜀汉建兴三年(225年),刘禅与东吴的关系得到修复之后,诸葛亮决定南征,平定南中叛乱,以图后方稳定,也为了获得大量的盐铁、皮革、竹木、生漆等战略物资,为早日北伐匡扶汉室创造条件。

这年春，诸葛亮平叛大军兵分三路誓师出征：马忠率东路军征讨牂柯郡雍闿，李恢率中路军征讨益州郡朱褒，诸葛亮亲率西路军征讨越嶲郡高定。三路大军约定会师滇池。诸葛亮此次南征，所率将领虽非超一流，但其规模的宏大和谋划的精心，不亚于相传此后的六出祁山、北伐中原。

五月，诸葛亮的西路军荡平越嶲、斩杀高定之后，乘胜南下至拉鲊渡口。

拉鲊渡在越嶲郡境内，由于此时高定已死，所部已溃不成军，因此诸葛亮的西路军在此渡金沙江之时，应该无叛军堵截，也应该无战事发生。否则，他不会在《出师表》中以轻松一笔的"五月渡泸"带过。

我趁着人和车在拉鲊渡口等轮渡过江的空闲，与江边小船的船夫闲聊。他们告诉我，以往没有机动船时，主要是靠帆船过江。由于水流得急，帆船不可能直来直去，而是风鼓着帆船先往上行驶，待驶过了江心水流最急处，便放下帆布，摇着长橹短桨，顺流而下靠往对岸鱼鲊渡口。

当然，这样的渡江经历，在船工装备了机动船后，便再也难以体验了。而2015年4月24日金沙江鱼鲊大桥通车后，连轮渡也彻底退出了历史舞台。

从拉鲊渡口过金沙江后，公路蜿蜒于西岸的攀西大裂谷余脉，虽然山峦起伏，但逐渐趋于平缓。不久，在金沙江畔拔地而起的永仁方山，便遥遥在望。

坐落在滇川交界处的方山，因四面视之皆平整方正而得名。它以海拔2377米的高度，横亘在南方古丝绸之路上。其山顶平阔，俯控四方，是兵家必守和易守之地。

在方山多次发掘出汉代军鼓。《新纂云南通志》载："乾隆三十一年，阿桂征缅，驻大姚县（方山）诸葛营故址，发掘出铜鼓二。"嘉庆年间，方山再次发掘出铜鼓。有史书对这次发掘的铜鼓记载："鼓如瓦缸，四周有蛙、蚧之形，击之不甚鸣。唯置之于流泉，水激其心，声甚厉"。光绪年间，方山居民彭加善、李福云又在山上发现一面铜鼓，现收藏于云南省博物馆。

心怀期盼地开始上山。山道弯弯，一路是不太高大的次生林，接近山顶时，便满目是挺拔高大的云南松了。那随风摇曳的云南松尾，不由令人想到傣族、景颇族姑娘的裙裾。山风扫过松林发出低沉的轰鸣声，仿佛与1000多年前的蜀汉军鼓声作超越时空的呼应。

由于整座方山已打造为景区，所以登上望江岭上的望江楼，便有了滇川两省美景一眼收的豪迈。

听经常登此楼的当地摄影爱好者讲，这里拍日出可出大片：血红色的朝阳，金黄色的群峰，紫罗兰色的江流，碧绿的坡地梯田，交织成一幅既雄浑又绮丽的壮丽景象。

我到达这里已是下午，由于方山的遮挡，靠此山的江峡背光，自然难以感受那位摄影爱好者所描述的场面，但却莫名地生出"一览长江小"之感。在拉鲊渡口，江水似乎铺天盖地扑面而来，人顿觉渺小卑微；在望江岭上，金沙江仿佛被踩在脚下，且形状如同蚯蚓一般。

境况主导思维，平台决定格局。对不少人而言，可能也是如此吧。

诸葛营垒宛然在

从望江楼下来，沿望江岭边缘前行，便来到了诸葛营遗址。

诸葛营垒所在的望江岭，是方山之巅伸向金沙江边的悬崖。从空中俯瞰，方山如雄鹰之身，望江岭便是鹰头。它三面临百丈悬崖，悬崖之下，便是如玉带飘拂在攀西大裂谷山壑间的金沙江。

诸葛营垒隐于茂密的云南松林中。时值初冬，棕黄的松针覆盖遗址地面，如尚未打扫的零乱战场。如果不是一通"方山诸葛营遗址"碑刻耸立，一般人是不会留意到这段残破的土墙。

诸葛营现存的遗址，是一道主体墙和两道附属墙。根据碑刻上的数据，主体墙长356米，高3米，厚约2.4米。主体墙的西北与东南方向，各有一道长100多米的附属墙。我眼前的实物体量，与碑刻数据吻合，也由此给人留下想象空间。眼前诸葛营的墙体，谈不上高大，也感觉不到它的防御功能有多强。它当年到底有多么壁垒森严，有多么固若金汤，还得从它所在的地形地貌和构筑细节予以考据。

方山诸葛营垒

　　望江岭是从方山腹地伸向金沙江岸的三角形犄角山岭，三角形的斜边都是悬崖，位于底边的主体墙和附属墙，延伸至两条斜边的山崖，从而形成了封闭圈。圈内，便是当年那座既可俯视江面监视敌情，又可居高临下抵御来自方山腹地之敌的诸葛营。

　　这固然是一处易守难攻的险地，但也是后退无路的绝境。因此，一生谨慎的诸葛亮，一定在那道关乎生死的营墙上做足了功夫。眼前这些用黏土夯成墙体，经历1000多年风雨剥蚀后的形态，并不能反映其当年的雄姿。不过，从其现存的分别宽达6.5米的内壕、4.5米的外壕来推测，当年的诸葛营墙应当比当今所见的明显高大厚实。

　　如果说方山上数次出土的汉代铜鼓，是诸葛大军曾经留驻的证据，那么，位于方山望江岭长达数百米的墙垣，则说明其安营的时间不短。

　　仔细察看，营墙周边地面上还有一些圆形灶坑、舂米石磨盘，以及岩石上开凿的插旗圆孔等遗迹。

关于蜀汉军攻占此山和据守此山是否发生战事,史书尚无记载。但是,当地人却盛传着诸葛亮在这里设空城计的故事。

诸葛亮率大军抵达方山,正值5月,天气酷热,不少将士中暑。而方山既是难得的战略要地,又是浓荫蔽日、气候凉爽的休整之地。磨刀不误砍柴工,于是诸葛亮令大军在此安营,待将士疾病痊愈、体力恢复,再继续南征。

大军休整期间,诸葛亮料定南中残余叛军必来攻击,因此除了命部队筑墙掘壕,又挖了很多灶坑,打了很多石碓窝。

果然,2万多"南蛮"军(事实可能是高定、雍闿、朱褒等被杀后,南中土著强人孟获收拢他们的残部,对蜀汉南征军发动的一次攻击)反杀而来。诸葛亮下令士兵烧起灶火,架锅煮饭,一时方山到处炊烟袅袅。"南蛮"大惊,不知山中有多少人马,迟迟不敢进攻,仅遣小股精兵潜入侦察。数不清的灶火、石碓窝,以及蜀汉士兵的泰然自若,令"南蛮"自认难以取胜,便悄然而退了。

史有记载的蜀汉南征军平叛战役,是中路军主将李恢与益州郡雍闿的一场大战:"先主薨,雍闿等反,围恢于昆明。时恢众少敌倍,恢诈降,南人信之,故围守怠缓。于是恢出击,大破之。"(三国志·蜀书·李恢传)

李恢的中路军作为讨伐南中的一支奇兵,直捣南中腹地的益州郡(蜀汉建兴三年改为建宁)。该郡各县叛军集中兵力,以数倍于蜀军之众,在今昆明一带包围了李恢军。李恢情急之下用计骗道:我们粮草已尽,打算撤军。军队中不少人久别家乡,不想北归,想留下来和你们共谋大事。

"南蛮"信了李恢之言,防御松懈。李恢趁机出击,大败叛军。

南中平定后,论功行赏,李恢功劳最多,封汉兴亭侯,加安汉将军。

除了诸葛营墙,方山尚存的与军事有关的遗迹,还有位于现今的诸葛营村下方的烽火台。它是2008年汶川特大地震后,在原来的遗址上重建的,老基址仍隐约可见。

登上烽火台,不但永仁县城遥遥在望,若天气晴朗,还能远眺元谋东山、大姚紫丘山,方圆数百平方千米尽收眼底。

自三国时期至清代道光年间,方山作为川滇咽喉,曾多次成为屯兵要地。

有记载的一次，是清乾隆三十一年（1766年），阿桂将军由金沙江畔移师，驻扎方山诸葛营，并掘废垒基。诸葛营当今呈现在人们眼前的模样，虽然可能是经过这位清代将军培修的，但其所在位置和轮廓，应该是蜀汉时期的。

原有的烽火台是谁所建，似乎还未见考证结果，不过从其视野所及基本在云南方向来看，当年诸葛亮所筑的可能性较大。

屡败屡战孟获营

现在的方山之上，有一座名叫诸葛营的行政村。该村原名王家村，村里王姓人家较多。相传当年诸葛亮南征获胜后，留下的一个王姓部将率军驻扎方山，监控这一战略要地。王姓村民便是他的子孙后代。

诸葛亮之所以以方山为南征的临时大本营，是因为他所具有的战略眼光，和他崇尚风水和治军的人性化。即便在今天看来，方山也是一个休养生息、养精蓄锐的理想之地。这里气候凉爽，空气湿润，森林覆盖率达90%以上，年平均气温11.9℃，享有"避暑天堂"之美誉。

诸葛营村结合彝族文化、诸葛文化，打造出诸葛审案、桃园结义、月下老人、养心池等14个特色景点。这里有数十家农家乐、客栈、餐馆，彝族全羊汤锅、糯米血肠、燕麦炒面、脆嫩仔鸡、豆生、永仁凉粉、烤全羊、树花等特色美食，以及历史悠久的苴却砚、彝绣、块菌酒、蜂蜜等名特产品。

在一江之隔的四川攀枝花啊喇彝族乡境内，与之颇有相似之处的营盘山古军营群遗址，如同金沙江上看惯秋月春风的渔翁，沉寂而淡定。

营盘山古军营群遗址的得胜营、先锋营、保安营、岩神山营、宝兴营、长营等，又被当地人称为七大连营。

在海拔2500米左右的营盘山松林深处，古军营的寨墙残垣、石砌寨门、锥形烽火台、纵横堑壕、练兵场等一应俱全，俨然一处严密的防御性军事设施。加上环布在它周边的已知的几座古军营，便构成一处大型的完备的军事防御体系。

与方山隔江相望的营盘山古军营遗址，专家学者认为最有可能是诸葛营或孟获营。

如果是诸葛营，从残留的建筑设施看，对照方山诸葛营，又似乎简陋薄弱了一些，也未发现实物更未发现文字。还有人质疑：作为短期南征战役，诸葛亮大胜收兵而回，南中诸郡臣服，那他在攀枝花一带修筑大规模防御性军事营垒的目的何在？

综合史料记载分析，诸葛亮的西路军从成都出发后，顺岷江水路，到达今天四川宜宾，然后再沿金沙江逆流而上，取道美姑河，深入越嶲郡斩杀高定。不久，雍闿被高定部下杀死。此时，面对蜀汉大军的兜剿，孟获收拢叛军残部，在川滇交界处与蜀汉大军拼死一搏。

在中国古代战争史上，孟获以罕见的永不服输的斗士品格，留给后人无数传奇故事。南中三大叛军头目丧命之后，他顺理成章地成为叛军各路残部的大统领，给诸葛亮制造了不大也不小的麻烦。个性独特、鲜明的孟获，也因之为后来的文学作品神化诸葛亮，添上了浓墨重彩的一笔。啊喇彝族乡的营盘山古军营群，或许便是屡败屡战的孟获最后的军事杰作。

孟获营这个说法同样无实物佐证，但人们对此却甚感兴趣。因为如果此说成立，那么它作为三国时期的少数民族军事建筑，当属罕见的珍贵文物了。

如今，金沙水的拍岸涛声，大裂谷的松涛呼啸，早已汇入和平的主旋律之中。但是，在这偏僻之地，无论是挑战自我的驴友，还是访古凭吊的历史爱好者，抑或是寻幽休闲的大众，仿佛仍然能听到历史深处传来的呜咽箫声。

蜀汉兴亡葭萌关

剑门关以北约 40 千米的嘉陵江与白龙江交汇处，自古乃兵家必争之地。中国北方的诸侯列国进犯四川，一场旷日持久的血战在此不可避免。因为只有跨过了此地，才算真正踏上了征服巴蜀大地的途程。

这里，便雄踞着"全蜀咽喉，川北锁钥"之称的古葭萌关，也就是今天的昭化城。

昭化，有人认为城池的建成已 4000 余年。其确凿的建县史，可追溯至战国末期秦国统治此地的公元前 316 年。东汉末年，刘备依诸葛亮计西入四川，建立匡扶汉室的根据地。在尚未占领成都的情况下，在蜀地建立的第一个战略据点便是昭化。

站在昭化外的牛头山放眼四望，当年刘备应该是踌躇满志、豪情万丈。《三国演义》张松所献地图中所绘："此城两江汇合，绕城东去；金牛古道，穿城而过；剑门雄关，巍峨傍立；桔柏古渡，扼江拒守。"此地虽属"弹丸之城，却有金汤之固。"是否有此史事，待考，但据《三国志·蜀书·先主传》载：刘备在此"厚树恩德，以收众心"，积极备战。

公元212年，刘备率军从昭化南下，攻剑门、克成都，建立了蜀汉王国。

真正让昭化闻名于世的，是《三国演义》中描述的发生在此地的张飞夜战马超，老将黄忠、严颜勇退曹兵，姜维兵困牛头山，关羽义子关索之妻鲍三娘战死桔柏渡，蜀汉后丞相费祎遇刺身亡等荡气回肠、引人入胜的故事。让昭化的美名世代流传的，则是那句"到了昭化，不想爹妈"的俗语。

城楼坚实　街巷扑朔

我是从名曰"瞻凤"的东门进入昭化古城的。高大雄伟的城楼，令人感到似乎与弹丸之城不太相称。

进入门洞，其好几米深的门廊又令人感到城墙非同一般的厚实。细看拱顶的墙砖，已被风雨侵蚀得斑斑驳驳；支撑城门的门墩及搁置门闩的碗口粗闩孔，已被无数次的开合启落磨损得残缺变形。这一切，确凿地证明着瞻凤门是一道原汁原味的古城门。

据史书载，昭化"旧系土城"，明正德年间"包筑以石"。如此说来，此城门至少已在烽烟战火中挺立了好几百个年头。

城楼非同寻常的高大坚固，城池却只有0.5平方千米的面积。这样的反差，恰恰说明葭萌关的军事重要性及其特殊性。它曾被奉为蜀汉王国的第二都城便是明证。

据陪同我的昭化古城恢复重建规划人之一的张天碧介绍，葭萌关除了城楼城墙的坚实，城内街道房屋的布局，也具有浓郁的军事防御特色。现存的

昭化古镇瞻凤门

　　四条大街、五条小巷，均用青石板按三横两纵、中间高两侧低的瓦背状铺就，且随坡就势而成，使守军在城内也有制高点；街巷之间"丁"字相连，道路交错，没有一个"十"字路口，敌军进城也不易辨别方位，从而有利于守军进行巷战。

　　张天碧特别介绍道，葭萌关的四道城门并非开在正东（卯门）、正西（酉门）、正南（午门）、正北（子门），这既是遵循古代开门的规范：门不可乱开,水不可乱流。卯酉相冲,子午相冲,故葭萌关四门均不在正方向上。这也有军事防御方面的考虑,即"城门不相对"。这多少可以避免敌军一旦突入城内,就可顺畅地贯穿东西或南北的城门,形成纵横驰骋之势。

葭萌关作为军事重镇的特别之处,还体现其他一些不为今人觉察的地方。

葭萌关内的街道,宽度6米-8米,明显比其他同样规模的古镇街道宽阔,它们与宽敞的城门洞相匹配,便于战车辎重驰援周边的战场。而大街小巷的良好格局,庭院居所的宜人尺度,按今天的话说,那就是颇具人性化,从而利于守城将士及眷属安心的长期屯扎。

由于葭萌关当金牛古道,又扼嘉陵、白龙二江交汇处,因此历来水陆两便,形成"白天千人拱手,夜晚十万明灯"的繁华景象。如今保存完好的龙门书院、考棚、怡心园、益合堂等官方和民间团体的府邸,以及穿斗结构小青瓦、门扉窗棂图饰古朴的居民宅院,既有川北建筑的风味,又有中国南北建筑文化和谐相融的印迹。

葭萌关原有四道城门,为防止嘉陵江的洪水漫入城内,城南的临江门封闭了;所幸的是,东门(瞻凤门)、西门(临清门)、北门(拱极门)均保存得较好。

由于葭萌关坐落在河滩之上,除了坚固的城墙,并无险可守。因此,其主要战场,是城西的战胜坝和城东的桔柏渡;其制高点,是城西10余千米外的牛头山;其可以依托的险关,是城南数千米外的天雄关。

战场环绕　波诡云谲

战胜坝位于古城西郊,是冀山与牛头山之间一块坦平如砥的狭长坝子,面积约数平方千米,足以使上万人的军队摆开阵势厮杀。

据考证,当年蜀汉守军,实际上是有意辟让出这一片战场,以便在两军对垒时,获得杀伤敌军有生力量的机会。这种战术思想,与扼守险关要隘的作战样式很不相同。

我站在镌刻有"战胜坝"三个鲜红如血大字的石碑前,脑海里翻腾着一个个鲜活的历史故事:猛张飞挑灯夜战马超、霍峻率敢死队于万军之中取向存首级……

张天碧告诉我,张飞战马超是民间的故事而已,那时张飞正在长江上游征战。发生在此处的一场真实的大血战,是在蜀汉将领霍峻与益州牧刘璋的部将向存之间进行的,时间是212年。在这场激战中,霍峻亲率数百名精锐士兵突入敌阵,将拥有万人之众的主将向存斩杀,大败敌军,从而奠定了刘备川北根据地的基础。

如今,在昭化城内新建的剑刀坝君臣园内,霍峻的雕像与刘备、张飞、费祎、姜维等并列。

桔柏渡位于古城东郊,因此处盛产橘子且柏树蓊郁而得名,是昭化嘉陵江畔最重要的码头。由此上溯约一千米,便是白龙江与嘉陵江汇合处。此处地势仍与战胜坝一样开阔,但地形略有起伏,也是一处便于展开大决战的地方。由于此处距两江交汇处不远,因此江面宽阔,江水很深,便于众多的大小战船停泊。

蜀炎兴元年(263年),魏国派三路大军进攻蜀汉。姜维败退至剑门关后,加派张翼、董厥两员大将增援葭萌关,并命葭萌关守将胡济、关索死守此关。在桔柏渡对岸,魏将钟会摆开阵势,欲强渡嘉陵江,夺取葭萌关。在多次鏖战中,关索那位智勇双全、武艺出众的夫人鲍三娘,战死于桔柏渡。

鲍三娘的墓位于昭化古城北郊曲回坝,保存得较为完好,现为省级文物保护单位。因该墓有4米左右的封土,一看便知墓主身份不凡,自然难逃被盗命运。1914年,法国人色伽兰进入此墓,取得颅骨残片及有菱形、车马出行、钱纹、神兽等图案的画像砖,并在倾颓的墓室掘土三尺,盗走其中墓主的额骨,此后一并运回法国。据当地村民介绍,在色伽兰之前墓前有碑,字迹依稀可辨为"汉将军索妻鲍夫人之墓",现在的墓碑为此后所立。

唐乾元二年(759年),诗人杜甫避战乱入蜀,在昭化古城桔柏渡写下"青冥寒江渡,驾竹为长桥。竿湿烟漠漠,江永风萧萧"的题为《桔柏渡》的诗篇。"安史之乱"时,桔柏渡又迎来一位重量级人物——唐玄宗李隆基。

据《旧唐书·玄宗本纪》载："壬戌，次益昌县（唐代益昌治今昭化），渡吉（桔）柏江，有双鱼夹舟而跃，议者以为龙。"

"安史之乱"时，李隆基仓皇入川避难，曾夜宿葭萌关外的一座庙宇，然后从桔柏渡登上南下流亡的帆船。"安史之乱"平定后，唐明皇返京途中特意在桔柏渡停留，并在渡口摆下宴席，答谢当初助他逃亡的有功人员。因此，此处又称为摆宴坝。

姜维水井　不涸不溢

牛头山是剑门山向东延伸的余脉，海拔 1214 米。从葭萌关城头望去，其山形如一头卧牛，牛头、牛身、牛尾毕现。

牛头山坡陡林密，峰回路转，石板道又多是依山壁开凿铺设，由此可以断定此山是难以强攻得手的。而山顶一口名为"姜维井"的水池，则确保了蜀汉守军饮水无忧。

当我站在位于牛头山顶峰的"姜维井"边时，既惊奇又疑惑。惊奇的是，这水池周边用并不规则的大石块砌坎，看不出有什么防漏的工艺措施，却是碧水一潭。须知此高度与嘉陵江面的垂直距离达数百米。疑惑的是，此水池名曰"井"，却呈长轴近 4 米、短轴 2 米多的椭圆形，与寻常的正圆形井有所不同。

对此，张天碧给我讲了一个开凿此井的传说。

当年姜维兵困牛头山，将士无水饮用，军心不稳。姜维焦急万分之时，诸葛亮托梦给他，要设坛拜水。于是，姜维立即派人挖井一口，搭起祭台祭拜。一天一夜后，姜维派一名士兵去察看，回报说"无水"，姜维又急又气，当即将其斩首。第二天，姜维又派一名士兵去察看，这名士兵一看仍然无水，但士兵害怕照实禀报又要杀头，便抱着一线希望仔细察看井的四壁，结果发现有一湿润处，再细看，竟有水珠挂在壁上。他连忙叫来乡民，顺着有水珠的地方开挖，不知不觉挖成椭圆形……当搬掉一块大石头后，涓涓泉水流淌出来，很快便积了半池。士兵飞报姜维后，姜维大喜道："有这半池水也够饮用了！"

从此，这口井一直保持着半池水，从未满过，也从未干涸过。更令人称奇的是，这口井的水随嘉陵江的水清而清，随嘉陵江的水浊而浊。

我游览之时，时值春夏之交，嘉陵江水还算清澈，因此，井中之水波光照人。如此地理奇观，尚待地质学家们去解释了。

站在牛头山巅的凉亭中眺望，不用任何人提示，呈现在我眼前的昔日葭萌关今日昭化古城的地形，三面临水，一面环山，宛如一幅巨大的天然太极图，一派"天下第一山水太极"的自然奇观。葭萌关，则位于太极阳极的鱼眼之处。古人对险关要隘的择址筑城，可谓勘察周详、用心良苦。

牛头山上，原建有一座关帝庙，庙内有大雄殿、牛王殿、姜维殿等，因历经战乱，庙已被毁。如今，只有当年姜维的点将台遗址有明显标记，以供游人凭吊怀古。

群臣悲壮 死而后已

当年诸葛亮六出祁山、北伐中原，位于金牛道上的葭萌关，成为蜀汉军转运粮草、打造兵器的基地。

在如今的昭化城内一处名叫剑刀坝的地方，便是蜀汉一座重要的兵工厂所在地。在这里，除了制造刀剑箭弩外，大名鼎鼎的木牛流马也是在此批量生产，然后活跃在秦岭山脉的崇山峻岭之中、栈道石径之上。此外，攻城用的重型武器抛石机，也在这里生产并直接送往北伐中原的最前线。

长眠在昭化的蜀汉将领，除了悲壮战死在此的关索夫人鲍三娘，还有一位重量级人物，那便是继诸葛亮、蒋琬之后主持朝政的丞相费祎。

蜀延熙十四年（251年），费祎奉命屯兵昭化，次年受命在昭化设丞相府。由此，昭化便有了蜀汉第二都城的殊荣。为什么有如此罕见的状况呢？一是当时战事万分紧急，只得将相府与前敌指挥部合二为一，以便于军事行动迅决速行；二是当时蜀汉朝廷宦官当道、奸臣横行，费祎将相府设于距成都数百里之外的昭化，可远离祸端。此举可谓一举两得，与后来姜维屯兵沓中如出一辙。

费祎在昭化采取休养生息，避免与强大的魏国正面交兵的策略，为积弱的蜀汉赢得喘息之机。岂料壮志未酬，蜀汉延熙十六年（253年），费祎与众将宴饮之时，被魏国降将郭循刺杀。

费祎墓位于临清门外，现存土冢高3米。土冢周围由今人用石条垒砌了半人高的保坎，以防其继续倾颓。冢上，疯长着一人多高的野草杂树，犹如死不瞑目的费祎的怒发。冢前的墓碑，系清代光绪三十三年昭化知县吴光耀所立，碑文为其长女所书，墓碑曰：蜀汉大将军尚书事成乡侯费祎之墓。

"滚滚长江东逝水，浪花淘尽英雄。"葭萌关上，蜀汉的旌旗迎风飘扬了42个年头。不知当时还有多少像费祎、鲍三娘那样的壮士豪杰，用勇气和智慧，将"川北锁钥"掌控在蜀汉手中；用鲜血头颅，在这里谱写着悲壮的蜀汉春秋。

运山横亘卫巴蜀

蓬安县河舒镇燕山寨，是运山之巅一个不到一平方千米的小山村。

燕山寨的村民是幸运的，20世纪70年代初，收音机还是稀罕之物时，他们已在家门口看上了电视；他们的祖先是荣耀的，13世纪40年代，这弹丸之地竟是管辖蓬池、相如、仪陇、朗池四县的蓬州州府所在地。

独特的地形地貌，使四川首批电视微波差转台之一落户此地，从而使燕山寨村民的娱乐方式大为超前；扼川东北进入蜀中腹地要冲且易守难攻的军事价值，使他们的祖先见证了南宋末期抗蒙"川中八柱"的顶天立地。

历史如此眷顾燕山寨，有一个共同原因，那便是它坐落在一览数百平方千米平坝、丘陵的运山山顶，清光绪《蓬州志》称其"形如屏立，横亘半空"。

我国现存的古代城池建筑并不罕见，历代为躲避战乱将居民点迁徙于山城要塞也非四川独有。但是，像四川的南宋城堡，以方山地貌为依托，以迁入州府军政为支撑，构成大区域的防御体系，形成"如臂使指，气势联络"堡垒群落，却是绝无仅有的。

据元代学者姚燧《中书左丞李忠宣公行状》（《元文类》卷四十九）载："宋臣余玠议弃平土，即云顶、运山、大获、得汉、白帝、钓鱼、青居、苦竹筑垒，移成都、蓬、阆、洋、夔、合、顺庆、隆庆八府治其上，号为八柱，不战而自守矣。"

作为南宋末期四川抗击蒙古铁骑最早构筑也最为重要的方山城堡之一，运山城南宋军民，抗击蒙古军队长达15年之久。

"川中八柱" 移治碑

春雨潇潇，春寒料峭。我驾车在河舒镇旁拐上当年微波站修筑、微波站撤离后废弃的简易公路，向运山城进发。

由于运山拔地而起，四壁陡峭而无缓坡，公路便一直呈"S"形攀升。泥泞的路面和较大的坡度，使汽车车轮频频打滑。因此尽管运山城似乎已在头顶，但我们仍需耐着性子，心怀敬畏地小心翼翼接近它……

这条如同不见首尾的巨蟒盘缠于山腰的简易公路上。在南宋抗蒙的年代，这里高筑着三道环城墙，仅城门便有12道。为纪念南宋名将余玠迁徙蓬州州治至此及筑城之功，蓬州军民于南宋淳祐十一年（1251年）刻于第三道城墙（内城墙）西城门的《移治碑》残缺的碑文，可以想象运山城宏大气势："更楼五十余坐……三敌楼雄架其上……悬峭千尺，环城壮势具矣。"

简易公路通往运山城西门。临近西门时，我看到的内城墙，是环山顶的陡壁，真可谓墙是山、山是墙。即使用当今火炮轰击此墙，也只能伤及皮毛。外围的两道坚如磐石的防线，加上这道本身就是磐石的防线，使运山城固若金汤，尊享抗蒙"川中八柱"的美誉。

如此坚城高墙，于南宋淳祐六年（1246年）春接受了蒙军骁将汪德臣的挑战。

汪德臣自幼便习文练武，尤擅山地作战。在此后的钓鱼城之战中，御驾亲征的蒙哥大汗被炮火击伤后，血气方刚的汪德臣竟单骑在钓鱼城南宋守军阵前搦战，结果被南宋守军射出的飞石击中阵亡。勇将阵亡，蒙军士气颓丧，被迫退兵，钓鱼城之围暂时解除。

运山城南宋守军面对汪德臣的强攻，以滚木礌石予以还击。身先士卒的汪德臣的坐骑被击毙后，他步战的功夫也充分施展，竟冒死率步卒攻破两道外城。但是，就在那磐石般的内城墙下，他的亲弟汪直臣被飞石击中丧命，于是，蒙军终于败下山去。

也就是在这年夏，余玠不惧酷暑，跋山涉水，千里迢迢登临运山，责令加固城堡，建孔殿、寺庙、修学堂、神祠，以利于安定民心长期固守。5年后，蓬州军民刻下了那一通著名的《移治碑》。

碧水退敌天生池

当我的汽车驶上山顶时，"雄架其上"的西城门仍不见踪影，唯有不远处的一堵石墙，残留着当年的辉煌。

一问老乡，才知当年建微波站修公路毁了西城门。离西城门几十米远的差转台机房，以及在古福寿宫遗址上修建的差转台职工宿舍，如天外来客，极不协调地滞留在这座700多年的古城之上。

如同绝大多数四川抗蒙的方山城堡一样，运山城内城墙里地势平缓、开阔，中心城区稍凹。就在这稍凹处，有一口面积约两亩的堰塘，当地人称天生池。自从运山山顶有人定居以来，这池水从未干涸。

在蒙古军队断断续续合围运山城的 15 年间，每当蒙军认为山上军民应该饥渴难耐、弹尽粮绝之时，山上便有活鱼抛下。活蹦乱跳的鲤鱼，无言地证明南宋军民的生活还过得好呢！这些鲤鱼如同没有烟火的炮弹，将蒙军的心理战线瓦解。

山上的乡民，还给我讲了一个将此计延伸应用的故事。

明末张献忠在清兵入关后退守四川时，运山城成为他抗击清兵的堡垒。驻守运山城的张献忠的一名兰姓将军，面对清兵合围，也曾抛下鲤鱼，意在显示山上仍可支撑。但清兵中也有知晓历史者，认为这不过是虚张声势罢了，根本不为其所动。这位兰将军遂破釜沉舟，索性将天生池水放下山去。这一招不由得清兵不信山上水源充足，无奈之下只得撤兵。

我站在天生池畔，只见青苔荡漾，绿油油的水草在水下招摇，池边没有人工垒砌的条石。因此，此池与四川境内其他抗蒙方山城堡中人工垒砌且防漏措施严密的水池，很不一样。看来，天生池果然天生。天赐之水，当然取之不竭了。

镇山之宝 《纪功碑》

离开天生池，我在一农妇指引下，前往东门，瞻仰刻于南宋宝祐四年（1256 年）的《纪功碑》及运山城唯一保存完好的东城门。

东城门面临环城的峭壁外唯一一处缓缓绵延至山脚的山梁，门洞高 2 米多、宽近 2 米。其拱顶，用一块整石凿成半月形装饰。这半月形的石拱向城内的一面，刻有精美的宝瓶盛花图案；向城外的一面，刻有"天外一峰"字样，系清代嘉庆年间所刻。因年代久远，石拱已坠落在地，庆幸的是并未摔坏。据村民讲，文保部门将很快将其复位。

南宋方山城堡城门的位置，是十分考究的。它既要考虑出入方便、运转自如，又要考虑当时已运用于实战的火炮的轰击。因为城门无疑是敌军攻城的主要目标。

我站在门洞里向外眺望，只见左侧是一段数十米长、与城门呈 90 度夹角的城墙；墙下一段宽约 3 米的平缓坡道，从门前向远处伸延；坡道右边的下面，是千仞绝壁。按常理，这城门可前移至城墙尽头，因为我沿坡道走到城墙尽头，面前还是陡坡。

站在城墙尽头俯瞰，脚下的山梁略有起伏地绵延至山下，视界开阔。这时我才明白，将城门内缩数十米，看似给敌军逼近城门时留下一段立足之地，却避免了城门暴露在沿山梁向上进攻的敌军视线内，也就避免了敌军火炮的直接轰击。

实际上，南宋时期四川军民修筑抗蒙方山城堡时，为防炮火轰击，还有一些精细的工艺结构。如城楼临悬崖一侧的墙体呈弧形，可减少炮弹的破坏力，类似当今子弹打在钢盔上会滑掉一样；在城墙上去掉沿袭千年的墙垛，以免炮弹击中墙垛后碎石伤人。其智慧，往往令后人赞叹不已。

南宋淳祐十年（1250 年），北方久旱春荒，蒙军骁将汪德臣凭借对川北关隘的熟悉，再次入川袭扰、抢粮，四川境内抗蒙烽烟再起。南宋宝祐二年至五年（1254 年至 1257 年），蒙哥汗又命都元帅纽璘率劲旅入川，征战于今广元、阆中、南充一带。宝祐四年春，运山城再次经受战火的考验。

此次进攻，蒙军吸取了上次损兵折将的教训，不慌不忙地在运山城东门外的平坝谷地扎下大营，伺机进攻。经过近半个月的侦察和试探，蒙军发现运山城仍无懈可击，遂自行退兵。此后两年里，蒙军多次觊觎运山城，以期打通通往重庆府的战略通道，但均慑于南宋守军的森严壁垒和高昂斗志，未敢发动大规模进攻。

南宋宝祐四年（1256 年），南宋军民在运山城东门刻下《纪功碑》，对这段历史作了明确而详细的记载："值鞑（蒙军）侵入伺东城门弥旬，意叵测。侯（蓬州守臣张大悦）不恃险而忽备，惟整静以待之，竟不果犯，引去。"

我沿东城门侧的一条仅容一人通行的崎岖小道，来到距城门数十米远的一处难以立足的绝壁前时，一块高 2 米多、宽 3 米多的刻字石壁映入眼帘，这便是《纪功碑》。此碑正文文字每个约三寸见方，共 300 余字，除人为损毁 20 余字，其余的仍清晰可辨。

南宋运山城纪功碑

《纪功碑》碑文在蒙军占领运山城后竟未被铲除，得以幸存，的确令人感到意外。它如同矗立于天地间的史书，饱经日晒雨淋、风吹霜浸，孤寂地等待今人的回眸一瞥。如果将来运山城作为历史人文景观予以开发，此碑无疑是镇山之宝。

燕山烟云映汗青

如今，运山之巅的内城中，有20多户人家，耕种着100多亩田地。泛着蔚蓝色天光的冬水田，绿色毡毯般的麦地油菜地，炊烟袅袅的竹篱农舍，给人以世外桃源之感。

当年作为蓬州州府所在地，车来人往的街市酒楼，香烟缭绕的凤仙寺、福寿宫，讲学诵诗的孔庙，剑影刀光的武庙，如今已荡然无存。它们具有实际价值的存在，止于南宋宝祐六年（1258年）。

1258年，蒙哥大汗御驾亲征，率蒙军主力10万余人，自甘肃六盘山出发，沿嘉陵江攻入四川，攻克川北屏障苦竹寨、鹅顶堡，招降大获城，进抵运山城下。

这位史称"刚明雄毅，沉断寡言"的大汗，沿途几乎没有遇到强硬的阻击，却对巍然屹立的运山城无计可施。最后，蒙军用大获城南宋降将杨大渊诱降。曾在《纪功碑》中留名的运山城守臣张大悦，携城投降，但从利州撤退至运山城的利州转运使施择善宁死不降，率所部作殊死抵抗。内外夹攻之下，施择善以身殉国，运山城被蒙军攻陷。

自南宋淳祐三年（1243年）起，运山城作为抗蒙"川中八柱"之一，在蒙古铁骑掀起的飓风中挺立了15年。它以刺破青天的气势，守卫着南宋王朝在四川的抗蒙阵地。

在此后的数百年中，运山城仍为军事要地，战事不断。

明代末年，张献忠的农民军与地主武装反复争夺运山城，先后有数万人丧生运山之上。据《蓬州志》载："厥后李光奇、僧容宏拾积骸而埋之，盖累累数万也。"

1933年，运山城成为红九军的重要据点。红军及游击队仅500余人据守城内，抗击4000余敌军的进攻达3天3夜。激战期间，敌军甚至出动飞机低空盘旋助威。

运山城之所以又名燕山寨，是缘于古时山上春燕多。我在山上时，却没有看见一只春燕。作为低等动物，它离弃战火不断的土地情有可原，而明白"鉴古今，知兴衰"的人类，似乎不应该将运山城抛得太远，以至于最终将它遗忘……

云亭晓烟里的隐士雄杰

举世闻名的乐山大佛以南不远的岷江畔,一列丹霞绝壁临江而立,其主峰挺拔秀美,林木苍翠。

一位其貌不扬却又志向高远的少年,曾在此山中攻书悟道,从而成为中国文学史上光芒四射的人物。他因此山而成名,此山因他而定名。他,便是蜀郡成都人西汉文学家扬雄(字子云);山,便是犍为县境内的子云山。

子云山既是一处历代隐士的世外桃源,又是乱世雄杰的杀伐之地。

南宋淳祐三年(1243年),为免遭蒙古铁骑蹂躏,南宋四川安抚制置使余玠,在子云山主峰据险筑城，与乐山凌云山上的三龟九顶城首尾呼应，于淳祐十三年的嘉定大战中，将蒙军骁将汪德臣率领的蒙古大军逐出川中。

石梯陡立入云天

孕育圣人的茅庐与改朝换代的战争，一定会在子云山留下非凡的印迹。于是，我踏上了前往子云山之路。

被司马光推崇为孔子之后超越荀子、孟子的一代大儒——扬雄出道前，其蛰居之地子云山，竟然比我想象中的还要寂寥、冷清，向多位当地人打听，才弄清楚上山的主道。

子云山共有80多座大小山峰，其主峰临岷江而立，海拔479.9米，与江面的相对高度为160多米。主峰峰顶，有3道各长500多米的山梁，分别向南、北、西北方向的山麓延伸，呈三角鼎立之势。向北延伸的那道山梁上，有一条在悬崖上开凿的石梯道通往山下的岷江边，这是子云山与外界联系的主要通道。

我沿着这条宽1.5米－2米、被当地人称为高石梯的石梯道，向山顶进发。行至数百米后，本来在山脊上蜿蜒的石道拐向一处绝壁，石梯道成了石栈道。向右上方看，绝壁高不见顶；向左下方看，沟壑深不见底。就在这石梯道与石栈道衔接处，原有南宋抗蒙的子云城的第一道城门。我拨开杂草，果然见到城门的基石。

我脚下这条在岩石上凿成的宽近两米的古老石梯道，显然不是历代百姓砍柴打猎、挑粮背菜的便道，应该是南宋时期国家行为所致的官道。它不仅可用于军情紧急时迅速调动军队，也可用于辎重粮草的输送。而早在西汉，扬雄恐怕也只能冒着生命危险，在密林中陡坡上寻路向前。

据传，可俯瞰着岷江浩荡的壮美风光，即使需踯躅在路隘苔滑的曲折幽径，子云山的宁静秀美也吸引住了风华正茂的扬雄。他在山上一间茅屋前推开柴扉，向茅屋的主人、一位老樵夫讨水喝。在茅屋的陋室里，老樵夫收藏的满室竹简，令扬雄既惊诧又兴奋。他逐一翻阅、细读，并拜老樵夫为师。自此，扬雄暂停了浪迹天涯的步履。

扬雄在子云山偶遇高人并潜心攻读，为此后成为一代大儒，打下了良好的基础。

崖壁半悬子云仙

沿石栈道继续攀登，道旁崖壁下一凹处有一水池，看得出一点儿人工拓凿的痕迹。这便是当年扬雄刻苦攻读、挥毫泼墨后的洗砚池。明代犍为知县胡学戴题"悬池"二字于池侧。

当年，池水黑如墨。这如墨的池水，滋润着年轻扬雄的笔头，使他以《绵竹赋》《蜀都赋》《反离骚》而名动蜀中；这如墨的池水，激荡着中年扬雄的心灵，使他为汉成帝写出了壮丽的《甘泉赋》《河东赋》《羽猎赋》。

如今，沉淀了2000多年的池水已清澈见底，成了可掬可饮用的矿泉水。据说，扬雄用过的"形如今制，但去圭角"的砚台，至今还被当地人收藏着。

过洗砚池再行数百米，左前方隔峡相望向南延伸的那道山梁，其绝壁相对高度近百米，状如城垣。绝壁上草木不生，裸露着紫红的岩石。遥望半壁处，可见一尊约2米高的人物塑像，其头顶有"子云仙"三个醒目大字。

这是到了近代，人们称扬雄为"子云仙"而雕刻的。若山间雾岚四起，山腰云烟弥漫，"子云仙"若隐若现，好似神仙下凡。"子云仙"人物塑像虽不高大，但上下分别距崖顶和崖底数十米，崖壁垂直于地面且光溜溜的，当时施工者如何到位，到位后悬在空中又如何操作，这简直是一个谜。

据清嘉庆《犍为县志》载：子云山"在县南二十五里，汉扬雄尝徙居于此。山腹有子云洞。其巅有池"。子云洞是在这悬崖绝壁上人工掘成的山洞。宋代犍为县一位叫王叔伦的儒士，效仿扬雄隐居子云山，并在子云洞内留下一副对联："大儒不文，下笔动九天风雨；大将不武，挥戈扫万里烟尘。"看来，他对扬雄佩服得五体投地。

当然，崇拜扬雄的骚人墨客历朝历代数不胜数，在犍为文庙里，扬雄就曾被列为配享孔子的先贤先儒之一。

20世纪40年代，一位叫妙清的出家人听说扬雄在子云洞修炼成仙，也仿效他进洞修炼，结果饿死洞中。

子云亭上览云烟

向山顶延伸的石栈道越来越陡，林木也浓密得遮天蔽日，少有人走动的石阶苔痕累累。2000年前清幽、缥缈的子云山，似乎还保持着它的本色。

子云山顶是约半个足球场大小的平阔之地。建于清初、近几年在原址重建的水月寺，红墙黄瓦，香烟缭绕，背倚一座绿树葱茏的馒头状山包。在水月寺建寺之前，此处是建于明代成化年间的一家书院，为使弟子继承扬雄的精神，书院名曰子云书院。在当时犍为颇有名气的四大书院中，自然环境和人文环境俱佳的子云书院，名列其中。

闻名犍为的"云亭湖灯"的景观，则源于逢年过节，水月寺大红灯笼高挂，山顶的灯光映在岷江江面所致。

水月寺侧一稍高的坡上，便是"西蜀子云亭"曾经屹立之处。我站在坡上细看，只依稀可辨此处曾为屋基，一棵棵碗口粗的松树，似扬雄曾挥动着的如椽之笔。

据子云山中目睹过最后的子云亭模样的老人介绍，子云亭高三层，每层高近两丈，六角飞檐，木柱筒瓦。每层有带木凳的栏杆，既作安全护栏，又供游人歇足观景。"子云亭"匾牌悬于底层门楣，顶层则塑扬雄坐像一尊，高约2米。扬雄身穿长袍，胡须一尺多长，面向岷江。

1954年，子云亭被整体拆毁。粗大的木柱，是当时人们认为唯一有价值的东西，被木匠改成木料后，抵交了公粮。

站在子云亭遗址四下望去，子云山80多座山峰尽入眼底，岷江如蛟龙不见首尾。闻名的犍为"云亭晓烟"奇特景观，便只有在子云亭上才能一览。

每逢多雾季节的清晨,岷江江面升腾的雾气,由东向西飘进子云山下的沟湾,似海水涨潮,似江河泛滥。冈峦模糊了,群山隐没了,唯有子云山主峰漂泊在雾海之中。轻盈的晨雾千变万化,人们的眼前出现梦幻般的景观。

清嘉庆年间犍为县令王梦庚,为"云亭晓烟"作了一个巨大的广告。下山后,我在高速公路下面距江面10多米高的当地人称观音崖的崖壁上,找到了王梦庚题写的"云亭晓烟"四个阴刻大字,每字长宽各近一米。

子云山云亭晓烟碑刻

这幅题刻正对岷江水流较缓的江面,向来往的千帆万樯,发出到此一游的殷切召唤;向壮游的儒生雅士,传递云烟深处的青灯黄卷。

险关要隘灰飞尽

在即将登上子云山山顶之前，有一段石栈道陡如天梯，天梯尽头便是青龙嘴。

这青龙嘴，是登顶的最后一个隘口。在这里，余玠曾率军民修筑的子云城北城门的墙基仍残存着。当年用长约1米、宽高各约1尺的大条石垒砌的巍巍城墙，如今虽然已倾颓得不到半人高了，仍令人可以想象当年的凛然、高大。站在此处回望，感觉陡峭的石栈道上几乎不能容人立足，好一个"一夫当关，万夫莫开"之处。

作为南宋抗蒙的方山城堡，子云城据险而建，可谓固若金汤。我从山顶沿南山梁缓缓而下，寻觅位于白虎嘴的南城门。当年余玠曾在北口、南口和西北口各筑城门一道。

遗憾的是，当地人指着路旁一边是一座山包，另一边是一座坟茔般的土丘说，这就是南城门。据我此前所查资料描述，南城门所在的白虎嘴，有2块巨石对峙，2米宽的入城通道从巨石的缝隙中穿过，是人造城门所不能比拟的天然雄关。

据了解，近年为方便山上几十户人家的生产生活，修筑上山公路，用炸药将两块巨石炸毁。天堑变成了通途，南城门的历史也由此而终结。西北口是子云城的后方，也有一条较为平缓的盘山道与山顶相通，但当年抗蒙的遗址荡然无存。

南宋德祐元年（1275年），元军占领嘉定（今乐山）后，派速哥统领大军南下子云城。在强大凶悍的元军威逼下，在南宋大部分疆土已失陷的情况下，子云城不战而降。元军占领子云城后，按惯例将城门、城墙、炮台毁掉，以防抗蒙势力东山再起。据清同治《嘉定府志》"山川·犍为篇"载："子云山，县南二十里……至淳祐中，余玠筑城其上，并置戍，因改名子云城。元至元十二年，速哥徇（以武力威胁）嘉定下游诸城，子云、泸、叙皆降。"

如此险山要隘，其军事价值此后被1911年的同志会暴动，以及20世纪二三十年代军阀杨森所利用。至今在同志会与官军激战过的北门和西北门附近，仍不时挖到堆堆骸骨。

当我站在江边码头回望，迷离如仙境、凛然如雄关的子云山，又将在夜幕下隐匿。

苏东坡曾遍游犍为山水，在子云山下发出"云是昔人藏书处，磊落万卷今生尘"的慨叹。其实，与喧嚣纷扰隔绝，与闲云野鹤相伴，才是扬雄的初衷，才是子云山的本色。

长江第二湾　见证忽必烈的豪赌

丽江以北 200 千米开外的崇山之中，万里长江第二湾的陡峭江岸，一座临江的巨石突兀而立。巨石之上，城门威严，房舍俨然，高不可攀。

这里，是纳西族至今尚未被商业化的净土，更是丽江纳西族真正的发源地。它，便是丽江市宝山乡石头城。

石头城东临滚滚金沙江，北望雄险太子关，西倚逶迤牦牛岭，南眺嶙峋岩石渡。它的地理位置独特罕见，偏远荒僻，形势险要。实力弱小的纳西族选择了它，既是明智之举，也是无奈之举。

在这里，浓缩着纳西族几千年的民族文化发展史，见证了蒙古铁骑南征大理国"元跨革囊"

的军事壮举。

挺进石城

早春二月，丽江坝子已是艳阳高照，气候宜人。

我在灯红酒绿、喧嚣纷扰的市区里一家客栈，点开手机高德地图，再次选择去石头城的路线。屏幕上显示的里程和耗时，虽然令我感到并不意外，但仍然忐忑：160多千米路程，7个半小时到达！稍微有点长途自驾经历的人都清楚，这是一条既烂且险之路，若有意外，可能披星戴月、夜宿荒岭。

去石头城是在我此次滇西北之行的计划中铁定的目的地之一。唯一能选择的，便是一大早出发，即使不顺，也可减少夜行的可能性。

一路翻山越岭，坡陡弯急。人们常说风景在路上，只见南北走向的哈巴雪山，毫无遮掩地在我左边车窗外横亘连绵，一展如蛟龙腾空的雄姿。纳西人先祖开垦的千年梯田一片葱绿，从山巅向谷地铺展，蔚为壮观。蓝天、雪山、麦田、绿树，不但交织出一幅幅斑斓的锦缎，而且展示着地处滇西北的丽江地区的富饶。

无怪乎当年忽必烈向蒙哥汗请求出兵云南的理由之一，便是这里既产良马又盛产米麦。13世纪末，到中国游历的马可·波罗，对这一带有如此描述："西向行五日，见有环墙之城村甚众，是一出产良马之地；人民以畜牧耕种为生……颇有米麦。"

进入宝山乡地界，令人惊诧的是，那条通往乡政府的20多千米盘山道仅是碎石路面不说，居然还窄得不能错车。而乡政府所在地通往石头城还有20多千米路程，其车道仅仅是在山体的地表铲平而成，基本上无路基，若遇雨雪则更难以通行。

在这一段路上，金沙江不时在峡谷的远方露出碧绿的倩影，它那半遮半掩的诱人风姿，不由得令人更加神往。

不知是我的驾车技术尚可，还是高德地图更新滞后，仅4个小时，便抵达石头城停车场。这停车场为石头城所有村民共用,通村公路也就到此为止。要进入城内必须步行好几百米,先下一个坐落着纳西新居的较陡的大坡,再拾级而上一个缓坡,才到达石头城西城门。

宝山石头城

石头城西城门一侧临悬崖,一侧倚绝壁,以青灰色的天然岩石垒砌而成,形制独特且古朴。因刚过完春节,城门门枋的红纸春联依然新鲜,于凝重之中平添了一抹亮色。据村民讲,此城门从古至今便是这样,原汁原味。

探秘寻幽

进入西城门,便身处这一块面积仅仅 0.5 平方千米的天然巨石之上了。

沿小道继续拾级而上,脚下的风景便与丽江古城、束河古镇、白沙古镇迥异。远看居山顶的石头城貌似坦平如砥,置身城内才发现其高低不平。起伏蜿蜒的巷道，是直接从天然岩石上凿出的石路。在坡度较大的街口，凿有一级级粗糙的台阶，台阶上散布着千百年来人踩马踏形成的窝坑。

虽然城内地形逼仄，其狭窄的街巷却四通八达，令人如置身于迷宫之中。近百户居民宅院相邻，全部随岩就势而建，前屋是一楼一底，后屋却建在坡上。

我住宿的那家客栈，是事先在网上精心选择后预定的。这是一座在石头城里为数甚少的一楼一底的半四合院。楼上有视野开阔的观景饭厅，可眺望险峻的太子关，可俯视城下奔流的金沙江，真可谓美景可餐。

客栈主人叫和国军，50岁左右，典型的纳西汉子。只有初中文化程度的他，却是石头城以及方圆几十千米地区的多面手，为村民修船、阉猪、建房、安装水电等，忙得不亦乐乎。

在和国军的陪同下，我登上了石头城内的制高点烽火台。伫立于此，全城及周边地形地貌尽收眼底。作为城址的这块巨岩，三面都是绝壁深谷，唯有西南方向有一条羊肠险道外通。因为有天设之险，所以石头城没有令人望而却步的高峻城墙。但为了保险起见，还是建立了一套完整的防御体系。其城南的绝壁边沿，建有厚约0.5米、高2米夯土城墙，墙上开有瞭望窗；城东，用岩石砌成长近400米、高3米的城墙，并开设了一座当地人称的东城门；城西，下临深渊，筑有用独木桥相连的烽火台和炮台，监视并守护下方那条进城的要道和不远处的西城门；城中，还曾筑有一座三层炮楼。

据石头城的几位80多岁的老人介绍，石头城立城近千年，除了1253年秋迎降南征的蒙古大军外，再也没有任何外族侵略者踏进城内一步。

他们记忆犹新的是，1949年一大股来自中甸的强盗，企图进入城内烧杀抢掠。烽火台上烽烟升起，石头城周边的山民便纷纷躲到城里。在紧闭的西城门下，荷枪实弹的劫匪被城墙上甩下来的石头打死，被箭射死，无可奈何之下，只好将城外山民的家园捣毁了出气。

我极目环顾，北面是一座直插云天、草木不生的青灰色高峰，是当年忽必烈率数万蒙军革囊渡江、南征大理翻越的太子关（原名雪山关门，因当年身为皇弟的忽必烈翻越此山而更名）；东面是一座状若万仞高墙的黄褐色山冈，其陡峭的山腰，还坐落着星星点点的人家；西面是苍茫横亘的海拔3000米的牦牛岭，这是宝山乡纳西人躲避来自雪域高原的部落侵袭的天然屏障；南面是临金沙江的缓坡，坡上散布着纳西人的先祖馈赠给子孙后代的宝贵遗产——近千亩肥沃的梯田。在石头城东城门坡下与对面那黄褐色山冈之间，便是看似风平浪静实则暗流汹涌的金沙江。

俯视城内，瓦屋鳞次栉比，街巷纵横曲折。据当地人介绍，现在石头城有住户108家，全为纳西族。他们争先恐后地告诉我，别小看石头城这一处弹丸之地，在历史上，它还真的曾是州府驻地。

据查，宝山石头城在元至元十四年（1277年）设为县，至元十六年（1279年）升为州，管辖今丽江市的大具、大东、宝山、鸣音、奉科等乡镇以及今迪庆藏族自治州的白地、哈巴、东坝等地，是元代丽江路宣抚司所辖的七个州之一，是纳西古王国的历史重镇。

正因为有这样的历史底蕴和文化传承，小小石头城的建筑交通布局仍十分严谨。其三横五纵的街巷设置，使整座城交通畅达。城内民居建筑基本上是青瓦坡顶的两层木结构楼，穿斗式梁架，垒土坯为墙，设有外廊和骑楼；有专门储藏食物的地窖或独立房间，用以挂放腌制的肉食或存放小麦、玉米等粮食。村民屋内的家什、用具，更令人感觉新奇。

除了民居就岩随势而筑，有的家庭用具也是利用固有岩石加以掏凿而成的：有的在屋内院里凿石为桌凳，有的在厨房中凿石为灶，有的在庭院里凿石为水缸，甚至还有的将房中巨石修凿成睡床。

民俗诱惑

当晚，和国军为我准备了地方风味浓郁的晚餐。

一大盘用滇西北闻名的"宝山猪"猪肉自制的火腿，色如玫瑰、香咸略甜、入口化渣；一大碗从石头城周边高山上采撷的野生菌炒猪里脊，唇齿留香、山野味十足；一大盆自种的时令蔬菜汤，散发着原野的芬芳。所饮之酒，是直接拧开柴灶上蒸酒竹笼的龙头放出来的，送至桌上。这是最纯正的粮食酒，柔和爽口、回味悠长。主食是纳西粑粑，其做法类似20世纪60年代四川人爱做的软面饼，用料是小麦粉掺和糯米粉，吃在嘴里韧劲足、口感更好。

石头城的饮食固然是典型的纳西族味道，但有一道"豆腐炒肉"的菜肴，却是独有的。它源于南宋末年。

当年忽必烈率蒙军在宝山石头城至奉科的金沙江段革囊渡江后，当地纳西首领麦良在石头城大摆宴席迎接蒙军。由于当时食物匮乏，肉食更为紧缺，为使菜肴看起来更丰盛，麦良命人在炒肉中加入一些豆腐，配上葱头、蒜苗合炒。蒙军将士吃罢，无不叫好，于是这道菜便在石头城流传至今，成为当地人在佳节吉日的必吃之菜。

在石头城有一个世所罕见的节日，那便是每年农历十一月初一的杀猪祭祖的节日。在这一天，全城村民同时杀猪，凄厉的猪号声响成一片，家家户户欢乐得像过春节一样，外出的游子也尽可能赶回故乡，拜祭祖先。近几年虽然有一些变化，不一定全城统一杀猪，但节日这天的热闹气氛还是堪比春节的。

当然，石头城村民所养的猪是原生态的。当我漫步于城内街巷和城外的田畴，不时可见身背满背篼猪草的妇女。我向她们打听当地猪所吃的猪食，她们都兴致勃勃地告诉我，石头城的猪是以猪草、南瓜、玉米、蚕豆叶为饲料的，由于肉质好，在外打工的儿女回来，要带好多回打工地慢慢吃哩！

大概是因为山高路远，交通不便，基本生活物资自给自足的情况，在石头城普遍存在。随意走进一户村民家，便可闻到淡淡的酒香。再走进厨房，揭开灶台上的一个大蒸笼便有了答案：里面全是小麦、玉米、高粱等五谷杂粮，几乎家家都是一个小小的酒作坊。这些自产酒一部分自家饮用，一部分用骡马驮往周边乡场售卖。一问价格，大多15元左右一斤。

因为石头城的物质文化和非物质文化的优秀传承，2012年，石头城被列入具有重要保护价值的第一批中国传统村落名录。如此看来，的确是实至名归。

临江凭吊

清晨，我被在都市里难得一闻此起彼伏的鸡鸣吵醒，断断续续地又传来节奏缓慢的"嘚、嘚"马蹄声和悦耳的铃铛声。这是往外运山货、外购日常用品的马帮，告别给他们带来温暖的炊烟，披着晨曦出发了。

在石头城，只有极少数家庭拥有三轮汽车或小型货车，因为通往外界那条唯一的山路漫长而崎岖。因此，不少人都被喂养骡马作交通工具，我仔细观察过，这些牲口都喂养得体格健壮。而驾驭这些骡马车的，竟然多数是妇女。不过，要赶骡马出远门，还是纳西汉子的事情。

乍看从我面前三三两两走过的赶马汉子，不由令人置身于发黄的老照片中踽踽而行的马帮行列，然而，他们人手一部智能手机所传出的音乐铃声，很快又将我拉回到现实。

吃罢早饭，我走出石头城东城门，沿着展延至金沙江边的缓坡穿过层层梯田，与金沙江水亲密接触。临水而立，江风强劲，几乎令人有些站立不稳，若正面迎风，还会有点窒息的感觉。这劲风来自令当地船工谈虎色变的太子峡口。

金沙江在丽江境内有两个奇险的峡口，一个是众所周知的虎跳峡，也是如今热门旅游景点，另一个便是由此处上溯10多千米的太子峡。由于太子峡以上的金沙江江段地势较为开阔，来自川西滇北高原的山风，被逼仄的太子峡挤压后喷发而来，因此产生强烈的气流。

眼前金沙江水面，没有我想象中的排空大浪和惊心漩涡，然而船工告诉我，由于江底乱石嶙峋，水下暗流十分汹涌，不要说泅渡，就是经验丰富的船工驾船也得随时小心，并且要特别关注江风的风力和风向。

如此险恶之境，在700多年前，曾令马蹄卷起的旋风也能将山冈荡平的蒙古铁骑，在南征大理，以图实现"斡腹之谋"，继而灭掉南宋的途中，一度望狂野的金沙江而兴叹。

据史学家考证并确认，金沙江在丽江的奉科乡至宝山乡石头城江段，是1253年秋忽必烈亲率的南征大理的中路军渡江段。

清代大儒孙髯翁所撰的昆明大观楼长联中，以"汉习楼船、唐标铁柱、宋挥玉斧、元跨革囊"16个字，勾勒出自汉至元历时1400余年，对滇地历史走向有重大影响的事件。其中的"元跨革囊"，便是指忽必烈这一壮举。

元跨革囊

金沙江在这里完成了第二次壮丽的大拐弯。历史大戏的主角，也将在这里华丽登场。

早在成吉思汗在世之时，蒙军已初步形成"欲借路云南，图我南鄙（宋朝）"的"斡腹之谋"。蒙军在江淮一线虽已饮马长江，但就是攻不过长江，在四川又被遍布全川的南宋方山城堡防御体系所阻挠。

因此，"斡腹之谋"作为蒙军灭南宋总体战略，在蒙哥宪宗元年（1251年）六月即汗位后切实且坚定的实施，即假道吐蕃和偷越川西高寒地带，南下大理，继而北上夹击四川，东出占领贵州，实现自西南方对南宋的战略包围，进而直捣南宋腹地。

这是一场事关成吉思汗描绘的宏图大业能否实现的豪赌，作为蒙哥大汗之弟的忽必烈，自然当仁不让，被委以南征的重任。

事关江山社稷的豪赌，天大的气魄与精深的谋略，缺一不可。

1253年，忽必烈统率10万大军，从宁夏入甘肃，经六盘山后集结于甘肃南部临洮，然后进军川西北的忒剌（今松潘西北）。在这里，忽必烈为增加取胜的概率，将大军分为东、西、中三道兵，以图对大理国形成钳形攻势：兀良合台率西道兵，经今四川甘孜州理塘、乡城一带进入中甸（今云南迪庆州）；抄合、也只烈率东道兵经四川西昌、会理进入云南宁蒗；忽必烈亲率中道兵经今四川木里、云南永宁直抵金沙江。此外，这次远征，忽必烈的重要谋士、将领一个都没有缺席。

忽必烈的中道兵所经过的"山谷二千余里",是一条古代兵家未曾涉足的高寒地区,雪山连绵、峡谷崎岖、渺无人烟。这类似曹魏名将邓艾偷渡阴平,但自然条件更为严酷恶劣。

蒙军中道兵"下西蕃诸城,抵雪山,山径盘屈,舍骑徒步",以致忽必烈这个体格超常健硕、据传一顿能吃下一条小牛的蒙古大汉,也时常被部将轮流背着前行,真是既悲且壮。渡过大渡河后,"入不毛瘴喘沮泽之乡,深林盲壑,绝崖狭蹊,马相縻以颠死"。进入在四川与云南交界地带,"稠林夹路",行进更是艰难,只能"彪骑单行"。

蒙军中道兵历尽艰险,终于进至云南永宁。永宁即今云南宁蒗的永宁镇,与四川盐源的泸沽湖镇隔湖相望。此地平畴百里,物产丰饶,是川西南与滇西北之间的一处难得的温柔之乡。忽必烈命中道兵全军在永宁的日月和休整启程,为了对大理国致命一击积蓄力量。如今,在永宁镇尚有忽必烈驻跸的遗迹。

养精蓄锐后的蒙军中道兵,士气高昂地向西南方向翻越瓦哈山,到达今宁蒗拉伯乡拉伯行政村。他们日思夜想却又望而生畏的金沙江,就在脚下。

滔滔金沙水,巍巍太子峰,将见证"元跨革囊"历史大戏的登场。

渡口怀古

宝山乡石头城至奉科乡的10多千米金沙江江段,是当年蒙军中道兵兵分数路渡江处。作为主帅的忽必烈抢渡金沙江的中心渡口,在奉科乡善美行政村古孔美渡口。

我在石头城下金沙江畔盘桓后,便驱车前往奉科乡。此前,我抵达石头城当晚,便用高德地图再次了解去奉科乡的路途,结果显示路程123千米,耗时竟达12个半小时!我不禁怀疑手机导航有误,用同行者手机导航再试,丝毫不差。

于是我请和国军联系船工,走金沙江水路去奉科,因为水路仅20余千米。岂知多位船工一致表示，他们是仅仅能乘坐不到10人的小机动船，虽然在风平浪静的日子去奉科，来回也就两个多小时，但这段时间太子峡江段风实在太大，船翻人亡的可能性较大，不能去。

无奈之下，开车继续上路。总的来讲，手机导航是准确的，那就小赌一次吧。我心里暗暗祈祷，但愿此路耗时也如同昨天从丽江市区到石头城一样，把导航显示的耗时打个对折吧！

一路坡陡弯急，时遇冰雪路段，但路面还算平整，两车相错也毫无问题。小赌获得全胜，抵达奉科乡古孔美渡口时，耗时仅4个小时。

金沙江在丽江境内的流程600多千米，多数江段为高峡陡谷和激流险滩。我眼前的古孔美渡口，确为一处相对安全的渡江处：对岸宁蒗拉伯乡的拉卡喜里，沿江一两千米的河岸是纵深数百米的缓坡，利于大部队集结和便于统一指挥，渡江的大批器材也便于在江边存放周转。奉科乡这边的江岸，虽然山峦起伏连绵，但却不陡不险，即便遭遇阻击，要攻上山头占领制高点也不十分困难。当然，更为重要的是江水。

自古以来，金沙江在丽江北部的江段有多处渡口，由于奉科是四川木里、盐源乃至西昌进入纳西族地区的必经之地，古孔美渡口便成为主要渡口。而一处渡口位置的选择，水流平和是重要条件。在这里，江面宽阔意味着水流流速较低，可近乎直线渡江，缩短时间；两岸并无险山夹峙，意味着江底少有崩塌的山石，也就少有旋涡暗流，比较安全。

蒙军在这里渡江，其实也准备了少量皮船、木筏、皮筏，数万之众渡江，主要用的就是革囊。《元史·世祖本纪》对此记载明确："至金沙江，乘革囊及筏以渡。"

据说，是当地纳西人献计用"革囊"来渡江，忽必烈采纳了这个建议。所谓革囊，就是将剥下的完整牛皮、羊皮的四肢、肛门等处扎紧，充气后作漂浮器材。用绳索将多个这样的革囊绑在纵横交错的木、竹架子上，就成了皮筏。

我向几位当地的中老年人了解，他们都没有见过革囊了，只是听老一辈讲，若是单人渡江，则将一只革囊捆在身上泅渡，若多人同时渡江，则将若干只革囊拴在扎成十字或井字的木架上，人趴在上面渡江。

不过，我相信忽必烈本人是不会以这种低下的方式过江的。他肯定是气宇轩昂地伫立筏首，因为胜利在即，那样实在有损光辉形象。

遥想当年，千军万马在此决绝地扑入金沙江，江面上囊筏如蚁，江风里呐喊如雷，江水为之变色，群山为之低头，是何等惊心动魄，是何等震天撼地！

对忽必烈南征大理的军事行动，清代学者顾祖禹十分感慨地说："吾观从古用兵，出没恍惚不可端倪者，无如蒙古忽必烈之灭大理也。"（《读史方舆纪要》）。

由于顾祖禹所处的时代距"元跨革囊"发生的时间还不太久，历史的尘埃尚未落定，因此他还难以从政治的角度对这一事件做出评判。事实上，蒙古统治者实施的这一军事行动的最重要贡献，在于打破了唐宋以来南诏、大理国500多年的地方割据局面，使云南同内地一样，在历史上首次成为全国的一个行省。

也正因为有了忽必烈南征在云南打下的根基，元朝统治中国的时间共89年（1279—1368年），而在云南的统治则长达128年（1253—1381年）。"元跨革囊"名列传诵千古的昆明大观楼长联，当之无愧。

滚滚长江东逝水，浪花淘尽英雄。我下到江滩，任凛冽的江风吹拂我的无限遐想，借无尽的江流载去我的无穷思绪⋯⋯

2001年5月，原丽江纳西族自治县人民政府在奉科乡善美行政村古孔美渡口，竖起一座名为"元跨革囊渡江遗址"的纪念碑。此碑位于近几年修筑的飞架于金沙江上的革囊渡大桥奉科一侧桥头。

2018年，玉龙纳西族自治县奉科镇人民政府，又在古孔美渡口立碑，其碑文云："元跨革囊，赤心可鉴，铁马金戈，一往无前，华夏一统，德音永响。"

嘉陵曲流绕宋城

大河蜿蜒，百折千回。以此来形容嘉陵江广元至合川段，可谓贴切至极。

广元至合川，直线距离仅200多千米，而嘉陵江水路，却长达640千米。这"多"出来的400余千米距离，构成了大大小小的100多个"蛇曲"。

在地貌学中，"蛇曲"又称曲流、河曲，意指迂回的、近于环形的河道。

"嘉陵曲流甲天下，青居曲流甲嘉陵"。位于南充市区以南约20千米的青居镇与曲水镇之间的青居曲流，封闭率达到98%，嘉陵江在此形成359°的回旋。其景色的奇异和壮丽，可与世界上发育最完美的亚马孙河曲流相媲美。

地理奇观

青居曲流似书写在大地上的罗马字母"Ω",青居镇位于字母缺口处,曲水镇位于字母顶端。青居镇背倚的高出江面100多米的烟山,也坐落在曲流上端与下端之间,因此,它便成为天然的观景台。

我驾车直接驶上烟山后,将车泊在路旁一块刻有"淳祐故城"的石碑前,便沿着一条石梯道,步行到烟山临江的悬崖边。

此时我的位置,在"Ω"的缺口左边,背朝东面向西。极目远眺,嘉陵江自西而来,滔滔江流分为两股,冲积出一个三角形的江心岛后,又在我们脚下汇合,一路向南而去。江面,烟波浩渺;岛上,芳草萋萋。壮阔的景色,令人心旷神怡。

据当地人介绍,眼前的这个江心岛,因状如钻石,当地人称钻石坝。它是青居曲流收尾时的杰作。而青居曲流所环绕的坝子,有20平方千米,当地人称牛肚坝。钻石坝北面的江对岸,是青居镇的下码头,也就是青居曲流的下端,而"Ω"缺口的右边就是青居曲流的上端。因此,在烟山上看到的只是近半个曲流,要真正一窥青居曲流全貌,只能从飞机上俯瞰,或通过卫星地图间接地欣赏。

其实,视觉不如感觉。由于青居镇南北均临嘉陵江,分扼曲流的上、下码头,就出现了时光倒流的感觉。早年,由青居镇下码头拉船上行,绕行一天时间走完青居曲流后到了上码头,便出现纤夫们朝发青居、暮宿青居,留宿同一客栈的奇事。而由陆路穿过曲流颈处的青居镇,只需十来分钟。同样有趣的是,从青居镇上码头乘船前往位于"Ω"顶端,也就是青居曲流半程处的曲水镇赶场,坐的是顺水船,归时也坐顺水船至青居镇下码头下船。

如此奇观,在青居镇催生了不少民谚,如"河上行一天,岸上一袋烟","有女嫁曲水,来回坐下水"。如果青居曲流恢复全程通航,人们便能从水上、陆地和空中全方位地感受它的独特魅力了。

我虽然无缘乘船领略青居曲流的神奇，但纵贯曲流颈的一条公路，却让我们感受了"岸上一袋烟"的妙趣。

早在20世纪40年代，人们便在曲流颈部修建引水隧洞和电厂，利用青居曲流上端与下端的水力落差发电。20世纪70年代，又建成了另一座利用隧洞引水发电的电厂。我们将车泊在青居镇上后，特意沿电厂公路步行穿越曲流颈。果然如民谚所说，不到20分钟便走完了几十里水路的航程。

惊叹之余，一个想法涌上我的心头：若干年后，这细细的曲流颈，会不会因江流的冲刷荡涤而贯穿呢？

后来我查阅资料了解曲流的成因，才知道这种情况完全可能发生。河水在大地上奔流，很难保持直线，而一旦发生弯曲，就会越来越弯曲。因为流水对凹岸不断冲刷侵蚀，使得凸岸泥沙沉积，于是凹岸越凹、凸岸越凸，最终形成曲流。而曲流一旦发育到极限，便是曲流颈被穿通之时。

大自然用自身的力量裁弯取直，用不可抗拒的客观规律，维持着世间万物的平衡。

天设之险

在曲流发育过程中使凸岸泥沙堆积，天长日久便形成高出平坝的丘陵，它与曲流极度发育后裁弯取直形成的曲流核（即四面环水的陆地），均被地质学称为离堆山。青居镇旁的烟山，便是典型的离堆山。

在历史上，离堆山往往成为水关要塞。水路是古代的交通大动脉。13世纪中叶，南宋王朝在四川的一座重要军事堡垒青居城，便雄踞烟山之巅。

13世纪初，成吉思汗统一蒙古各部。宋端平元年（1234年），蒙古铁骑挥鞭南宋王朝统治下的长江流域。次年，宋蒙战争全面爆发。由于蒙古军队在战争中延续了游牧民族的征战特点，即不是以据城守地为重，而是以烧杀掠夺为目的，因此，这场发生在中国大地上的南宋抗蒙之战，空前惨烈悲壮。因为投降后也要被屠杀，他们不如以死相拼。

战争之后四川人口数的锐减，充分说明了在蒙古贵族奉行的国家恐怖主义肆虐下南宋四川人的悲惨境遇：据《元史·世祖本纪》载，"四川民仅十二万户。"

这场战争一开始，四川便是蒙军的主攻方向。这既因为中国中部及东部有长江天堑，蒙军又不善水战，又因为四川乃天府之国，财多粮广。

淳祐三年（1243年），临危受命的南宋四川安抚置制使余玠，采取"守点不守线，连点而成线"的战略战术，以嘉陵江、沱江、岷江、长江为轴线，以山口、峡口为支点，大纵深、多梯次布防，有计划地加固和新筑了数十座山城。南充青居城和合川钓鱼城、泸州神臂城、苍溪太获城等，便分别利用了嘉陵江、长江、东河形成的曲流半岛（离堆山）的天设之险，从而成为南宋四川抗蒙的重要军事要塞。

青居城自淳祐九年（1249年）始筑，淳祐十一年（1251年）落成，故又称"淳祐城"。

宋蒙相争

我在烟山山顶观赏青居曲流时，实际上已置身于青居城内。

如同四川境内的其他几十座抗蒙方山城堡一样，筑于烟山山顶的青居城地势平阔，总面积约2平方千米。其临江的城墙因崖就势而砌，陡立的绝壁高度加上城墙的高度，足以令江滩上的敌军望而生畏。至今仍留存的一段东南方向长约200米的城墙，墙堞虽已摧毁，但仍高达6米以上。筑墙的材料不是砖头，而是一块块重达数百斤的大石条。

在没有钢筋水泥、重型装载设备的年代，修筑如此坚固的城池，应该是达到了当时人力的极限。也许，正因为这一段城墙的墙石厚重得难以撼动，才得以在此后的近800年里，未被破坏或挪作他用。

伫立青居城墙前，作为四川人的我，不禁对南宋四川军民誓死不愿被征服的气概肃然起敬，为他们修城筑墙时的智慧和吃苦耐劳的精神而深感自豪。

青居城城墙

　　南宋淳祐九年（1249年），形势危急，余玠将顺庆府治（今南充市）迁徙于青居城内，并收缩军力，将驻守陕西沔县的精锐部队调集于此。自此，青居城与合川钓鱼城、广安大良城、蓬安运山城呈掎角之势，成为南宋四川抗蒙的坚固屏障。

　　然而，这样一座坚不可摧的城堡，没有被炮火毁灭，却被贪生怕死者拱手相送。1258年，蒙古大汗蒙哥亲率大军进攻四川，蒙军攻至青居城下时，青居城裨将刘渊杀害主将段元鉴，献城投降。

　　嘉陵江要冲、极具军事价值的青居城，随即成为蒙军进攻四川制置使驻地重庆的最后一座堡垒——钓鱼城的重要基地。1260年，为完成对重庆的最后一击，忽必烈下令将征南都元帅府设于青居城。

　　史书确切记载的宋元两军在青居城的战斗，发生在1276年。是时，重庆和钓鱼城均被元军围得如铁桶一般。为减轻元军对南宋四川首脑机关驻地重庆的压力，钓鱼城南宋将领张珏采取围魏救赵的策略，命部将赵安率敢死队潜出城去，沿嘉陵江北上，长途奔袭，深入虎穴，直取已成为元军在四川东部的军政中心东川行政院驻地的青居城。月黑风高,宋军悄然登上城墙,无声无息地干掉了哨兵,迅速突入城内,生俘了元军两名高级将领。宋军趁乱撤出青居城,全师回到出发基地钓鱼城。

南宋灭亡后,元朝政府于1279年将顺庆府治及南充县从青居城徙还旧址。自此,青居城渐渐淡出历史,淡出人们的视野。

青居曲流的自然奇观和青居城的厚重人文历史,自然地融为一体。它既让人赏心悦目,又令人凝神沉思……

靴城　孤悬川北的传奇

川甘交界处的一座千年边城，枕苍茫横亘的摩天岭，扼逶迤千里的阴平道。

三国时期，从摩天岭上裹毡直下的灭蜀名将邓艾，曾伫立此城城头，踌躇满志地遥指四川盆地。大明王朝，从阴平道上偷渡袭蜀的开国大将傅友德，曾经跃马扬鞭穿城而过，如狼似虎地直扑成都平原。

这座孤悬川北的古城，既是川北门户、入蜀咽喉，又是战略要塞、军事重镇。

正因为历史地位重要，其历史的沿革，史册上必然留下关于它的清晰笔触：蜀汉建兴七年（229年）置广武县，唐天宝元年（742年）改置清川县，明洪武四年（1371年）置青川守御千户所，清顺治初年设青川分县。

这座凝结着千年神韵且至今风采依然的雄关坚城，便是广元的青溪古镇。

"靴城"扼控阴平道

我还未走近青溪古镇，便感觉到它的非同寻常：其城墙巍峨、城垣四合，令人想到金戈铁马，想到刀戟如林。城内金黄色的清真寺宣礼塔塔尖冒过城墙，与威风凛凛的城楼交相辉映，令人想到大漠孤烟、异域风情。

从空中俯瞰，其如靴的城垣环护古镇，故青溪又称为"靴城"。东城墙与南城墙的拐角是靴尖，我从这里沿着东城墙墙根北行。与不少现代建筑景观截然不同的是，其高约7米的城墙，从地基至四五米高墙体的风化程度，以及墙砖的形状和垒砌工艺看，应为明清时期的古墙体。

青溪古城墙

据史料载，青溪古镇作为曾经的县城城墙，在三国时期至明初为土石筑成，直至明洪武四年（1371 年），才由正千户朱路改建为用砖石包砌的城墙。清顺治十年（1653 年），又由龙安营参将白丹衷扩建加固，镶砌墙体的条石、大青砖用糯米石灰浆胶结，城门起拱处用桐油拌合石灰胶结，墙芯夯土石，历经 3 年竣工。

顺治年间加固的青溪古城城墙，高达二丈一（7 米以上），且有深一丈的护城河。须知明清时期，都城和重镇的城墙也比青溪城墙高不太多，南京、大同是 14 米，西安是 12 米。而同时期州县一级城市的城墙，大多也还达不到这个高度。由此，青溪古城雄伟的身影，便在阴平道上南来北往之人眼中挥之不去。

青溪古城城内面积不大，占地面积仅 300 多亩，扼蜀地与西北地区交通要冲，因而其城门的形制和城池位置，就不得不精心设计、慎重考虑。从防御角度看这座小城，却有着较为独特之处。

首先，是东、西、北三门均建有瓮城。我走到东城墙居中处，只见城墙呈半圆形凸出，却不见东城门。原来，这凸出部分是瓮城城墙，瓮城门则开在侧面。穿过大条石镶拱、建有箭楼的瓮城门，便来到面积百余平方米、青石板铺地的瓮城内。出于军事防御的考虑，瓮城门与主城门错开而不相对，以增加敌军攻城难度。

进得主城门后，便可从楼道登上重檐城楼。伫立城楼，稍有军事常识的人，很快便会感到此城有另一个独特之处。发源于摩天岭的青竹江，自西北向东南半环绕古城，然后与自西向东傍南城墙而过的南渭河在"靴"尖汇合。两河护城，形胜之地；两水捧城，如二龙戏珠。

此外，城内贯通四门的主街十字街街口，建有一座四方形高四丈五的三层鼓楼，底层为砖石砌之，上面两层为飞檐翘角的木结构建筑。一旦有事，守城将领就坐镇此楼，四条大街和四座城门的动静尽收眼底。鼓楼底层四方均开有门洞，可方便穿行于各街，即便发生巷战，在鼓楼上也能统一指挥。

蜀汉名将廖化，肩负诸葛亮"全蜀之防，当在阴平"的重托，成为在青溪屯田戍守的首任将领。面对既是天堑之地又是祥瑞之地的青溪，他一定是豪情满怀、信心百倍。

八景楼上观古今

　　古城有大东街、大西街、大南街、大北街四条大街，其格局基本相同。从古镇的东门入城后，便游走在大东街上。城里颇为醒目的标志性建筑清真寺，便坐落在此街左侧。它那远在城外就能看见的高高宣礼塔和金色穹顶建筑，令古城平添别样的文化色彩。

　　原来，青溪历来是回、汉两个民族杂居之地，也是伊斯兰教、天主教共存之域，更是一座民族宗教文化和谐交融之城。

　　青溪清真寺门面为三开间，尖顶门窗，建筑风格明显。寺内有礼拜殿、厢房、地方民族文化陈列馆等设施。寺内庭院，有典雅庄重之感；民族文化陈列馆，有历史深邃之感。每年的伊斯兰教节日里，清真寺里都会举行盛大的活动，民族风味浓郁。

　　在一条直线上的大东街和大西街，由青砖铺就的道路中间，是一条水质清澈的溪流。虽然其河堤和石栏是现代打造的，但据说当年筑城时，便开凿了这条渠道，其目的是储水，不至于因围城之敌断绝水源而不能坚守。

　　两条街两旁的房屋，虽然基本上是仿古建筑，但是在这清花亮色的溪水滋润下，有了地气，有了活力。通街的商铺里，川北的土特产琳琅满目、应有尽有，散发着老树新花的魅力。

　　沿街摆放着的山珍，除了在其他山区小镇能够看到的野生蕨菜、香菇、竹荪等，还有当地量大质优木耳、霸王花、灵芝等。尤其是那些硕大的灵芝、艳丽的霸王花，不仅是待售的商品，也是装点铺面的饰物，从而彰显着与普通集市的不同。

　　我在青溪期间是初秋时节，正是板栗、柿子、野生猕猴桃上市之时。这野生猕猴桃口感清甜中略带酸涩，蕴含着原始的本味，散发着山野的气息。临街的餐馆里，山椒木耳炒肉、酸菜豆花、清真铜火锅等青溪特色佳肴，也刺激着人们的味蕾。

走近四条大街交会的十字口的高大鼓楼，才知道它有令人遐思的雅名：八景楼。这是古镇的中心，也是古镇的标志性建筑。其楼高15米左右，雕梁画栋，四方悬匾。八景楼东西南北的匾额分别为"紫微高照""阴平古道""南山聚秀""北方锁钥"。四大街东西南北各竖有牌坊，其匾额分别为"紫微高照""西蜀咽喉""北极联辉""人杰地灵"。

登上八景楼，整个古镇十字形的布局一览无余。所谓青溪八景，即西望金牛气，东晖白马鞍，桥高金柳折，泉涌玉华繁，洞口鱼渊跃，关头虎石盘，醍醐不觉晓，雪霁万峰寒。这些美名流传久远且为当地人津津乐道的景致，在今人眼里，要么因地质气候的变化而变样，要么因历史潮流的激荡而消失，要么因阅历素养的欠缺而难以体味。不过，在楼上放眼俯瞰，古字窟的秀雅、老县衙的威严、老城楼的雄姿、老城墙的霸气、星月广场的开阔，以及岷山山脉摩天接云的身影，足以令游人心旷神怡。

这座回汉杂居的古城内外，佛、道、儒的教义传承和信众精神归宿之地，至民国时期数量有70余处。城隍庙、石牛寺、华严庵、关帝庙、张爷庙、禹王宫、高桥寺、土地庙、火神庙等宫观寺庙，在城内外星罗棋布。

伊斯兰教与天主教，也在古城和谐共存。沿着大西街步出西城门和瓮城门，只见天主教堂钟塔式主楼在民居建筑群里鹤立鸡群。据了解，早于19世纪中期，天主教就进入平武、青川。清光绪十二年（1886年），平武县土城子教堂布叶神甫来此传教，并修建了天主教堂。至今每逢周日，信众都会在天主教堂里举行礼拜。

"野性"十足唐家河

位于摩天岭北麓的唐家河国家级自然保护区，是游览青溪古镇之后必去之地。它距古镇仅10多千米路程，是赏心悦目的森林宫殿、动物王国。

在最高峰海拔3837米、相对高差2400多米、地形条件复杂的保护区内，游人能够大概率地邂逅悠游于山腰草甸的珍稀动物扭角羚，如果运气好，还可能巧遇金丝猴、小熊猫、金猫等。保护区还有大熊猫、云豹等动物，这些更为珍稀的大自然精灵，游人大多无缘得见了。

当地朋友告诫我，拍摄扭角羚时，不要大意！这种动物大如水牛，重达一吨，雌雄均具短角。一旦靠得太近，便可能遭它攻击；若遇它落单，攻击人的可能性更大。

由于我专注于拍摄林木山水和相对静态的踱步的扭角羚，因此相机处于手动设置状态。忽然，身边密林响起一串哗啦声，我倏地抬头看去，只见树梢几个棕红色的兽影跳跃着一掠而过，于是条件反射地举起相机……手动设置的相机抓拍，其画面模糊得完全无法辨认。同行的朋友看过照片后告诉我，这如果不是小熊猫，就应该是金猫。

华严庵前思帝君

青溪古镇以南约 8 千米的深山密林里的华严庵，对我来说，也是一个巨大的诱惑。相传，明代建文帝朱允炆曾遁隐于此。从摩天岭下来，我便直奔这里。

早在 21 世纪的第三个年头，一则在四川青川县华严庵发现疑似葬有建文帝朱允炆的"明十四陵"的消息，被众多媒体披露。

华严庵位于青溪古镇以南的杂木沟。从杂木沟沟口往上看，重崖叠嶂，林木葱茏，看似无路。一打听，方知只有药农、猎户踏出的小径可通。当地两位少年放暑假在家，自告奋勇为我带路。

一路上，崎岖的山道不时被齐腰深的蒿草遮掩，令人备感前路艰辛。

山道两边，是 21 座如莲花瓣的山峦，当地人称莲花山。正中一片莲花瓣山峦的半山台地上，便坐落着华严庵。

我眼前的华严庵，是一座青瓦泥墙三开间悬山式平房。如果不是房墙呈宁静肃穆的淡紫红色，如果不是正中的房门外供奉着一尊庄严慈祥的佛像，如果不是佛像两侧各有一通被风雨侵蚀得字迹漫漶的青石古碑，真是难以相信，这就是朱允炆心中的圣地。

屋后的密林，掩映着一座占地700多平方米的馒头状大土堆，半环绕着几圈片石砌成的堡坎。由于大土堆上既没有种庄稼的痕迹，不大的片石埂子也不能阻挡土堆表面泥土流失，因此更像是一种纯粹的造型。细看大土堆的泥土，与周边环境的土质不同，且泥土里没有夹杂山石，像是适合耕种的土地，明显是外移而来堆积而成的。难怪当地文史部门的人员推测，这土堆应是一座大坟。

再看屋檐下的两通清代石碑。其中保存完好的"广佛碑"立于清康熙八年（1669年），碑额为《鼎建华严庵碑志序》，碑文载"吾蜀龙东百里许有附庸曰青城南十里许凿岩深谷有古刹曰华严庵历稽典籍启自元时又为明初建文皇上隐跸之所……"

一代帝王朱允炆，有如此妩媚的莲花山永恒相伴，有如此之多的后来人凭吊，他该安息了。

青溪古镇既有"野性"十足的唐家河，又有改变历史走向的摩天岭，更有古风犹存的城郭街巷、令人眼馋涎垂的山珍美食。它的地理位置得天独厚，是蜀地母亲的骄子。

虎头城　虎踞沱江御强敌

　　蛟龙般的沱江,在川北崇山峻岭中左腾右挪,终于有惊无险地畅行在四川盆地。然而,当它与万里长江仅相距咫尺、东归大海之路就在眼前时,一座山冈如巨虎蹲伏江边,似乎要将它拦腰咬断……

　　这座酷似巨虎的山冈之巅,便是南宋时期四川抗击入侵的蒙古铁骑的富顺监(南宋州级市,今富顺一带)府衙所在地,史称虎头城。

　　据《读史方舆纪要》载:"虎头城,(富顺)县西南六十里虎头山上。其山高六十余丈,蹲踞江边,状若虎头。宋咸淳元年,徙富顺监于山上,因山为城,不假修筑,足以御寇。"

是什么原因，使得这座被南宋王朝视为经济命脉的盐业重镇，整体迁徙至四际断崖的孤山之上？而作为坚持抗蒙10年的州一级城市，虎头山上又游荡着多少南宋将士的英魂，尘封着多少保家卫土的英雄故事？

内城外城双保险

春分时节，我沿富泸（富顺至泸州）公路前往怀德镇境内的大城乡。雄峻如城的虎头山，就屹立在大城乡以南数百米的沱江东岸。

车窗外，阳光明媚，春意盎然。而距今700多年前的那一年，这里却没有春天。

南宋咸淳十年（1274年），富顺监军民在虎头山上抗击蒙古铁骑10年后，与占领了四川大部分地区的数万元军进行了生死决战。誓死不降的军民，最后从几十丈高的"虎头"处跳崖殉国。

在公路旁的大城乡政府驻地，虎头村的李润芳主任已在等候我。顺着她手指的方向望去，与公路平行的虎头城城墙，仍如700多年前那样，俯视着这条当年南下出川的重要陆路通道，威猛凛然。

沿着当年进出城门的古道，我向虎头山攀登。我的第一声惊叹，是因为城墙超乎想象的高大，且意想不到的完整！成都西较场保存得较为完好的成都城墙，也不过高10米左右，而虎头城西门两侧的城墙，在本来就高出坡地数米的峭壁之上，又用不太规则的大石条垒砌近10米高。当年的主要攻城装备云梯的高度，还不及虎头城城墙的一半。

见我面露惊诧之色，李润芳说，这只是虎头城的内城墙而已。原来，除了虎头山上面积约40亩、四周是悬崖峭壁的内城，在临公路方向的半山上，还有自"虎腰"至"虎尾"用城墙封闭的外城。这既是从军事防御方面来考虑，也是从州级城市的商贸规模来考虑。这正是虎头城有别于同为南宋四川抗蒙方山城堡钓鱼城、神臂城、云顶城等的地方。

事实果真如此，南宋朝廷将富顺的监府转移到虎头山后，不仅高筑内城，

虎头城　虎踞沱江御强敌

还坚筑外城。内城为监府官衙，外城为护城，兼为商贾经营之所。一般百姓则在外城之外栖身，战时入城避难。

虎头城内城有东西两座城门。东门临沱江，主要供南宋水军进出；西门临陆路，主要供官民商贾通行。此二门均位于"虎腰"两侧。

虎头城西城门

如同四川境内的多数抗蒙方山城堡一般，西城门是在我走完贴着城墙根的石板小道时，蓦然出现在眼前的。与高大的城墙相比，高五六米的西门有些逊色，但站在门洞里细看，其5米多的进深却令人感到它的坚实。

据介绍，当年为抵御蒙古军队火炮轰击，其厚重的木门又包裹了铁皮。城门门洞左侧壁上，"古虎头城"4个大字依稀可辨。

137

虎头口衔梳妆台

进入西城门，我便站在了"虎背"之上。向右，地势渐高。我沿着荒草没径的城墙，向制高点"虎头"处前行。

"虎头"是一块巨大的整体岩石。站在数百平方米之阔的"头顶"，向"虎口"正对的方向望去，滚滚而来的沱江在虎头城下骤然变得宽阔，江水平缓而无声息，仿佛被这只巨虎震慑得低眉顺眼。

向下看，是垂直于地面的数十米高的断崖。站在崖边多看一阵，不由令人目眩神移，两腿发软。可就在这断崖下约5米处，有一块突出于绝壁的岩石，约10平方米的石面平坦，仿佛经人工精心打磨一般。这岩石，当地人称"梳妆台"。

"梳妆台"的传说，来源于南宋虎头城抗蒙期间。

当年虎头城南宋守城将军的夫人，自幼习武，胆识过人。她为了鼓舞虎头城守军的士气，每天冒着生命危险攀下断崖，然后端坐这常人不敢涉足的"梳妆台"上，镇定自若地梳妆打扮……

李润芳告诉我，她年轻时也敢下去玩，但现在不行了。为了体验那位将军夫人身处的是何等险境，我在众人的辅助下，与同行的一位摄影家溜了下去。

我站在梳妆台上，还来不及体验那种微风也会将人吹下悬崖的战战兢兢的感觉，便惊奇地发现梳妆台下面还有一块突兀于悬崖的岩石，其岩面距梳妆台面有三四米。趁着恐惧还未在全身弥漫，我索性继续往下溜，最后终于在这块岩石上立住了脚。

细看四周，脚下的岩石和头上的"梳妆台"构成一道罅隙。这道罅隙，正是人们从江上看到的作咆哮状的虎口。"虎口"衔有一块直径约两尺的圆石，圆石前尚有今人在清明时节留下的香烛纸钱的残迹。

今人供奉祭祀的，可是在此跃下崖底的南宋壮士？可是那胆大貌美、一腔守卫乡土的将军夫人？

江风骤起，把我的思绪带到 700 多年前……

南宋末年，蒙古军队大举进攻四川。1242 年，川南重镇泸州的西部屏障富顺监被蒙军攻占，泸州岌岌可危。蒙军沿长江顺流而下进击重庆，继而东出四川直捣南宋腹地的战略计划，眼看就要实现。

一位军事天才在这一年临危受命，他，便是被任命为四川制置使的抗蒙名将余玠。他在上任的第二年（1243 年）收复了富顺监后，用近 10 年时间，书写了中国古代战争史上浓墨重彩的篇章：沿长江、嘉陵江、岷江、沱江据险修筑钓鱼城、神臂城、运山城、云顶城、苦竹寨等方山城堡，互为犄角、遥相呼应，形成完备的方山城堡战略防御体系，有效地遏制了"聚如山丘，散如风雨，迅如雷电，捷如鹰鹘"的蒙古铁骑对四川的攻击。

1259 年 7 月，凶悍暴戾的蒙哥大汗命丧钓鱼城后，继任大汗忽必烈实行怀柔政策，对坚持抗蒙的南宋军民恩威并举。至 1265 年，四川大部分方山城堡或投降或被攻占后，近 10 万蒙军，水陆并进直逼富顺监。也就是这一年，富顺监移治于虎头山上，凭借山川之险，坚持抗蒙。

1275 年，南宋军民坚守虎头城 10 年后，粮尽援绝，富顺知监王宗义向元军投降，而誓死不降的将士们，被元军围追至"虎头"处，最后纷纷跳崖而亡。

当地至今还流传着一种说法，南宋将士是撑着雨伞跳下崖去的。他们并没有被摔死，此后的抗元战争中仍活跃着他们的身影。据我考察，如此高的断崖，无论撑多大的伞，也绝无生还的可能。这种说法，仅仅是人们出于对抗元将士的景仰而衍生的美好想象而已。

明代四川状元杨升庵被流放云南期间，曾经泸州回过四川。他专程登临虎头城并题诗于壁："新寨屏风旧虎头，寒来暑往几千秋。梳妆娘子今何在，槛外沱江空自流！"（此诗有清代诗人李调元所作之说）

白鹤井映状元坟

离开了梳妆台和"虎头",我沿着临沱江一侧的虎头城残存的堞墙,向"虎腰""虎尾"而去,作环虎头城一周的游览。

虎头城临江一侧,几乎都是与江面垂直的陡壁,犹如天然城墙。因此,人工垒砌的墙体不高。在稍有凸出处,建有炮台,当地人称碉楼。

我对"碉楼"一说感到好奇,便请李润芳形容一下她儿时见过的碉楼是何等模样。她告诉我,那碉楼有好几米高,分为几层,顺着楼内旋转楼梯,可上至顶层,只可惜在五六十年代被拆掉了。看来,虎头城的炮台称之为碉楼更为合适,由此也可想象虎头城的防御工事是多么完备而坚固,也说明当年的战事是何等惨烈。

我站在一处碉楼的废墟外沿左右探望,只见这如城垣般的陡壁,几乎就是刀劈斧削而成,无丝无缝光溜溜的,来犯者不要说冒着炮火箭矢攀越,就算是毫无人为阻挠,也只能望崖兴叹,无可奈何。

实际上,当年南宋军队在虎头城的防御思想及手段,是更为周全的。用今天的话来说,叫多重的、立体的防御体系。除了西门外的与虎头山上的内城面积相当的外城,在虎头城上下几十里的江段,又有水军的战船驻防。

遥想当年,江面水师帆樯林立,山上陆师碉楼森严。波诡云谲、血火交织的战争场面,不难想象有多么惨烈。

从"虎腰"至"虎尾"途中,我路过一座小院落。目前虎头山上尚有10户人家,南宋虎头城军民赖以生存的白鹤井,便完好地遗存在一座民宅的门前。

白鹤井井口套着整石雕镂的护圈,乍看呈圆形,细看可知当年呈八角形,只因年代久远,八角的棱角,被700多年来的汲水人的脚掌打磨成弧形了。

我凑近井口,俯身向井内看去,发现这口井的构造非同一般。距井口1米多的一圈井壁,系小块岩石垒砌,其石缝便于地表水渗入井内,这与其他水井相似；而距井口 1 米以下，则是以整块山石掏凿而成，10 多米深。如此结构，可确保井中所储之水绝无渗漏。没有这口特殊的井，富顺监的南宋军民，不可能凭借这座孤山抗蒙 10 年。

当然，这井储水量毕竟有限，但遇干旱年份，这就是救命之源。事实上，距此井不远的一口面积约一亩的古堰塘，是虎头城军民日常取水之处。这口古堰塘周边用大条石垒砌，显然也做了必要的防漏处理。

继续向"虎尾"前行，很快便到了当年南宋富顺监府衙所在地。我看到的不过是荒草覆盖的一块 200 平方米左右的屋基。但是，从七零八落散布在草丛中粗大的断石柱、敦实的柱础，以及衙门前雕琢精美的装饰雕像，仍可想象当年富顺监府衙的壮观和威严。遗憾的是，当年府衙前一对各重四五百斤的石狮，前几年被盗，至今尚未找回。

伫立富顺监府衙前，清代康熙朝副榜李九霞的咏虎头城诗，不禁在我耳畔回响："宋治古城号虎头，巍峨坤阙壮千秋。爪牙隐伏青山下，噬嗑长吞碧水流。沙草不留仙客恨，野花偏供路人忧。从来恃险无如德，多少金汤在废邱。"……

"虎尾"的尾尖，距府衙不到 200 米距离。站在尾尖的炮楼废墟处俯视，山下是一层层台地，如层层梯田一般。由于每层台地高差仅数米，因此"虎尾"应该是重点防御区域。从残存的炮楼楼基的面积来推测，这里应该是守军配置火炮数量最多的阵地。虎头城外城的城墙，也绵延至"虎尾"，与内城墙共同构成了两重防线。

为了从江上一窥威镇蒙古铁骑的虎头城全貌，也为了体验一下当年南宋水师将士的感觉，我从已荡然无存的虎头城东门下到江边，登上了一只打鱼船。

江滩上，散布着沱江其他段见不到的峥嵘巨石。这也许是当年水军码头的遗迹，也许是被炮火轰塌的虎头山石。这些巨石好似蹲伏江岸的面目狰狞的猛兽，为虎头城平添了几分神秘和悲凉。

江面波平似镜，两岸青山如黛。如果不是我的身心已置于那腥风血雨的古战场，如果不是那酷似猛虎的山冈日夜提醒人们不忘历史，此时的心情，恐怕是另外一个样儿……

三多寨　沈从文梦中的"边城"

沈从文的小说《边城》，以家乡湘西风土人情为背景，成为中国乡土小说的典范。然而，令他心心念念的，还有一个类似湘西的"边城"。

20世纪50年代初，沈从文随同北京土改团参加四川农村土地改革。他这样回忆道："车子快到自贡时候，看到悬崖上有个大寨子，两道石头城墙，简直是天方夜谭环境……在山顶上，两道城墙，四面悬崖，壮观之至。"（《沈从文全集》22卷）

这座令沈从文"像在梦里才能见到"的城堡，便是四川自贡的三多寨。

此后，沈从文萌发"极希望上三多砦（寨）

住一二月,用那个山砦(寨)作为背景,可望写成一个好中篇小说"的强烈愿望。

沈从文心中有着缥缈色彩、梦幻气息的三多寨,其墙垒上的弹痕、闺阁中情仇、密室里的宝藏、戏楼上的铿锵,至今仍为人们津津乐道。

盐商豪宅

太平天国起义爆发后,自流井的盐商们预感到可能来临的灭顶之灾。逃亡或迁徙,当然是一种选择,但搬不走的盐井里流淌的盐水,就是白花花的银两。最终,他们选择了坚守,选择了筑寨自保。

几年后,云南人李永和、蓝朝鼎的农民军由滇入川,极度的危险实实在在地迫近了。筑寨,迫在眉睫。

筑寨乃至筑城,对于富可敌国的盐商们来讲,财力不成问题。抗战时期,冯玉祥将军亲临自贡倡导"献金运动",大盐商王德谦个人献金便达1500万元之巨,突破全国个人献金的最高纪录。

于是,由三户盐业大亨牵头,在地势险要、森林茂密的牛口山,建成了一座如同城池的三多寨。三多,寓寨中之人"多福、多寿、多男子",也寓意三姓共建之功。

落成于清咸丰九年(1859年)的三多寨,占地1.25平方千米。它的寨墙周长4600多米,高达10米,寨墙之外是数十米深的悬崖陡壁,俨然一座固若金汤的军事重镇。

面对这样一座藏金埋银的巍峨山城,土匪强盗垂涎三尺却又望而生畏,即使是起义军兵临城下也束手无策。大盐商们的生命和资产,被它严严实实地保护起来。至寨子落成,寨内已建成中式庭院、西式洋楼、中西合璧别墅共300多座。

哺育出一代大儒赵熙、杰出教育家吴玉章的自贡,巨商富贾、官宦士绅似乎自带文气。这些称之为"堂"的豪宅,不但名号雅致隽永,而且建筑形

三多寨雄姿

体组合或空间布局也具有先进性。又因为它们与重要事件、文化名人相关联，所以又具有一定的历史底蕴。

建于清代晚期的安怀堂，其主人是刘臣举。安怀堂大门为四柱牌楼造型，门上作两额，上额为五角星，取自辛亥革命士兵军帽帽徽图形，寓汉、满、回、藏、蒙五族共和之意；下额为"彭城弟"大写拼音。江西彭城刘氏是汉高祖刘邦的四弟楚元王的后裔，"彭城弟"意在表明安怀堂主人是刘邦后裔。

安怀堂的刘家，当然不可能再现汉高祖的辉煌，但也走出了两个在中国近代史上留名的人物。一个是刘臣举的孙子，原国民政府钞票"中央银行"四个汉字的书写者刘君愨；另一个是刘臣举的义子，维新变法的"六君子"之一的刘光第。

退思堂是一座两层楼的城堡式建筑，其主人为李振亨。经近几年修缮的退思堂，其院门为中式双扇宫门，门沿有二龙戏珠的浅浮雕，门额上书"退思堂"，门联为今人撰书："退享三多朝夕邦家在念；思罗八极古今天地为怀。"

至今，当地还流传着李振亨、李振修在清道光年间，向四川学政何绍基求字的故事。

李氏兄弟因盐致富后，欲使门面生辉，以示富而不俗，广结自贡乃至省内文苑名人。李振亨大费周折，索得何绍基一副对联："名高如月谁能毁，道本犹天不可升。"

李振修见兄长索书成功，便亲赴成都向何绍基求字。鉴于其兄此前所遭遇的种种麻烦，李振修买通了何绍基的侍从，侍从告诉何绍基：求字者与你是同科举人。何绍基听罢，欣然命笔："池边鼓瑟游鱼听，柳外敲棋睡露飞"。

退思堂曾藏一幅立轴画，画的是两只蝙蝠，据说是唐伯虎真迹。盛传此画画技精妙，蝙蝠形象传神，挂在屋中吓得蚊虫也不敢来袭人。

此外，三多寨遗存的老宅，还有一幢中西合璧的保善堂。其外形是纯西式建筑风格，平顶，青砖为墙，拱形窗户，并以贴墙的罗马柱作为外装饰，与寨内其他建筑截然不同。而庭院和房屋的内装修，则是四川民居风格。屋里屋外，给人的感觉是两种不同的天地。

三多寨内这些老宅，有的经修缮基本恢复原样，有的在风吹雨打中岌岌可危，有的在改土造田中只剩下残垣断壁。他们的主人，已风吹云散；他们曾收藏的名人字画、奇珍异宝，更是流失湮没。如今，这些昔日豪宅寂寞、孤独、凄凉的情形，留给游人的只有无尽的想象。

八景怡情

在三多寨内居住或避难的富商臣贾，在咸丰十年（1860年）李永和起义军攻进自贡盐场时，曾有1000多家。起义军退去后，这些富商巨贾们却不想离开了，因为方圆几百里，难得有这么一处僻静清幽的世外桃源。

于是，时称的三多寨"八景"，便被追逐风雅的儒商逐渐打造出来。

大盐商颜昌英的曾孙颜仿陶，作了一副长联张贴在桂馨堂的大门上。其下联"八景世居三多寨，故乡绕乐事，任春去秋来赏不尽：双塘映月，峻岭横烟，仙洞云峰，马鞍曙色，古寺晓钟山晚照，泉香而滴翠，地灵人杰，悠游长在画图中"，概述了三多寨八景。

20世纪60年代，三多寨八景遭到破坏。如今逐步恢复的有快园梨花、十里荷塘、峻岭横烟、佛寺晓钟等。而目前最为吸引游人的，是寨内200亩梨园的1万多株梨树。因此，从休闲的角度看，三多寨的美，美在春花烂漫，美在梨花带雨。它和成都春天桃花灿若云霞的龙泉山一样，成为自贡市民的后花园。

三多寨梨花似雪的美景，源于100多年前一个叫颜辉山的人。

颜辉山是颜昌英的第三个儿子。他掌管三多寨的宅务期间，在三多寨北门外坡地上栽种梨树数百株，名之曰"快园"。从此，三多寨人纷纷在房前屋后、田头地角、坡上塘边种植梨树，以至于发展到今天漫山遍野的规模。这些树干齐腰粗、树皮皱裂的老梨树，见证着三多寨的今昔，见证着岁月的更迭。

我穿行于梨园之中，饶有兴致地聆听当地人对三多寨特有的糖梨的夸耀：过去，每逢新年将至，人们便在梨树旁边挖出大坑，然后将童子鸡埋入坑中，并时常给梨树浇蜂蜜水。待到春暖花开时，这些梨树的花朵格外洁白、格外芬芳。当果实挂满枝头时，品尝其滋味，既有蜂蜜的甜润，又隐隐有鸡肉的鲜美。这奇特的种植方式，源于寨内一棵140年树龄的沙梨树的传奇。

1859年，三多寨建成后，发生了一次大规模鸡瘟。寨内一个叫颜道生的盐商，将所有病死的鸡埋入梨树下，结果第二年梨树产量猛增，并且口味鲜美。出于盐商善嗅商机的本能，颜道生将这些梨贴上"桂馨堂蜜饯"商标，一时行销川南。当地大盐商每年更是大批购买这奇异之果，用以打通商务关系。

如今，寨内的民居旁、山弯里、池塘边，抬头可见梨树身影；寨外的坡地上、山坳里，更是梨树成林。桃花令人想到故乡的炊烟，牡丹令人想到都市的繁华，梨花给人的感觉则是远离尘世的高雅。因此，三多寨每年春季的梨花节，远近游人纷至沓来。整个三多寨，成了令人向往的"快园"。

■ 三多寨 沈从文梦中的"边城"

坚固堡垒

四川的大型私家寨堡,在战乱时期免不了血腥的劫掠,免不了数易其主的争斗。但是,三多寨十分幸运,无论是太平军还是李永和的起义军,都没有攻打过它。甚至李永和一度在距三多寨仅几十里外的牛佛建立都城,三多寨都安然无恙。

这其中有偶然,但也有必然。三多寨的深壑高墙,固然是难以逾越的天堑,但一定还有不为人知的保全之道。

为了在一定程度上求证那偶然中的必然,我花了近两个小时的时间,在三多寨寨墙上的步行道走了一圈。说一圈不确切,因为北门至东门的城墙已荡然无存。但连接南门、西门、北门的寨墙基本完好,可以走通。

三多寨的南寨门是主要出入通道,当年仅靠300多级石梯通往山下,尤为陡险。其寨门也最为高大,在山下二三十里外便能看见。南寨门两侧的寨墙下,是数十米高的绝壁。来犯者不要说冒着炮火、箭矢进攻,即便无任何干扰地攀爬,也难以逾越。

在这一段寨墙上行走观景,视野十分开阔,有一览众山小的感觉。山下的菜畦、房舍、小道、竹林、梨树尽收眼底,令人心旷神怡。

西寨门两侧的寨墙时断时续,墙外的地势平缓了一些。墙外沿着墙根是一溜年代不久的民居,如同这庞大城堡躯体上的寄生物。仔细观察发现,这些民居的房屋基脚石、院墙石,不少是取自于寨墙。三多寨的寨墙,没有在战火中玉石俱焚,却被贫穷和愚昧吞噬。

三多寨寨墙的修筑,确实花了血本,确实是百年大计的工程。仅是垒砌墙体的条石,其长度达到令人咋舌的1.5米左右,厚度、宽度也在1尺以上。无数块这般厚重的条石围成了铜墙铁壁,当年筑墙工程的浩大,真是难以想象。尤其是保持原貌的西城门和东城门,其凛然挺立的风采,更是令人赞叹。

也许,城门和城墙是单调的,它们没有雕梁画栋,也没有奇异的造型,但却触发着人们复杂的思绪，毕竟它们是非常时期的产物，是错综复杂的历史进程的缩影。

遗憾的是，我没有看到史料记载的寨墙上的 24 座炮台，只有残存的一个个枪垛，如巨兽七零八落的利齿，向人们展示着三多寨的余威。据介绍，当年三多寨的地方武力也不可小觑，人员的装备齐全包括火药枪、劈山炮、罐子炮等，且能在寨内自造十发连枪和弹药。

俗话说："打虎亲兄弟，上阵父子兵。"三多寨的武装人员不是雇佣军而是子弟兵，誓死保卫家乡的气概无人能比，再加上巨资购得的精良武器，自然令觊觎者望而生畏。

在三多寨游览，人们的心绪会有很大的起伏：似雪的梨花，令人沉醉于诗情画意；萧瑟的老宅，令人发思古之幽情；残破的城墙，令人触摸到辉煌后的苍凉。

如果沈从文美梦成真，说不定又能产生一部类似《边城》那样"伟大的小说"。但是，直到 1988 年 5 月逝世，他终未能圆这个"边城之梦"。这可能不仅是他个人的遗憾，也是中国文学的遗憾。

苟王寨　造像超度南宋魂

洪雅县天宫乡与夹江县歇马乡接壤处的峨眉山余脉，层峦叠嶂，寂静幽僻。其海拔1463米的主峰八面山，山势崇峻，石崖峥嵘。就在八面山的沟壑山涧、松涛雾岚之中，遗存着南宋时期洪雅、夹江军民为抗击疯狂入侵的蒙古铁骑，据险构筑的苟王寨、尖峰石城（八面山又称尖峰山）。

苟王寨内至今尚存两处题刻，一处为："乙酉岁建炎三年（1129年），选用六月上旬修。崖匠任文贵"；另一处为："西蜀不幸，连年被鞑贼所扰。时戊戌嘉熙二年（1238年），崖匠吕桂等修"。这些题刻，不但确切地证明西蜀为防范和抵御北方游牧民族的入侵，未雨绸缪，倚险山建寨自保的史实，同时也间接证明，构筑苟王寨的思路和策略，为主政四川的南宋名将余玠建立遍布四川的山城防御体系，提供了理论基础和实践依据。

作为南宋四川抗蒙山城防御体系的蓝本，苟王寨的神秘面纱，近年来逐渐被文史工作者揭开，并受探险者、旅游爱好者的青睐。

险道秘址　以避鞑贼

从地图上看，八面山距洪雅县城直线距离不到30千米。我驾车从成都驶抵洪雅县城，再出南门跨过青衣江大桥，经阳坪、青杠坪，向苟王寨所在的将军乡拳石村进发。

沿途，阳坪风光如同阿尔卑斯山麓牧场，青杠坪的茶园层峦叠翠。惬意养眼之际，我不禁有些疑惑，那身处险山莽林的苟王寨，真的在前方吗？

行进10多千米，道路渐窄，坡度渐大，弯道渐多。山雾迷蒙，山道湿滑，人迹杳无，偶有摩托车与我会车，我只得停车让对方小心翼翼推车过去。

780多年前的同一季节，就在这幽暗而崎岖的小道上，蠕动着一支由军队护卫的扶老携幼的数千人队伍。这支队伍的目的地是苟王寨，去苟王寨的原因，是南宋成都府刚被蒙古军队攻占且惨遭烧杀抢掠。

那是在1237年，蒙古皇子阔端率数百名精锐骑兵突袭成都，南宋成都知府丁黼率所部兵马出东门迎战。半夜，蒙古骑兵突然包围驻扎在石笋桥的丁黼营寨，激战中丁黼中箭殉难于桥头菜地之中。

此事件拉开了蒙古军队大举进攻四川的序幕，全川为之震动。当时的一名四川人吴昌裔在《论救蜀四事疏》中这样描述蒙军的暴行："迨至去冬，其祸惨甚……毁潼州、遂州，残梁山、合州，屠成都、焚眉州，蹂践邛、蜀、彭、汉、简、池、永康，而川西之人十丧七八矣。"

不久，南宋洪雅驻守了一名叫作白千户的将领，他动员洪雅百姓战备疏散。于是，八面山上便出现了那支军民混编的数千人队伍。苟王寨内领兵人的题刻"白千户住此亭台"记载了此事。此外，苟王寨内"吴杨二宅占此。

避难诸多人不请来此。时戊戌（1238年）九月吉日记"的题刻，也确切记载了成都失陷后，苟王寨由白千户等领兵把守，川内抗蒙志士纷至沓来的情形。

当我的汽车又以20千米的时速爬行10余千米后，道旁一家蓝墙红窗黑瓦的小卖部令人眼前一亮。小卖部旁，插着一块一米高的木制标志牌，上书"省级文物保护佛佛岩由此去"。

苟王寨被当地人称为佛佛岩，因为寨内遗存着为纪念殉国的抗蒙将士，于明代雕凿的大量的摩崖造像。原本承载着抗蒙志士英魂，寄托着蜀中百姓哀思的庄严造像，被化为和风细雨，如过眼烟云般缥缈。

将车停在小卖部门前后，我按标志牌上箭头所指的方向，沿一条尺余宽的石板路，行进于不见天日的密林之中。

我再次疑惑了，因为明显感觉是在走下坡路。虽然此前我曾查阅过明代和清代的《洪雅县志》对苟王寨地形的记述："苟王寨，宋人避乱之处。前临深山浚谷，后靠悬崖绝壁，置木梯而下……"但凭着寻访多处抗蒙山城的经验，此寨也应该位居高地。

路隘苔滑，我小心行走10多分钟后，雨过日出，眼前大亮。此时，我已站在一处断崖边。放眼望去，脚下，是溪水流淌的深谷；对面，是连绵的翠冈。石板路沿着断崖的边缘蜿蜒而下，成为盘绕在山腰的栈道。这栈道，便是通往苟王寨的唯一通道。

此时，我才有些明白了，作为抵抗蒙古铁骑的营垒和躲避战乱的栖身地，苟王寨的地利，不在山高城坚，而在道险和隐秘。

如今，当地文物保护部门已在栈道最险的几处地方，安装了铁护栏。我有惊无险地用手抓护栏，走完最后一段几乎垂直向下的栈道后，构筑在悬崖边的苟王寨栅栏门，终于出现在眼前。

寨破人亡　雨夜鬼哭

尽管来此之前查看了关于苟王寨的文字、图片资料，但当我推开栅栏门时，苟王寨的全貌仍令人感到有些意外。

它既不像抗蒙名城苦竹寨、凌霄城那样建在四面绝壁的山顶，也不像钓鱼城、神臂城、云顶城在临江险要的高地修筑城墙而成。它是利用山形高峻、坡地绵亘的八面山中，一处悬崖拦腰形成的巨大的环山石缝，经人工拓宽、加固，形成的一条长约 2000 米的石廊。石廊最窄处不到一米，最宽处五六米。长长的石廊上方，有凸出的岩石遮风挡雨，使整条石廊好似半封闭的隧道。

苟王寨全景

在这"隧道"中行走并不轻松，有的路段仅容一人通行，若脚下打滑，坠下深渊便尸骨难寻；有的路段盖顶的巨石距道面不到一人高，需躬身通过；有的路段山泉从廊顶飘洒下来，若不疾速通过便成落汤鸡。

我在石廊一宽敞处站定，放眼看去，虽感此地险峻且隐秘，却不见栅栏、堡垒等防御工事。经当地文管部门聘请的守寨人王俊珍指点，我才在石廊外侧的岩石上，看到等距离的一排方形石孔，每个石孔大小一致。毫无疑问，这是当年苟王寨屯兵固守时，构筑堡垒、修建栅栏的遗迹。有几处较为平整的岩石上，遗存着当年掏凿的舂米石臼。

如此隐蔽且易守难攻的苟王寨，当年成为洪雅、夹江人民的避难所，成为他们生存的最后的希望之地。遗憾的是，苟王寨于何时因何故被蒙军攻破，史书并无记载。在民间，多年来流传着各种说法：

有的人认为是被火攻而破。虽然令人难以置信，但又确为事实的是，蒙古军队的武器竟比文化、经济发达的南宋先进，他们发明了当时最为可怕的弓，其射程可达300米，无论多厚的铠甲都难以抵挡。当时，南宋只有精锐的部队装备的神臂弓，才能与之相比。因此，当年蒙古军队弓箭手，在苟王寨悬崖下的九龙溪摆开阵势，将箭头缠绕易燃物且点燃它后，射向高高在上的苟王寨木栅栏，木栅栏中箭后燃起熊熊大火，使整个苟王寨所在的石廊成为一条火龙，从而该寨被破。

有的人认为是出了内奸。当蒙古军队征剿苟王寨时，四川大部地方已经失陷，寨内的一些土豪眼看南宋将亡，加之蒙军以利相诱，便暗自勾结蒙军。大年三十晚上，按习俗要聚众豪饮，能喝者、不能喝者都要来上几杯。此时在酒中下蒙汗药，能最大程度地削弱战斗力。就这样，在内奸配合下，蒙军攻陷苟王寨。

按蒙古军制，"凡攻城不降，矢石一发即屠之"。苟王寨陷落后，血流成河、尸骨成山。直到现在，苟王寨下面的荒坡仍被当地人称为停丧冈、哀丧坡，因为常有尸骨因雨水冲刷或开垦荒地而出现。

实际上，苟王寨虽不缺水，但却不能像神臂城、钓鱼城、大良城等方山城堡那样可以屯田种粮。因此，在蒙军围困时，苟王寨外无援军，内无粮草，已饿死许多人。苟王寨内崖壁上刻于明代弘治年间（1488—1505年）的《苟王寨修造记》题刻，有如此记载："以当时横离锋镝，或食尽而毙者多耳。"

在苟王寨被屠城之后的200多年间，附近的乡间一直有"雨夜鬼哭""半夜鬼火"的传说。于是，便有了被称为"佛佛"的明代的30龛94尊苟王寨造像。

三教一龛 抚慰忠魂

据《苟王寨修造记》所述,"(苟王寨)天阴雨则鬼夜哭,弘治初,居人凿大士像于壁,遂不复闻"。

我在石廊崖壁上,找到了"乙酉岁建炎三年(1129年),选用六月上旬修。崖匠任文贵"以及"西蜀不幸、连年被鞑贼(蒙军)所扰。时戊戌嘉熙二年(1238年),崖匠吕桂等修"的题刻。然后,依次观赏了始于明弘治初年止于明嘉靖四十三年(1564年),陆续雕凿的94尊摩崖造像。

这些造像造型精美,形象生动。它们用石青、石绿、藤黄、朱砂等矿物颜料作涂层,虽然经数百年风雨剥蚀,但有的部位至今还能看出当年的原色。它们的独特之处,在于其宗教色彩黯淡,人间气息浓郁。因为此处造像的目的,不完全是宣扬宗教,而是缅怀因抗蒙而殉国的将士。

因此,苟王寨造像在形式上不拘一格,在内容上不墨守成规。儒、释、道三教,在此共祀一龛,联合超度抗蒙将士亡灵;关羽历来被奉为忠义之神,造关圣像,是抚慰忠魂的最佳方式;达摩是武功之神,造达摩像是对保家卫国将士武功的崇敬;孔子、老子、文昌、真武等,是智慧神圣,有他们的造像保佑,捐躯的忠魂能登上仙境;造苟王骑马像,则是对抗蒙捐躯的南宋将士最直接的纪念和赞颂。

与这些人物造像在一起的,还有孔雀明王、鸡神、羊神、牛王、马王等畜神。供奉畜禽之神,可保家畜牲口兴旺。其中的孔雀明王,慈目善眉,端坐在一只蓝翅孔雀之上;羊神安详柔媚,一只山羊温驯地伏在其膝前;可怜的马王、牛王,其头部已被文物窃贼整体盗走,只有从骏马那生风的四蹄和水牛那强壮健硕的身姿,想象它们主人的风采。

看到这里,王俊珍特别提醒我留意观看与之相邻的一龛造像。原来,这一龛造像供奉着与百姓生活息息相关的10座造像,泥水匠、杀猪匠、篾匠、瓦匠、铁匠等尽在其中,个个神气活现,面露有一技之长的自豪微笑。

将凡人百姓与神仙圣人供奉一处，实不多见。见我有些诧异，王俊珍又手指石龛右上角说："你看那是什么？"我细看良久，才看出这石龛右上角边框处，有一只作捕鼠状的家猫造像。这真是神来之笔，有了它，人间烟火的气息就更加浓郁了。

当地人对苟王寨摩崖造像十分崇拜，相信它们能庇佑自己。王俊珍一度义务看护"佛佛"，颇具有代表性。她告诉我，她33岁那年得了哑巴病，花钱治了8个多月都不见好转。一天晚上，石菩萨托梦说，石刻佛像下面的草药可治此病。第二天，她在佛像下扯了草药熬水，喝了三天便能说话了。从此，她便与"佛佛"结下不解之缘，悉心看护。后来，县文管所每月给她发津贴，她就更上心了，夜里无论有无动静，都要到寨内巡视一番。

王俊珍告诉我，不要以为只有喜欢历史的学者和酷爱历险寻幽的驴友来此，似乎显得冷清，其实，每年大年初一和六月十五，有几千人来烧香拜佛，热闹非凡。

尖峰浴血　感天动地

大年初一烧香拜佛自不必说，六月十五苟王寨为何香火旺盛呢？原来，这与清同治五年（1866年），发生在洪雅、夹江的一次令清王朝震动的农民起义有关。

1859年，在太平天国运动的影响下，李永和、蓝朝鼎焚香结盟，发动了反清起义。1862年，蓝朝鼎战死丹棱插旗山。在李、蓝义军悲壮事迹的感召下，八面山区的歇马乡武秀才戴化龙、何良福，于清同治五年六月十五日盟誓反清。而当年石达开在安顺场被围，赴难前遣散的数千太平军，有部分也加入戴、何二人的队伍，从而使这支起义军实力大增。这支起义军的大本营，便是苟王寨背倚的八面山主峰之巅的尖峰石城。

据史料记载，尖峰石城为宋人张大仙抵抗"鞑子（蒙军）"所筑，矗立于绝顶，只有一条小径通向城内，易守难攻。此城与苟王寨遥相呼应、紧密联络。尖峰石城与余玠的方山城堡相似，环山顶筑一圈城墙和4座城门。城内东西相距500米，南北相距800米。现仅存东城门洞一座，城墙80多米。东城门洞高2.9米，宽1.6米，深2米。它与南宋四川的其他抗蒙方山城堡的城门形制、结构相似，所不同的是2米的进深稍嫌单薄。令人感到神秘的是，门洞的门额正中，有一振翼欲飞的蝙蝠浮雕。其有何象征和寓意，尚待考证。

1866年9月，由于在川清军及当地团练的战斗力有限，难以剿灭戴、何义军，四川总督骆秉璋请好友曾国藩，调派湘军游击将军费三春、谢思友率裕字两营（约2000人）赶到洪雅，将尖峰石城围得如铁桶一般。激战数日，守城义军全部战死，首领何艮福被捕后也被处死。

此次杀戮，在洪雅、夹江的历史上最为惨重。亲自指挥这场血腥剿杀的费三春，在"平乱"后写下《丙寅九月率裕字两营驰赴洪雅八面山尖峰寺怆然有感》诗："……劫灰没荒草，鬼火含青烟。哭声天地震，杀气搀枪悬……"

因此，每年农历六月十五到苟王寨烧香的民众，既是祭拜南宋抗蒙将士，也是祭拜清代的反清志士。

由于苟王寨一度是蜀中军民抗击蒙古铁骑的堡垒，洪雅军民是川西抗蒙斗争的重要力量，元朝统治者控制四川后，撤销了洪雅县治，荡平抗蒙遗址，销毁县志。直到明成化十八年（1482年）复置洪雅，洪雅的历史才得以承续。

往事越千年，神秘的苟王寨，仍有许多待解之谜，等待今人及后人给出更多答案。

横断山中嘉绒碉房宛若神筑

伫立丹巴中路嘉绒藏寨北望，目光越过群山，可见一座横亘于天边、银光闪耀的山峰。它雄踞在千峰之上，名为墨尔多山。

在横断山脉众多藏族神山中，墨尔多山处于东方尽头，是嘉绒藏族同胞心目中最重要的神山。簇拥着它的座座山峰之间，是大渡河及岷江的数十条支流。

大渡河上游大金川和支流小金川夹峙的山脉峡谷，绵延数百千米，是嘉绒藏族世代聚居之地。嘉绒藏族同胞自称"嘉木察瓦绒"，意即"生活在墨尔多神山四周温暖地带的农人"。

直波碉楼

四川阿坝州的州府马尔康，素有嘉绒胜地之称。

横贯马尔康市的大渡河支流梭磨河峡谷，全长90多千米，层峦叠嶂，植被茂密，水流清澈。峡谷内，春夏飞瀑流泉、杜鹃如霞，金秋野果飘香、彩林如屏，冬季悬冰流珠、雪山壮丽。

然而，"梭磨"藏语含义为"岗哨多"。在相当长的历史时期，梭磨河两岸的河坝、山坳、高坡，关卡重重、碉楼林立、官寨盘踞。

当腥风血雨化为羌笛杨柳，其标志性建筑——高大坚固的碉楼、倾颓的土司官寨、原始古朴的碉房，仍然向人们述说着嘉绒藏族同胞的难忘岁月。

在马尔康，嘉绒的历史和文化，碉楼与官寨，总是人们饶有兴趣的主要话题来源。

早在明代，朝廷在嘉绒藏族册封十八个土司。如今的马尔康地域，即为当年的梭磨、松岗、卓克基、党坝四个土司所辖地，号为嘉绒四土。除党坝位于大渡河畔，其余三个土司之地均坐落于梭磨河峡谷之中。

西出马尔康，沿317国道行17千米，只见梭磨河两岸山坡上，四座高大碉楼巍然矗立。南岸坡上的两座八角碉楼，瘦削颀长，如利剑直指蓝天。北岸山顶的两座四角碉楼，敦实厚重，如猛兽雄踞。几百年来，它们像忠诚的卫士，扼守着河谷，保卫着松岗官寨。如今，它们被称为直波碉楼。

直波碉楼坐落在松岗镇直波村。沿村口被称为天梯的石板道拾级而上，一幢幢古朴的嘉绒民居和一座金碧辉煌的寺院，簇拥着一座高入云天的碉楼。这是马尔康最雄伟、最精美的八角碉楼之一，当地人称之为北碉楼。根据对碉楼木片进行的碳-14测定结果，证实该碉楼建于1230—1400年。

嘉绒藏区的碉楼，在不同位置有不同的功用，大概分为家碉、寨碉、战碉（阻击碉）、哨碉（烽火碉）。不过，这并非严格意义上的区分，比如哨碉，往往是既发挥观察、瞭望、预警的作用，也在抗敌时发挥战碉的作用。

而作为土司官寨碉楼,还有一个特别的意义,那便是彰显土司的权力和地位。只有土司的碉楼最高大,角数最多,也最精美。

据当地人介绍,北碉楼通高43米,共13层,碉楼内各楼层以小圆木铺垫,其上用木柴平铺密集,木柴上叠放枝丫后铺黄泥,再逐层夯打坚实后厚尺许。每层之间以木梯通上下,二层设出入门,三层以上开藏式斗窗,供采光、瞭望、射击之用,碉顶外沿略微凸出碉身。

该碉楼内每层之间的楼梯,是活动的独木梯。这样做的目的,是考虑到碉楼底层被突破后,仍可在楼上拒敌。碉墙上开的窗口和射击孔,均向下倾斜,攻碉者的箭矢枪弹不能直透。底层有暗道口,暗道向上通往相距100多米高坡上的另一座碉楼,向下通往梭磨河边以便取水。暗道比人们想象的宽敞,背水的两人在中途相遇,可擦肩而过且不会碰撞。

过了这座碉楼,便踏上了蜿蜒向上的木栈道。栈道尽头,便是另一座高达33.5米、当地人称的南碉,其建筑形式同于北碉。

绕南碉转一圈,却不见碉门。抬头仰望,离地面10多米的高处,开有一个比门小、比窗大的入口。不难想象,这是为了安全起见。一旦有事,搭上独木梯翻进碉内,再将木梯收纳,如此便断绝了敌人进入碉楼的通道。

细看南碉墙体,由不大的片石和黄泥砌筑,并无特殊之处。不过,它的锥形多棱柱体碉身,石墙内侧与地面垂直,外侧自下而上向心倾斜,倒是遵循了建筑力学的基本原理。半个多世纪来,它已经倾斜2.3米,且经历3次大地震而安然无恙,因而有人称之为中国版的"比萨斜塔"。

令人惊叹之余,无数疑问在我心中接踵而至:它的地基,是否被精心选择、打造;它的石片黏合物,在黄泥中是否添加了特殊的物质;它的内部结构,如每层楼的梁架,是否对碉身有强化作用……

马尔康境内的八角碉,目前共发现3座。除了松岗镇直波村的两座,另一座是位于脚木足乡白莎村的波学碉楼。它通高43.2米,共9层,是已知全国最高的八角藏碉。

据考证,早在汉唐时期,类似如此之高又如此苗条的单体建筑,就已经开始在马尔康一带建造。当地的民族手工艺人,不吊线、不绘图,全凭感觉和经验，将石块、石片用黏土黏合，从而建成表面光滑、笔直挺立的碉楼，展现了极高的建筑技艺。

松岗官寨

伫立南碉楼下，视野非常开阔，直波村色彩艳丽的藏居尽收眼底，蜿蜒西去的梭磨河傍镇而过，河对岸的逶迤青山上，昔日宏伟的松岗土司官寨遗址遥遥在望。

幡旗飘飘的藏居，拔地而起的碉楼，绿油油的青稞、玉米地，构成一幅嘉绒藏区特有的优美画卷。

从高高在上的南碉楼返回直波村，只见民居乌黑的山石墙体上，用白色的涂料勾勒门窗、墙角；紫红的屋檐和栏杆，绘有金刚橛和吉祥八宝图案；屋顶的四角，砌垒着白色的尖角石块；晾台的周围，飘扬五颜六色的风马旗和经幡。

此村的街巷，既不像平坝、浅丘地区的村落鳞次栉比、直来直去，也不像汉族山区的村落民居零散分布、各自为政。在这里，乍看藏居毗邻相连，但屋与屋之间有狭窄巷道，且略有错落参差。有的户与户顶部之间还以廊道在空中相通。由于每一幢房屋大致相同，行走其中，很快便不辨东西，犹如进入迷魂阵。

可以想象，这种既相对独立又有机相连的建筑格局，在部落间的冤家争斗和外敌入侵中，本身就是一种克敌自保的防御体系。

松岗土司官寨遗址，位于梭磨河北岸的卧龙山冈上。据可查的史料，至1950年止，松岗土司家族传了25代。历史的久远和底蕴的深厚，令松岗土司显赫一时。因此，其官寨当年修建得富丽堂皇，所耗人力和财力，在当时马尔康堪称"四土之最"，从而享有"布达拉宫第二"的美誉。可惜的是，它在20世纪30年代毁于一场大火。

如今卧龙山冈上的松岗土司官寨，仅余两座四角碉楼，分别为东碉和西碉。

东碉坐东向西,外观完整,共 9 层。它的入口位于碉楼西部墙面,东面墙体上有一幅用白石镶嵌的牛角图案。西碉位于官寨以西,仍为 9 层,顶部已经破损。它的东面墙体有上下两道门,与东碉入口相对。该碉楼的底部四周墙角破损。

从形状上看,直波村的两座碉楼好似窈窕女子,松岗土司官寨碉楼则如魁梧汉子,其墙体也明显比普通的民居厚实坚固,窗户比民居的开口小,且有铁栅、铁板窗门。碉楼顶部的四角,有悬挑的角堡,角堡内开有俯射的枪眼。此外,碉楼各面、各层墙上,也开有射击孔。

因此,凡遇敌情匪情,松岗土司官寨的人便躲进碉楼。珍宝细软等物,平时也储藏于碉楼里。

昔日雄踞于马尔康大地的梭磨、松岗、卓克基、党坝四土司官寨,松岗土司官寨尚存遗址,梭磨、党坝土司官寨仅有遗迹可寻,唯有卓克基土司官寨保持完好,成为嘉绒藏区旅游观光的热门之地。

石垒碉房

嘉绒藏族原始古朴、"宛若神筑"的碉楼碉房,是藏族文化中的一则奇观。这种奇观的产生,却是一种无奈之举,是迫于生存而激发的想象力、创造力所致。

古代的大小金川流域和梭磨河流域,部落间相互杀戮,土司间相互掠夺,加之地处汉藏边界,因此战事不断。于是,具有优良防御功能且宜于人居的碉房,便成为最实用的建筑。

这种以碉楼为核心、以碉房为支撑的防御体系,十分完备。乾隆年间前后折腾 28 年的大小金川之役,清政府耗资上亿银两,伤亡 1.4 万余人,才在这弹丸之地取得胜利。其主要原因之一便是这里山形险峻,碉楼林立。

大金川以上河段,是在险峻的峡谷里奔流的脚木足河。此河的上游河段,便是发源于巴颜喀拉山的大渡河源头了。这一段幽邃峡谷里的嘉绒人,仍沿袭着他们传统的生活方式,守护着他们古老的家园。

我驾车穿过马尔康市,沿 317 国道西行不久,便沿着与脚木足河并行的通乡公路北上了。我的目的地是马尔康市沙尔宗镇的从恩村和哈休村。这两个村庄,位于峡谷中的峡谷里,至今尚少被外界惊扰。嘉绒藏族的原始风情,在这里仍有迹可循。

公路是在脚木足河劈开的崖壁上开凿出来的,狭窄而曲折。靠山崖的一边,时而掠过一处处山湾;半坡上的一幢幢石砌民居,在路边一排排白杨树的间隙和成片的核桃树里闪现。

这是嘉绒藏族的村庄。簇拥着它们的是,绿油油、金灿灿的庄稼地。温馨的炊烟味、刺鼻的牛羊粪味和清香的玉米小麦,伴随着脚木足河的水声,在峡谷里流淌荡漾。

然而,我要寻觅的古老嘉绒民居,还不完全是这样。

由于生存条件的改善和生活环境的安定,加上传统建筑工艺的日渐消逝、建筑材料的变化,所以交通相对方便的嘉绒藏族地区的民居,更注重舒适美观,更注重生活方便。在峥嵘岁月里傲然矗立、在严酷条件下顽强存在的嘉绒民居,还在我此行的前方。

沿脚木足河一路北上,是可以到达大渡河源头的。不过,我的目的地是在河对岸一条更逼仄阴森的峡谷里。按导航提示,拐上脚木足河难得一见的一座桥梁,沿它的一条支流茶堡河继续前行。

在这条难以错车的乡村公路两旁,也就是茶堡河两岸,有路可以抵达或有索桥可以过河的地方,便可见具有古朴本色的嘉绒民居。有的只剩框架,残骸爬满野草,却如同胡杨死而不倒;有的修旧如旧,炊烟袅袅,延续着古老传说。

越往前走,越感觉时光倒流,峡谷里深藏的历史印迹,真切地呈现在眼前。

如隐士般散布在这里的嘉绒民居,既不像僧人打坐般的两三层平房,更不像身材瘦削、直插云天的碉楼。准确地讲,它们应该叫碉房——碉堡(楼)

与房舍的结合体。

它们或是在与一幢普通平顶房屋的后部，紧贴着再建一座四角碉楼，碉顶高于房顶，碉与房从内部相通，或者直接把房屋建得身宽体胖，形如一座四角的巨型碉堡。

最为奇特的是，在碉楼或"碉堡"的高楼层，均有半外围或三方外围的悬空于屋外的过道。过道向外的一面，用交织的松枝柏丫遮挡，令人有神秘之感。远看，既似古代战场的木制瞭望塔，又像当今机场的指挥楼。

这里的马尔康嘉绒民居，被历史学家称为克莎民居。它代表一种特殊的建筑风格，也指向一种特殊的地域文化。《后汉书·南蛮西南夷列传》载："垒石为屋，高十余丈，为邛笼。"隐身在大西南峡谷里的克莎民居，在汉代便被内地人视之为奇观。

克莎民居是一种独特的历史文化遗存。整个涉藏地区中，以墨尔多山为核心的大小金川流域，马尔康的沙尔宗镇遗存最为集中，形制也复杂多样。

克莎之魂

水色清亮、细浪似雪的茶堡河，一直随着车轮下那条狭窄的乡道蜿蜒。准确地说，是茶堡河引领着我前往克莎民居的方向。

掠过沙尔宗镇政府驻地，进入哈休村地界不久，一座吊桥如彩虹般飞架在茶堡河上，桥两侧护栏是用麻绳编织的密网。对岸河畔，一座7层的石砌建筑巍然屹立，形如庞大的桥头堡。

这是一座保留了许多历史信息的克莎民居。它有近六百年的高龄，传说是哈休村的第一座克莎。当我伫立桥头，惊讶地凝视它被高原劲风霜雪镌刻的印迹时，与晒得黝黑的房主人三郎热单不期而遇。

"克莎"在藏语里是"新房子"之意。这座从明代到现在，且青春焕发的克莎，是三郎热单的祖居，至今仍是他家的私产。这位而立之年的小伙，几年前从父亲手里接过房产，把它做成"阿尔莫克莎民居博物馆"。

沙尔宗镇碉房

这是一座最具有代表性的克莎，也是目前已知的最原汁原味的克莎。

这座高达 7 层的克莎，使用面积大约 1000 平方米。在三郎热单心目中，它是有生命的，有灵魂的。他用拟人与比喻，介绍着这一处生他养他的温暖之家。

1 楼是过去关养牲畜的圈舍，现在主要展示马具、牛具、农具等。

2 楼用于堆放草料，现在陈列各类藏茶。

3 楼是厨房和火塘，是全家吃饭议事之处，现在陈列着年代久远的陶制和铜制的锅、壶、桶、罐等生活用品。一根根如水桶的屋梁，被油烟熏得如同涂抹了沥青一般，令人感觉不太清爽和压抑。三郎热单看出了我的神情，手指屋梁感慨道：一座房屋，真的是有生命，它需要人气的滋润，才能益寿延年。咱们烧火煮饭炒菜的松柏油烟，恰恰对木制梁柱起到了防腐作用。

4 楼是一家人的卧室。令我惊讶的是，楼梯口一间红柳枝、牛皮为墙的小屋，是专用产房。仅仅三郎热单的祖祖和奶奶，便各在这里生了 14 个孩子。这间仅能摆放一架单人床、一张小木桌的房间，不知能蹦出多少雪山精灵。

5楼是左右对称的两间粮仓，存储了赋予生命的食物。在这个楼层，曾经令我远观有神秘之感的外悬过道，完整地展现于眼前。

具有克莎民居典型特征之一的外悬过道，是在坐北朝南的克莎民居高楼层的东、南、西边墙，伸出一截截木梁，在上面铺上木地板，立起外绕栏杆，从而形成的多用途阳台。

收获季节，外悬过道的栏杆当作农作物和牧草的晾架，而更多的时候，则用柔软细嫩的白杨树枝编织成网，从房檐悬挂至栏杆根部，以遮挡高原强烈的阳光和雪域凛冽的寒风。而本身就作为军防和民居两用的碉房，外悬过道便于防御者游动逡巡，更可以居高临下地攻击贴近墙根的入侵者。

6楼是经堂，为家庭议决大事和日常诵经的地方。晒台占去6楼近一半的面积，有一根圆木锯成齿状的独木梯，从晒台上至顶楼。在最高处一角，一尊白石砌成的鼎状物上面置有陶罐，是煨桑、祈福的地方。

三郎热单笑着告诉我，这里离天庭最近，人们所有的心愿，都可以对上苍诉说。

石室文化

从保持克莎民居建筑特色的整体性而言，与哈休村毗邻的沙尔宗镇从恩村，更具有典型意义。

从哈休村沿茶堡河东行不久，河岸出现一株株三四人合抱、浓荫蔽日的杨树，种满玉米的缓坡上，坡后轮廓舒缓的山梁上，都坐落着一片片素面朝天的克莎民居。

从恩村的克莎民居，建于清代中晚期至民国时期，保持着嘉绒先民"垒石为室"的传统石木建筑风格，被我国古建筑学界定义为"石室文化"的"邛笼体系"建筑类型。由于从恩村成规模地遗存着"石室文化"的基因，因此荣获首批"中国传统村落"称号。

如同嘉绒地区的大多数寨子，从恩村坐落在茶堡河东西流向河段的北半坡，坐北朝南，倚山临谷，四季可充分接纳阳光，又最大限度地避免高原的风寒。有坡度的地形，又能及时地排除雨雪积水。

从恩村现有4个小组，每个组的前身分别是十蒙甲寨、嘎木迪寨、牙尔根寨和足寨。与平原丘陵地区村落规模不同的是，由于地广人稀，有的寨子仅几户人家。其中的牙尔根寨，仅四户人家。

如果说形制方正的哈休村阿尔莫克莎是腰圆膀粗的汉子，造型修长的从恩村克莎便是体态丰腴的女子。

马尔康现存最典型的克莎民居，便矗立于牙尔根寨。走进牙尔根寨，迎面便是一幢建于清代高约20米的7层克莎民居。它3楼以下无窗，3楼及以上楼层仅开小窗，近似于射击孔，悬空过道在5楼以上半环绕。房屋四周，干柴和玉米秆堆砌得如同院墙。屋旁的一块小空地上，有白雪般的石块堆砌的玛尼堆。

这幢克莎民居的主人，是年近七旬的嘉绒藏族老人罗特。他也不例外地将经堂置于顶层，"这是离天最接近的位置"。卧室和厨房位于中间几层，最下层则是牲畜圈。在屋里上下的楼梯，是由一根独木制成的。

明清时期，沙尔宗镇曾是马尔康农区通往牧区的交通要道，加上地处偏僻、人烟稀少，因而时有土匪出没。于是，嘉绒藏族的先祖，直接将住宅筑成这种多层的碉房，将居室功能与防守功能融为一体。高高在上的狭小窗户，令土匪难以跃入，悬于高层的屋外过道，利于瞭望和防守。

在从恩村里，像罗特这样的老人，对故土都有着深深的依恋。他们认为，这里虽然气候恶劣，但庄稼生长期间却日照充沛；这里虽然土地贫瘠，但地阔人稀，可广种多收；这里虽然偏僻闭塞，但得以在动荡年代避免战乱兵燹。

从恩村克莎民居门前的饰物，也具有鲜明的民族特色。门前屋檐下，悬挂一串金刚橛，这是古代兵器演变而来的法器，意思是使住宅坚固如金刚，各种魔障不能前来危害。门楣上贴有吉祥八宝图案，这是藏族地区常见而又内涵深刻的组合式绘画精品，反映着房主的审美意趣和信仰。

独特碉房

放眼从恩村所在的山坳，如碉似楼的克莎民居，三五一块、七八成片地散落着。细看，却发现它们似乎按一定的规律排列。

濒临茶堡河的牙尔根寨和足寨，相距半里多，不近不远，一旦有事，就及时支援。而各寨的克莎民居，基本上自河边向坡上呈纵向排列，每幢民居之间的距离在20米左右，既保持独立又相互照应。纵列最高处那一幢克莎民居的后方，矗立着直插云霄的碉楼，如同哨兵将河谷动静一览无余。位于高坡的十蒙甲寨、嘎木迪寨，一幢幢克莎民居横向而立，犹如山冈上的城墙，堵住上坡的要道。

嘉绒藏族先民规划出这种结实、独特、易守难攻的碉房建筑体系，不能不说是呕心沥血、别出心裁。

漫步足寨，一座碉房阳台上晾晒玉米的嘉绒藏族妇女，笑眯眯地和我打招呼。于是，我应邀走进了她的家。

"你大老远来，道路又那么窄，辛苦哦！"女主人忙不迭地将我引进屋。我连声道谢，随口说了一句"你们该把路修宽点嘛"。

女主人一本正经地说道："你可能还不清楚，嘉绒藏族世世代代以农业为生，河谷地带土地肥沃，路宽了多占熟地，咱们心痛啊！"

在女主人的导引下，我扶着斑驳的木梯，一层一层向上爬去。克莎民居内景逐一呈现在我的眼前。

这幢大约建于民国时期的克莎民居，充分体现"外不见木，内不见土"的理念。墙房用石块拌泥垒砌，大石为基，小石填缝和造型，内部以圆木为横梁加固。圆木立柱支撑楼层和隔出房间。屋内除牲畜圈以外的房间墙壁，以方形或菱形的薄木板覆盖，令人感觉既干净又温馨。楼梯一侧和经堂的镶木墙面，还绘有莲花等吉祥图案。

上到屋顶，但见四角砌垒着形成尖角的白石块，边沿则插着彩色的经幡，给人以肃穆和神秘之感。晾台的矮围墙上，放置着煨桑的香炉和盆栽花卉，给人以心灵的慰藉和视觉的享受。

在靠近厨房的客厅，放置有锅庄，又称"火塘"，平时待客、用餐多在这里围坐。女主人告诉我，火塘上方为尊贵席位，供客人和长辈就座；左面是主妇座位，是固定的打酥油茶之处；橱柜和佛龛，则位于主妇座位后面。

纵观克莎民居的形制、方位、朝向、内饰，可以明显感觉到，嘉绒藏族同胞在取材、营造的技术和室外环境、室内陈设的选取，都充分体现了天人合一的理念，谱写了一首人与自然的和谐奏鸣曲。

克莎民居在造型、色调、雕琢上的简洁与粗放，与江南、巴蜀民宅的精巧与细腻形成鲜明的对比，构成雪域高原天地间一幅绮丽的画卷。

与僰人不瞑之目对视

　　1573年，一场最终历时半年有余的战争，在四川与云南、贵州接壤的南广河流域展开。

　　战争的胜利者明王朝，在主战场兴文县九丝城洋洋洒洒刻下"平蛮碑记"，碑用青石雕成，顶天立地，至今仍存；战争的失败者"都掌蛮"，一个在周朝时便被称为僰侯国的国民，就此人间蒸发，史册上再也不见其只言片语。

　　中国奴隶社会和封建社会里，一个诸侯国或者一个部族的消亡，本不足为奇，但是，时称"都掌蛮"的僰人，却亡而不灭。

　　湮没于碧波万顷的蜀南竹海下的坚城高垒，似乎仍游荡着僰人死不瞑目的灵魂，给今人无尽的遐想；遗存于南广河流域难以计数的僰人悬棺，仍守护着他们曾经生息繁衍的土地，给今人留下许多难解之谜。

麻塘坝僰人悬棺

战略重地僰王山

萧瑟秋风中，我驱车从成都出发，前往僰人悬棺、僰人崖画最多、最为集中的珙县洛表镇麻塘坝。我没有走常规的旅游路线，而是专程绕道兴文县，沿着当年明朝大军的征剿路线，先来到僰人的边防要塞僰王山和凌霄城。

位于兴文县城西北20多千米的僰王山镇境内的僰王山，山石突兀，远看似一座巨大城堡。其主峰周边山重水复，山道隐秘，林深苔滑。当地人形容其兼有石海的壮阔、竹海的俊雅、九寨的灵韵、剑门的雄奇。

沿着依山势凿石而成的长着苔藓的原始小道，我穿行在僰王山沙沙作响的楠竹林中。由于有了漫山秀美的竹林做媒，僰王山的水也不一般地轻柔起来。一路上，"梦溪叠瀑""十二叠瀑""春雪瀑"等诗意盎然的瀑布迎面而来。它们或层层叠叠地轻盈跳跃，或如天外的一缕轻纱摇曳，或如云雾一般缥缈地弥漫。漫山的翠竹在水雾的滋润下，近看绿得发亮，远看泛着银光。

然而，我眼前宁静幽深的僰王山，早在北宋时期便成为僰人的战略重地。《宋史·赵遹传》里记录的赵遹用火猴战擒获僰人首领卜漏的著名故事，便发生在僰王山上。

宋政和五年（1115年）十月，为镇压僰人大首领卜漏的10万余反宋之兵，北宋四川梓州路转运使赵遹率领3万余人赴泸州攻讨，与其他路北宋军会合于僰王山下。

当时，从各村寨逃亡的僰人集聚在僰王山周边的崇山峻岭之中，卜漏则在僰王山主峰黑帽顶安营扎寨。这营寨背后是百丈高的峭壁，宋军无法迂回包抄；营寨两侧是悬崖深渊，宋军难以靠近；只有营寨正面的一条小路，可蜿蜒通往山上。

依托天险的卜漏，以巨石垒筑寨墙，还在寨门前面竖起尖锐的木栅栏，挖出数条堑壕，再用大树堵在寨门口。就这样，卜漏的士兵从山上往下射箭抛石，进攻的宋军非死即伤；宋军用强弩向上射箭，箭只能射到半山腰。赵通的大军围攻了好些天也毫无进展。

赵通在冥思苦想破敌良策之时，无意间看见茫茫林海中，有几只猴子在崖壁与树梢间跳跃嬉戏，顿时灵光乍现。他即刻命部下抓到几十只猴子，又将麻绳捆成火炬状，灌上油膏，绑在猴子背上，然后在士兵中挑选数十名攀岩高手组成敢死队。

入夜时分，敢死队每人带上一只猴子，背上软梯，从卜漏营寨两侧的陡峭悬崖不声不响地攀缘而上。接近寨墙根后，敢死队员点燃猴子身上的麻绳，将猴子掷向卜漏的营寨。被火烧疼了的猴子惊恐乱跑，把用茅草和竹子搭建的营寨点燃了。卜漏的士兵纷纷从梦中惊醒，手忙脚乱地灭火、驱猴，顿时乱作一团。哪想到不驱赶还好，一驱赶猴子更加狂躁，上蹿下跳，整个营寨很快陷入一片火海。

看到敌军营寨火光冲天，赵通率领山下的士兵发起冲锋。卜漏腹背受敌，阵脚大乱，宋军乘势破寨而入，斩杀3000余人，卜漏本人最后也被活捉。僰人自此安分守己了400多年，直至明代再次崛起。

为颂扬赵通的战绩，宋人还画了一幅名为《赵通泸南平夷图》献给宋徽宗。该画后为清宫收藏，画上有乾隆帝的御批，现存于美国艾金斯美术馆。

如今在僰王山主峰黑帽顶，还有僰人留下的大寨门和小寨门遗迹，以及赵通平乱胜利后命人镌刻石碑一块，上书"桃源深处"。

僰人设险凌霄城

出僰王山后，我向西南方向前行，前往与僰王山互为犄角的凌霄城。

凌霄城坐落在僰王山镇凌霄城村境内。据《兴文县志》（民国）载："凌霄山，县西南三十里，三面峭壁，西连五斗坝，深箐绵亘数里，层峦叠嶂，望之如城，宋时为都蛮所据。"明成化四年（1468年），兵部尚书程信督兵讨叛蛮，攻破凌霄城。

由于凌霄城尚未开发，其上山之路又过于隐秘迂回，我只得聘请一位当地人带路。

在接近城门的当地人称的"虎口"前，筑有僰人的第一座城防工事。这是一堵半人高，厚约0.5米、宽约5米的石砌掩体。掩体背后的石壁上，密布状如蜂巢的凹坑和裂痕，那是无情的箭矢甚至炮火留下的印迹。

凌霄城本来是南宋抗蒙所筑，但我发现凌霄城城门却不像宋代城堡特有的券拱门。同行的对宋史颇有研究的一位朋友分析，当年蒙古军队攻克凌霄城后，将所有建筑，尤其是防御设施摧毁。这城门之所以是今天的模样，是因为明代僰人占据此城，在断壁上予以培修。

作为南宋和僰人的文化遗迹，凌霄城门是研究那段历史的极好物证。

1468年，明朝大军对宜宾南部拒不向朝廷称臣的僰人进行征剿，兵临僰人盘踞的凌霄城。明军最先从唯一能够登城的四十八道拐发起攻击。在那九曲回肠般的小道上无法展开火力，因此，被僰人的箭矢击中的明军如崩塌的石块纷纷坠下崖去，惨叫声不绝于耳。

多次进攻失败后，明军决定化装奇袭。因附近的僰人山寨均被明军占领，逃难上凌霄城的僰人，都被城内僰人守军慷慨接纳。于是，明军便扮作僰人上山。为了不露出破绽，这些士兵除了服饰、发型、面色乃至口音与僰人相似，且在队伍中夹杂妇孺、翁媪，酷似一支扶老携幼的难民。尽管如此，在关口前仍被识破。所幸双方距离已近，置于绝地的明军殊死搏斗，终于攻入城内。

明万历元年（1573年），明王朝派数十万大军，再次对四川南部的南广河流域的僰人进行空前规模的征剿。这场历时半年的战争，史称"叙南平蛮"。在这场令僰人遭到灭顶之灾的战争中，僰人最重要的军事要塞凌霄城再次被攻破。此次明王朝吸取了教训，战争结束后仍派人反复在凌霄山上搜剿，直至"都蛮尽灭"（《万历实录》）。

明军攻破九丝城

出了凌霄城，我一路向南，来到兴文县最南端的九丝城镇。

九丝城镇因境内有九丝山而得名，自唐代初年起便形成集镇。一直到明代，这里都是僰人的聚居地和粮食主产区，也是僰人重要的军事根据地之一。如今，在当年僰人酋长阿大的宫殿所在的建武区，大部分民居为明清时期建筑，仍具有较强的僰文化特色。

据清光绪《兴文县志》载："九丝山，县西南一百二十里。山高而险，四面峭壁，昔征蛮时各寨俱破，而酋长阿大、阿二、方三并据于此，倚山为城。明时，刘显破之。"

眺望海拔1200余米九丝山，只见其顶平壁绝。宽阔平坦的山顶，便于屯兵储粮蓄水，利于长期坚守；如刀削斧劈般的四面绝壁，易守难攻，利于以少胜多。

明万历元年（1573年），刘显攻破僰王山及附近的凌霄城后，马不停蹄地兵分五路扑向九丝城，不分昼夜攻打此城。僰人凭借天险，以乱石和强弩抵御。面对以死相拒的僰人，明军的进攻屡屡受阻，战斗十分惨烈。

当年九月九日，是僰人的"赛神节"。这天，恰逢大雨，山路湿滑，僰人认为明军不可能来袭，便在山上杀牛庆祝，痛饮美酒。岂料明军组织敢死队趁夜攀岩入城，混战中僰人被擒斩4000多人，被大火烧死、坠崖摔死的上万人，被俘归降者有五六千人。明军还缴获铜鼓93面。

战争结束后，明军在山上进行拉网式的搜索追捕中最终将九丝城大首领阿大及另外两位首领阿二和方三擒杀。至此，九丝城"僰人尽灭，天下太平"。

明王朝为表彰四川巡抚曾省吾、总兵刘显等人，在现在的九丝城镇龙泉村建崇报祠，并以此祭祀征剿九丝山阵亡的明王朝将士，又立平蛮碑六通。现崇报祠已毁，平蛮碑仅存五通。

这五通碑的碑文内容，均为当年明王朝镇压九丝城"都掌蛮"的经过。而平蛮碑所用的石料是青砂石，这在龙泉村一带是没有的，据说是从今乐山市用船运去的。如今，当地文物管理部门已用玻璃罩将平蛮碑保护了起来。

"九丝之战"后，僰人的有生力量被歼灭殆尽，而通往僰人的祭祀地和圣地麻塘坝的大门，却就此敞开了。

僰人圣地麻塘坝

出九丝城镇几千米后，公路便基本与僰人的母亲河——南广河并行。

进入曹营乡地界，我看见了进入"僰侯国"腹地的首批悬棺。那是河对岸苏麻湾崖壁上的悬棺，共 42 具。这一带山峦重叠，但山势不高，准确地说，有些山包是岩溶地貌的石笋。当年，僰人也在这一带的小山头上筑有不少堡垒。

在曹营乡临南广河的一座石笋之巅，至今仍遗存着僰人抗击明军的堡垒群。这些堡垒个体较小，又坐落于相对高度不高的山上，因此只能算作城防外围工事。强悍的明军追击至此，距此仅 10 多千米路程的僰人的圣地麻塘坝便指日可下了。

麻塘坝是珙县洛表镇的一个村。在洛表镇，一通镌刻着"僰人故里"四个殷红大字的石碑当街而立，不由令人对这片神奇的山水充满遐想。

早在 4000 多年前的夏朝，便已经有僰人的记载。

周武王伐纣时，征召西南地区的僰人参战，他们为周武王灭商立下了赫赫战功。此后，周武王恩准僰人在四川宜宾建立僰侯国。汉武帝时期开发西南夷，僰人由宜宾向周边地区拓展，由此形成了以四川珙县为中心的南广河流域支系，以川滇交界处的横江（关河）流域为中心的横江支系和以贵州南盘江流域为中心的南盘江支系。

南广河流域支系的僰人，更多地保留了固有的文化习俗，实行悬棺葬，而宜宾县、高县的横江流域支系的僰人，则吸收了巴蜀和中原民族的文化习俗，实行崖墓葬。南盘江流域的僰人，则逐渐实行了洞穴葬。

由洛表镇再行几千米，便到了如今开辟为珙县僰人文化旅游区的麻塘坝。

麻塘坝是与云南接壤的崇山峻岭中的一块平坝，东西宽一至两里，南北长近十里，螃蟹溪自北向南在坝里流淌。从位于南端坝口处的景区大门起，依次向北，沿螃蟹溪分布着棺材铺、九盏灯、邓家岩、珍珠伞、九颗印、老鹰岩等悬棺、崖画观赏点。这些悬棺、崖画，位于螃蟹溪两岸对峙的20多座连绵起伏的山崖上。

我决定先远后近，于是直奔坝子最深处。汽车在一条坑坑洼洼的机耕道上行驶，车窗外两旁的山崖，如画屏次第展开，田园农舍不时映入眼帘，螃蟹溪在静谧的山野里欢快歌唱。

如果不是那些石灰岩壁上不时闪现的黑黝黝的悬棺，以及随处可见的密如蜂巢的桩孔，很难将宁静祥和的麻塘坝，与数百年前那个让一个彪悍骁勇的部族整体灭绝的刀光剑影、腥风血雨联系在一起。

车行不到一千米，本来就松软不平的泥巴小路加上拖拉机、农用车碾压的深深车辙，使轿车动弹不得。这里离景区最深处的一个最壮观的景点——老鹰岩，还有半个多小时的步行路程。

老鹰岩位于景区最北端，翻过老鹰岩，便是人迹罕至的大山了。悬挂得最高、也最为神秘的僰人悬棺，便在相对高度100多米的老鹰岩的距岩顶20多米的凹岩之中。沿着荒草中一条依稀可辨的山道，我来到直插云天的老鹰岩脚下。

站在没膝的蒿草丛中，我看到的10多具悬棺，是悬棺中的精华。由于棺木悬置得太高，看上去小如火柴盒。而整个崖壁，完全与地面成直角且光秃秃的，不要说人，就是猿猴，也无法攀缘。此时此地，任何一个思维正常的人，在惊叹之余都会发出一连串疑问：这悬棺是如何安置上去的，采取这种独特而艰险的安葬方式的目的是什么，棺材里究竟隐藏着哪些僰人秘而不宣的信息……

我在此驻足良久，蓦然又发现老鹰岩距地面数十米的山腰处，露出半截黑褐色棺材，如同崖壁上横生的石头。细看，才发现这具悬棺是塞进一个直径略大于棺木的天然岩洞里的，大概是岩洞深度有限，棺木外露了一小部分。后来，我才从景区管理者那里了解到，僰人悬棺的悬置方式有3种：一是在峭壁凹处，凿孔插桩，架棺于上；二是凿岩为穴，置棺于内；三是利用岩壁天然缝隙或洞穴，置棺于内。

遥想数百年前，这样一个强悍的部族，究竟对明朝统治者构成了何等的威胁，才招致被斩草除根的结局。如今，高高在上、无人企及的悬棺，承载着僰人永不瞑目的灵魂，仍然令游人们有发自内心的敬畏。

与这些悬棺并存的是，悬棺周围许多用颜料涂绘的崖壁画。迄今为止，被发现的僰人崖画集中于麻塘坝。

这些崖画大部分使用红色，小部分使用白色、黑色。其构图简练，线条粗犷，形象逼真。内容包括人物、动物、太阳、铜鼓以及十字纹、方形纹等几何图形。表现人物活动的有跳舞、执伞、钓鱼、舞风车等；人物的服装有裤有裙；头饰大多数是尖角形椎髻，类似彝族的英雄髻。在凡有人物出现的图案中，基本上都有骑马的形象，可见僰人是骁勇善战、豪放潇洒的。令人不可思议的是，这些崖画历经数百年风霜雪雨，至今仍未褪色。

崖画集中于麻塘坝这一事实说明，这里不仅是僰人集中的墓地，也是僰人的一处圣地。因为这些崖画展现的不单是生活场景，还形象地记载着僰人的先辈的辉煌业绩，谱写着僰人首领们的英雄史诗。由此进一步推测，这里不仅是僰人朝拜、祭祀之地，更是其进行历史传统教育的重要场所。

僰人魂断九盏灯

从老鹰岩返回途中，我游览了另一个重要景点——九盏灯。

九盏灯是几座突兀而起，如刀劈斧削般光滑的山崖的统称，因传说僰人在其绝壁的三根横木上安放了九盏"长命灯"而得名。其中一座山崖叫"点将台"，系僰人阅兵誓师之处。这里分布着24具悬棺。

站在点将台上，隔着一道峡谷，距最近的悬棺10多米远，是游人详细观察悬棺的最佳地点。人们可以清晰地看到，棺木头大尾小，上下左右的4块长木板分别是整块的，厚约2寸，用子母扣和榫头固定。

在此驻足观赏悬棺的人很多，话题也集中在悬棺如何置于悬崖之上：有的说凿岩为路，放棺后又毁掉路；有的说在崖壁上垒土，放棺后把土堆挖去；有的说在崖顶放绳索将人和棺木吊放到置棺处；有的说搭脚手架攀爬而上放置……究竟如何，至今专家们的考证也无定论。

的确，在没有钢丝绳，没有起吊设备的时代，将沉重的棺木悬置于数十米高的绝壁上，真是难以想象。

近年有专家提出一种比较令人信服的说法：三国时，诸葛亮亲率南征孟获的蜀军路过僰地，僰人怀疑诸葛亮有假道伐虢的图谋，遂倾巢出动将蜀军团团包围，准备血拼一场。适逢僰地天干地旱，诸葛亮灵机一动，让人放出风去，说旱灾是由于僰人的祖坟风水不好，如将棺材移到悬崖上，来年一定五谷丰登。僰人信以为真，放下战争，忙于迁坟，诸葛亮趁机突围。岂知次年果然风调雨顺，人畜兴旺。于是，悬棺葬便在僰地世世代代流传了下来。

攀往九盏灯的路口十分隐秘，它应该是南广河流域僰人最后的军事要塞。其山崖四周皆为绝壁不说，半山腰还有一个可摆放三四十桌筵席的巨大天然溶洞。它既可遮风避雨，又可躲过炮火的攻击。

1573年的那场战争大局已定，明朝大军迫近麻塘坝时，数百个伤痕累累、神色黯然的僰人部族首领，聚集这个天然溶洞里，就是战是降各抒己见。众首领声嘶力竭、痛哭流涕地争执了两天两夜后，别无选择地作出了放弃抵抗的决定。

于是，明王朝发动的这次史称"叙南平蛮"的战争大获全胜。遗憾的是，明朝统治者毫不心慈手软，断然实行"殄灭无遗"的大屠杀。于是，一个历史悠久的族群，再也无人张嘴向世人诉说悬棺之谜了。

在历史的链条中，生存与灭亡，既对立又统一。一段历史的结束，是另一段历史的开始。唯愿两段历史之间的衔接，是一种和平而又自然的方式。

笔架山　群山低首拜英雄

"蜀国多仙山,峨眉邈难匹。"然而,人们有所不知的是,古称大岷山的峨眉,有一个同样秀丽的小兄弟少岷山,静静地偏居蜀地之南。此山在北魏至明代正德年间的长达千余年的历史时期,名为安乐山。

古安乐山,便是位于长江、赤水、习水交汇处的合江县笔架山。

由于处在"气势西吞彝,光芒南定楚"的战略要地,香火缭绕、宁静安详的笔架山,也注定要和腥风血雨、刀光剑影结缘。

南宋嘉熙四年(1240年),为了防御蒙军入侵,四川安抚制置副使彭大雅,在笔架山筑安乐

笔架山全景

城，并将合江县城迁到笔架山上，山顶的云台寺便充为县衙。与此同时，彭大雅又在赤水入长江口处修石盘寨，驻水军控制江面，使之成为波澜壮阔的南宋四川抗击蒙元战争中，遍布全川的山城防御体系中的一环。南宋景炎元年（1276年），元军将领旦只儿率军攻打石盘寨，"进至安乐山，复败宋军，斩首五百余级，获战舰四。"（《元史·旦只儿传》）。

笔架山海拔698米，呈典型的丹霞地貌，山势陡峭，四周危崖壁立。大自然的鬼斧神工，在这里雕凿出奇峰奇壁、奇石奇洞的别样景观。

鲁交林间问道家

山因名人而成为名山，人因奇山而著出佳作。安乐山一度享誉蜀地，这与历代的文人雅士有关。

宋代词人黄庭坚游笔架山后，在他的《游安乐山记》里对此山不吝赞美之言"僰道平盖山气浊而不清，江安方山气清而不秀，求山清而秀惟安乐山耳"。宋代诗人鲁交游此山后，在他的《游安乐山》的五言绝句里，留下

笔架山　群山低首拜英雄

"苔迳傍岩斜，林间是道家。夜潭鱼戏月，春地鹿眠花"的绝妙诗句。一时，安乐山成为令人神往的洞天福地。

黄庭坚大名鼎鼎，川籍诗人鲁交也非等闲之辈。据新修《潼川府志》卷二引用《名胜志》里的记载，"州西五里三台山，下有鲁交洞，交读书于此，即宋仁宗手录其清夜吟者。"

鲁交是梓州（今四川三台）人，宋仁宗当政时，仕至虞部员外郎。这个时期，社会安定，经济繁荣，科学技术和文化得到了很大的发展，世界上最早的纸币"交子"便发行于此时。

生于太平盛世的鲁交，一生游历甚广，在大江南北都留下了不同凡响的诗章，《经秦皇墓》《游华山张超谷》《江楼望晴》《经战地》等曾被广为传诵。《游安乐山》一诗中的"夜潭鱼戏月，春地鹿眠花"，以独特的构思和浪漫的想象，更是呈现出一派静谧优美的人间仙境，令人烦忧顿消、遐思无限。但真正令他声名鹊起的是，那首被宋仁宗嘉许的《清夜吟》："露华清八极，吟上小楼东。月色水铺地，雁声秋满空。明河欲泻浪，瘦竹自生风。坐久心骨爽，此怀谁与同"。被此诗清新的意境深深打动的宋仁宗，手录此诗，赐予天台山寺。

碑林簇拥白鹿洞

冲着笔架山这么一个书香馥郁的称谓，我避开纷扰嘈杂，去那里寻幽访古。

行至山腰，只见一大片嶙峋的乱石在雾霭中如怪兽般若隐若现。道路旁边的岩壁上，"笔架山碑林"5个大字赫然在目。此处，便是笔架山的第一个景点碑林。

由陆定一题名的笔架山碑林，虽然系改革开放后所建，但碑上所刻的诗词歌赋，大多出自当代名家手笔。举目望去，只见碑林依山就势，取其自然形态摩崖勒石，从而使106块未经修饰的巨石字碑与天地浑然一体。

沿着犬牙交错般的碑石间的小道漫步，文采飞扬的碑文令人们的想象空间大为扩张，精湛细腻的书法雕刻艺术令人如品香茗。

　　张爱萍将军的手迹"三江汇流入大海，一峰突起览众山"，概括了笔架山的壮景；萧克将军的题字"两省通衢连南北，三江胜景壮蜀中"，展现了笔架山的气势。1919年，朱德元帅任护国军旅长时，曾与地方名士刘畴九、沈佛愚等游笔架山饮酒赋诗。兴之所至，豪情满怀的朱德提笔挥毫，在云台寺墙上题诗一首："绝顶凭临眼底空，怒号戟影剑光红。驻马高岗回首望，群山低首拜英雄"。这首豪迈诗篇，自然也在碑林之中。

　　笔架山碑林，是以此山一个人文遗迹"白鹿洞"为中心，向四周辐射的。

　　白鹿洞是几方巨石天然叠砌而成的石窟。洞顶的巨石上刻有"兴游真境"四个大字，洞内岩壁上刻有一只与真兽一般大小的白鹿，其身披鳞甲，脚踏祥云，作昂首腾空状。清代乾隆年间，合江人氏罗文思在此苦读，颇得笔架山神韵，后考中解元任贵州石矸知府，颇有政绩。

　　离开碑林进山门后，便是由石板铺就的一米多宽的云台古道。古道左边的竹林里是塔林，安放着历代道长高僧骨灰；右边的岩壁上，原有罗文思题刻的近一米见方的"古安乐山"四字（笔架山北魏时被称为安乐山）。如今，仅存"乐山"二字，古、安二字被人为地毁坏。残存的"乐山"二字，诉说着笔架山的兴衰沉浮，昭示着它的深邃、神秘。

亦佛亦道云台寺

　　云台古道的尽头，便是笔架山的主要建筑一群云台寺。这是一处佛道合一的建筑，令人感到新奇、别致。这座寺院也因此平添了不凡的气势，弥漫着异样的氛围。

　　云台寺悬挂着一副撰写于清代的门联"如此雄奇，赛天下许多胜景；果然清静，是符阳第一名山"。

　　笔架山有文字记载的山名最早见于北魏郦道元的《水经注》。书中记录了

笔架山　群山低首拜英雄

安乐溪和安乐山的名字。明代,安乐山又产生了少岷山和笔架山两个称谓。明代正德年间,进士曾屿遍游川西北大岷山(峨眉山)、大雪山、青城山等名山大川后,不禁感叹:"岷下山,莫如我安乐",遂改名安乐为少岷。明代后期,曾任四川按察使的曹学佺,在其地理巨著《舆地名胜志》中,称少岷山为笔架山,这也是笔架山之名的来历。

云台寺始建于南北朝时期的梁代。据传,隋代著名道士刘珍在此山仙人口羽化登仙,并遗下丹经神馨后,隋文帝遂派人到合江查明事实,随即拨国库银在山上建腾清观、安乐观、靖安观三观,并赐田土,禁樵采,笔架山由此逐渐成为川南黔北道文化中心。

到了唐代,唐高宗遣使到笔架山,取走了令他向往已久的刘珍所遗丹经、铁馨,并下诏建观,并御笔亲书"延真观"匾额以赐。天宝六年(公元747年),唐玄宗又改安乐山为合江山。

如今,云台寺内存有两件珍贵的文物。一件是清代重达千斤的铜钟,安放在正殿内右侧,钟体刻满铭文,几百年的兵燹和雨雾已将其表面熏染成乌黑色。另一件是在当地民众的保护下,遗存的黄庭坚《游安乐山记》的石碑,此碑系清代光绪年间合江县令夏与赓补刻,镶嵌在正殿门外一侧的墙壁上。

雾中精灵古樟木

出了云台寺,便是一座高台,这便是刘珍修炼之所。伫立于此,如果天气晴朗,可见田畴如画,竹篱茅舍点缀其间,长江、赤水、习水盘绕的合江县城尽收眼底。正如《舆地名胜志》所载:"群山低伏环卫,长江、赤水百舸争流。"

此时的笔架山,云遮雾绕,烟霞锁谷。因此,更吸引我的是,眼前的3棵有600多年树龄、可供3人合抱的香樟树。

这3棵古樟,相传是改名安乐山为少岷山的曾屿在笔架山读书时所植。

本来就树干粗伟、枝叶葱茏、树冠如巨伞的三棵古樟,云遮雾雾下,更是不见其枝梢，仿佛向太空无限延展。而距古樟根部较近的枝叶，在轻拂的山风和半透明的薄雾中婆娑起舞。这仙境般的场景，令人们无不在此驻足流连，与那有灵气的古樟和缥缈的雾幛合影留念。

离开古樟继续前行，经过一尊形状如牛的牯牛石，便可看见一块约30平方米，略呈方形，高出地面一米多的巨石，石面平坦，这便是刘珍修仙的遗迹晒丹石。

相传刘珍曾在笔架山采稀世药草，融天地灵气盘炉炼丹，炼出的丹在此石上晾晒。当年四月的一天，有一只老鹰趁刘珍出游，叼走一粒仙丹并食之，遂修炼成精。此鹰后被唐代名臣魏徵降伏。此后每年四月中旬，都有许多老鹰从四面八方飞来笔架山聚会，当地百姓说"岩鹰赶场"，道家说是老鹰纪念刘珍升仙。

笔架山上还有一种独有的天符树。相传东汉张道陵在笔架山修炼期间，时常以符箓为人治病。他离开笔架山时，用法力在树叶上书写了符箓，从此安乐山便有了别无仅有的天符树。《合江县志》载："天符树叶似荔枝叶而较长，上有文如虫蚀，或密或疏，宛若符箓。"后人将此视为道迹，用来除病消灾。

巨笔矗立三江处

过了晒丹石，雾有些消散了，这时我才发现脚下的山道是在如刀刃般的山脊上蜿蜒。而这正是笔架山的独特之处。

笔架山东西长2350米，南北宽252米，而山脊的最窄处仅2米，呈东西狭长、三峰耸立的地形。人们从长江边眺望，笔架山石笋峰如巨笔直插云天，而从赤水河边仰视，笔架山三座山峰又似笔架横亘大地。正所谓"横看成岭侧成峰，远近高低各不同"。

路隘苔滑，路两边是陡坡，坡下又是翻滚的雾涛，因此我不得不小心翼翼。

笔架山　群山低首拜英雄

笔架山最高处有飞仙亭，相传刘珍修炼得道后，便从这里飞升。临行前，刘珍依依不舍地吟诗一首："竹杖长拖别景游，临行十步九回头。洞中得会真消息，一点灵光射斗牛。"如今，亭柱上有一副后人所作的对联："仙人去后空留石，盛世来时自有诗。"

距飞仙亭不远处，是一处名叫"仙人石"的景观。此石如人形，立于路边，高约20米，相传为刘珍飞升成仙后的化身。

离开飞仙亭转入后山小径，便是一处人文遗迹"打儿窝"。此景观是一高10余米的岩腔内壁上雕凿的一尊菩萨，其肚脐很大，十分显眼。相传用石块一次掷中其肚脐，便能得贵子。打儿窝也因此而得名。

其实，这尊石刻是元代统治者的自刻像。因元代立国之初曾大规模屠杀、镇压南宋四川百姓，百姓为发泄对元代统治者的不满，才编出这个故事来投石击之。这和泸州神臂城的"孙孙打婆"雕像类似。距此不远处的路边有一条岩缝，人称撑腰石。这里曾是南宋抗蒙的安乐城城门所在地。

此外，笔架山还有罗公亭（罗文思结庐读书处）、望江亭、夕照亭以及民间所称的"皇坟"等景点。

如今，在笔架山云雾缭绕、鸟鸣山幽、胜迹荟萃的仙境里，"春地鹿眠花"虽已远去，但人们仍能领略峨眉之秀、青城之幽，以及"群山低首拜英雄"的豪迈。

云顶城　成都平原擎天柱

成都市金堂县淮口镇境内，龙泉山脉中段，一座状如城垣的山峰巍然屹立。

山顶，有建于南朝齐梁的金碧辉煌的慈云寺，它曾荣幸地受到历代六位皇帝的封赐。寺前，林密霭深，沱江似练；寺内，香烟缭绕，梵音萦回。这里，便是云顶石城。

伫立秀丽清幽的云顶石城之上，没有多少游人会想到，他们的脚下，曾经是700多年前战乱中成都府衙的避祸之地，曾经是被箭矢和炮火覆盖的血腥之地。

南宋末年，崛起于中国北方的蒙古游牧民族，在首领成吉思汗的"要让青草覆盖之地都成为我们的牧马之地"的豪言感召下,用 22 年灭掉强盛的西夏国,用 23 年灭掉曾横扫天下的大金国,并将势力范围扩张至西亚和欧洲部分地区。

彪悍骁勇的金国人、西夏人和高大健壮的欧洲人都不是蒙古人的对手,偏安长江以南且只善吟诗作画的南宋人,更是一群待宰的羔羊。因此,蒙古贵族们将箭头和马首对准南方时,他们踌躇满志:10 年灭宋不成问题。

南宋端平二年(1235 年),蒙军悍将阔端率兵首次攻入成都,不仅将城内财物洗劫一空,还杀了不少人。

自此,蜀中州郡十之八九反复遭蒙古铁骑践踏。四川危在旦夕,江南迟早不保。

金堂云顶城,便是当时最为知名的巴蜀"抗蒙八柱"之一。如今,历经多次血战的云顶城,仍以它倾颓的堞墙、残破的城门,向世人讲述着川人那一段惨遭浩劫的历史。

雄狮般蹲伏的北城门

夏日炎炎,我从位于慈云寺下由清代提督马维骐题写的"云顶山"石碑前出发,沿着在残破的古城墙上蜿蜒的小径向北行进。阳光下,四下杳无人烟,我投射在路面的身影,犹如黄土之下南宋将士孤寂的幽灵。

一路上,不见其他民居,唯有悬崖边古城墙坚实的墙基上,孤悬着一座农家院落。我走进院子,向一位正在房檐下阴凉处剥玉米粒的中年汉子打听北城门的具体位置。那汉子有些惊讶地看着大汗淋漓的我,迟疑片刻后说:"你问的是不是那个洞子哦?再往前,到小路分岔时往右便是。"

时光无情地流逝,那英雄的城门居然沦落为人们眼中的洞子。700 多年前的珍贵历史遗迹竟然被视为遮阳避雨的栖身地。这不禁让人唏嘘不已。

我在小道分岔处驻足,向右望去,已隐约可见矗立于断崖边的北城门了。它的全身,被一人多深的杂草覆盖着,如蹲伏在非洲大草原的雄狮,俯视着山下的峭壁和江流。

南宋时的云顶城，南北长2.1千米，东西宽2千米，周长约7.2千米，利用天然峭壁作为城墙，中断处则以条石筑墙。北城门位于云顶城最北端，扼守由北面陆路上山的通道。与直接临沱江天险的东门和前有鱼脊似的山岭作屏障的南门相比，北门是蒙军首选的进攻方向。因此，北门的战略位置尤为重要。

北城门由长条石砌成，门洞高2.5米、宽2.2米、深5.75米，为3道券拱，两进板门。券拱顶正中的条石上，镌刻有"忠翊郎、利州驻扎、御前右军统领兼潼川府路将领都统使司修城提振官孔仙；保义郎、利州驻扎、御前摧锋军统制兼潼川府路兵马副都监、提督诸军修城萧世显规划"题记。孔仙和萧世显均为南宋名将。在宋蒙战争后期，成都府、潼川府都迁移至云顶山上，山上的驻军最多时近万人。

站在门洞里，向外看，无遮无拦，视野开阔；向内看，一道与城楼一般高的状如城墙的土坡阻断了视线。原来，这北城门坐落在土坡下的一片小凹地之上，城门和土坡之间，自然地形成了一个小小的瓮城。这是修城者别具匠心之处，敌军冲进门洞，守军在土坡之上仍可作最后一搏。

南宋淳祐十二年（1252年），蒙军进攻嘉定（今四川乐山市）失利后，企图占领云顶城。余玠在此部署了7000人严防死守，此役以蒙军大败告终。南宋宝祐二年（1254年），云顶城守将吕达，亲率精兵5000及义军2万，与蒙军在川西平原展开大战。这是南宋军队在没有雄关险隘的支撑下进行的一场战斗。其结果是2.5万将士全部战死。

次年，蒙古贵族调集大军，自陕西和云南夹击四川，川西重镇的云顶城下，蒙军铺天盖地，绵延数十里。南宋军民在孔仙、萧世显的率领下，在云顶城下与蒙军展开空前的血战。尽管城前尸积如山、血流成河，云顶城仍岿然不动。

坚守方山城堡，对四川的南宋军队来讲，是无可奈何但又行之有效的战略战术。军队的战斗力，由装备水平、战略战术和精神状态所决定。在冷兵器时代，精神状态居于首位。

在恶劣的自然条件下生活的蒙古人，如野兽般勇猛，死亡对他们是平常事。何况蒙古贵族对有功者的激励措施直接明了、不折不扣，只需凭从敌军士兵尸体上割下的耳朵点数计酬。蒙军的战术简单实用，大战前，以小股骑兵骚扰试探，发现敌军薄弱处便以大部队全力冲击。而南宋军将领虽有深奥的韬略，却议而不决，错失战机。在装备水平方面，蒙军已拥有射程达300米的弓箭，与南宋军火炮的射程大致相当，且大量用于装备部队。

因此，撇开南宋朝廷的孱弱腐败，单从纯军事的角度看，南宋军队已全面处于下风。

叛将留名的瓮城门

云顶城北城门所处位置，不算十分险峻，因此要做到真正的壁垒森严，瓮城不可或缺。

所谓瓮城，是中国古代城池独创的制式，即在主城门之外，加筑一小城，如瓮形圈住主城门。一旦敌军突破瓮城门，守军就可凭借瓮城周边的城墙对敌军进行围击，犹如给主城门加了一道保险锁。瓮城，被创造性地广泛应用于南宋方山城堡防御体系之中。

北城门的瓮城门，位于北城门右前100余米处，于1985年被发现，随即成都市考古工作队对其进行了发掘清理。

我沿着北城门外石阶零落的小径而下，贴着右边的绝壁再往前走，一处200多平方米的台地出现眼前。台地东临数十米深的断崖，西倚天然城墙七星岩，南面下方便是瓮城门。台地上，原有供士兵避雨歇息的营房，今已荡然无存。

由于瓮城门位于七星岩的断崖绝壁之下，门洞内阴暗潮湿，地质灾害造成的岩石坠落将瓮城墙砸得千疮百孔，从城墙上跌落下来的大条石堆垒在门洞前，几乎阻断了从台地通往门洞的石阶。

令人感到意外的是，尽管瓮城内墙已残破不堪，但外墙由于采用了更大的条石修筑，且材质非同一般，因此显得较为完好。在今天看来，也给人以

南宋云顶城北城门瓮城门

牢不可破的感觉，仿佛那惊心动魄的战事就发生在昨天。

令人惊喜的是，在门洞券拱顶上，镌刻的"皇宋淳祐己酉仲秋吉日帅守姚世安改建"的题记，仍十分清晰。瓮城门和北城门的题记，确凿地证明着两座城门是南宋原建，从而为今人研究那段历史提供了珍贵的实物依据。

姚世安为南宋大将，官至副统制，云顶城首次陷入蒙军之手，与他有直接关系。南宋宝祐六年（1258年），在成都平原已全部沦陷的情况下，南宋名将蒲择之联合云顶城军民，攻打已落入蒙军之手的成都，但被蒙军击败，反被追杀几十里后退回云顶城。蒙军趁势将云顶城围得如铁桶一般，不分昼夜倾力攻打。

激战数日，南宋守军火炮的弹药用尽了，箭也射完了，刀剑也砍钝了，以至于滚木、石头成了战斗的主要武器。就在这生死存亡的紧急关头，姚世安溜下山去，投降了蒙军。

最后，城内粮食吃尽，守城军民全部战死，云顶城首次陷落。而蒙古大军首先突破的城门,不是看似无险可守实则重重设防的北城门及瓮城,而是云顶城东面临沱江的城门。

以后几年,云顶城及成都平原的人民,不堪忍受蒙古贵族的血腥屠杀和残酷蹂躏,多次配合南宋军队和义军夺回云顶城。南宋咸淳二年(1266年),云顶城再次被蒙军攻占。几年后,南宋军队为收复云顶城作最后一搏,以一万精兵奇袭云顶城。

此役的结果,史书未作记载,此后云顶城也不再出现于史书之中。由此推断,那一万南宋将士应该是云顶城上最后的为国捐躯者。

横在"刀口"的南城门

离开瓮城门,我原路返回,经过"云顶城"石碑下的小东门,直奔南门。

1991年,云顶城被列为四川省级重点文物保护单位后,金堂县政府按南宋时期的形制,修复了南城门及其至小东门之间的城墙,以及小东门往北数百米的城墙,以供游人参观。

在原址上修复的南城门,高大雄伟,据守着南面上山的一条宽不到两米的山道。山道如刀刃,其所在的山岭则如一把刀刃向上的菜刀。如果不是道旁及道下的断壁生长着茂密的大树,走在那狭窄的山道上,恐怕会有走钢丝的感觉。此处的地势,与大名鼎鼎的钓鱼城西门外的地势如出一辙。

南城门与小东门之间的城墙,正对着金堂峡,峡谷里沱江奔流不息。这一地段,是当年蒙军攻城的主要方向,因此筑有两座炮台。小东门侧是一座半圆形炮台,小东门与南门之间是一座长方形炮台。我从修复的那座长方形炮台瞭望孔俯瞰,山下的景物尽收眼底,也就意味着敌军攻城部队的一举一动都在守军的监控之中。难怪当年束手无策的蒙军,发出云顶城"不战而自守"的哀叹。

此外,云顶城内以宋代特有的"人"字形纹条石垒砌的名曰莹碧、万年、金刚、照月、杨柳等水池,以及宋代形制的六角、八角形井壁的龙王、金钵、长寿、金龙等水井，散布于全山寺庙，也就是当年的军营附近。这些生活设施，与军事设施共同构成一幅波澜壮阔的战争立体画面。

在宋蒙战争之前，华夏大地上的征战杀伐，大多于中原决一雌雄，而在宋蒙战争中，有着天府之国美誉的四川，却是一寸山河一寸血。正因为川人抗蒙所表现的不屈精神和民族气节，迫使蒙古贵族重新修订"凡攻城不降，矢石一发即屠之"的军制，接受四川最重要的抗蒙城堡钓鱼城的投降而不屠城，也在很大程度上缓和了蒙古贵族对汉族的残酷统治。

当我站在东门炮台，向云顶城作别时，从慈云寺传来咿唔咿唔的诵经声。这声音在我听来，格外哀婉凄切，仿佛是在超度云顶城上为国捐躯的南宋将士的亡灵。

莲花泣血的大良城

  2005年6月,一则消息见诸全国各大媒体:"四川广安发现了中国目前最早的禁止早婚的告示!"这告示发布于明万历元年(1573年),所在地是广安市小井乡大良村。

  随着这个消息的广为人知,宋蒙战争重要军事堡垒大良城进入大众视野。

坚固屏障

1258年4月，蒙哥亲率精兵4万，沿金牛道南下进攻四川。然而，在南宋四川安抚制置使余玠构筑的方山城堡防御体系面前，蒙哥命丧钓鱼城下。

与合川钓鱼城、南充青居城相互支撑且为钓鱼城的前哨堡垒的南宋大良城，在长达数十年的宋蒙战争中，发挥着重要作用。南宋军队多次粉碎蒙军主力从川东出三峡，迂回进击华中、华南的战略企图，让蒙古军队望而却步。

大良城遗址，在广安市以东40余千米处，如今是小井乡大良村所在地。大良城又名大良坪，是屹立于渠江流域丘陵之上一座状如城堡的方山，海拔高度429米，四周陡峭崖壁高数十米甚至上百米，如同不可攀越的巍峨城墙。因城形俯视如莲瓣，当地人又称之为莲花山。

深秋的一天，我驾车从城南的"莲瓣"空隙处，驶上大良城。令我感到新奇的是，它既不像钓鱼城那样被开辟为正规景区，也不像当年与它齐名的苦竹寨那样渺无人迹，而是坐落在一个有着800余人的自然村。在这平坦的约1.5平方千米的方山顶上，阡陌纵横，竹篱茅舍点缀其间。

沿一条东南方向横贯的乡间公路行几分钟，我进入一条石板道街巷。夹道的房屋，是木结构的青瓦房，其檐柱窗壁呈原木本色，保持着修建之初的形状。继续向东，很快便到了东门。

巍巍城门

史载，大良古城的18道城门中，东门最为雄伟。可是，我在它所坐落的山口处，只看到门侧的一堵断墙。一株与城门同龄的黄葛树，如当年南宋将士的化身，巍然屹立在断墙之顶。

村民陈德华告诉我，城门在前些年被拆掉了。距城门不到10米远的石壁上，1980年所立广安重点文物保护单位"大良城城门题刻"碑赫然在目。

东门两侧绝壁如削，无须特别打磨，便可雕刻字画。加之东门是进出大良城的主要通道，因此这里遗存着不少题刻及摩崖造像。明代的那则《都察院禁止早婚告示》，便镌刻在这里，内容为"男婚须年至一十五六岁以上方许迎娶，违者父兄重责枷号。地方不呈官者，一同枷责。万历九年十一月吉（日）分巡道刻石。"

据史料记载，大良城始筑于唐代。1245年，为抵御蒙军，广安军（今四川广安）迁于此地，钳川东之西，成为川北拱卫巴蜀的重镇。如今，只有残破的城墙和冰冷的石碑，无言地印证着当年的铁马金戈、鼓角争鸣。

陈德华告诉我，大良城原有18道城门，现存11道，可陪我一一造访。于是，我们沿逆时针方向，从东门前往北门。

东门与北门之间，有一条约500米的石板路相通，途中经过一口面积10余亩的大堰塘。据介绍，这是当年大良城军民饮用和灌溉的主要水源。

水是生命之源，守城军民对这口堰塘的修建，不敢有丝毫马虎。我看到，这堰塘的堤坝，完全用条状大青石垒砌，且嵌合得清丝严缝，不会渗漏更不会溃堤。这口堰塘之水，保证守城军民生活、战斗了32年（其间有6年大良城为蒙军占据）。如今，它又为800多名大良村村民提供了生活保障。这处至今仍具实用性的遗迹，保存得完好。

还未到北门门洞，我便看到门楼上，有一棵孑然而立的黄葛树，与东门的情形完全一样。后来我在南门看到的也是这样，不多不少，就只有一棵。这不由令人猜想，当年筑城时，在墙顶种下的这些黄葛树，是不是为了给鏖战的士兵指示城门的方向，或者是祈愿城门如万古长青的黄葛树般永不消亡。

北门仍然是宋代的圆拱形制式门，双拱的城门拱顶，垮塌出一个天窗。站在阴暗潮湿的门洞里向外望去，是隔着深沟大壑的小良城（大良城的卫星城）。向上看去，垂悬着枯藤衰草的"天窗"，透出一方蓝天。此情此景，令人顿生万物易老、宇宙永恒的感慨。

北门外，一条狭窄的山道，朝深沟急转直下。山道的两旁，是陡峭的绝

南宋大良城北城门

壁。与东门外相对平缓的地势相比，北门外更不容易展开兵力，进攻者的火炮也无法直接瞄准北门轰击。因此，加上对面小良城的友军可从背后打击攻城者，北门应该是大良城最易守难攻的一道城门。

大良城西门外的地形，以缓坡为主，有的地方虽有断壁悬崖，但相对高度不够，纯粹依赖天然屏障，不足以进行成功的防御。因此，筑城者将中国古代独创的城池制式——瓮城，进行了创造性的发挥，瓮城套瓮城再套瓮城。我看到，除了西门，还有小西门、长庚门、太阳门及西门湾门。重重城门，皆构筑在相对险要之处，即使一门被突破，进攻者也不能长驱直入。与之相反，一旦防御者组织反击，狭窄的城门又令进攻者不能迅速撤退，正好关门打击。

但是，作为主城门的西门，并没有因为瓮城门的存在而降低修筑标准。它不但比瓮城门高大厚实，其门内门外林木茂密。我站在门外100多米处的山弯仰望西门，只见树林不见城门。隐蔽，也是防御的有效手段之一。

西门外的石壁上，有一块被风雨剥蚀的刻于清嘉庆十四年的"安汉保障"碑，记载着"大良城寨白莲乱纪事"及城门维修诸事。

有文史工作者考察后认为，西门的确经过历朝的多次修葺。这恰恰说明，大良城自古是军事要地。除了南宋末期，宋蒙两军在此绞杀32年外，明末清初张献忠攻击四川时，大良城也是当地军民固守的堡垒。新中国成立前川军的一名姓郑的师长，也曾在这里修建了一座秘密军工厂。中共华蓥地下游击队在广安活动期间，这里也曾是游击队员的秘密据点。

南门是保存得最完整也最险峻的一道城门。它的一侧是垂直的绝壁，另一侧则是万丈深渊，门外的道路，是在绝壁上挖凿出来的。令人惊叹的是，这么一处让人望而生畏的险关，居然在距它数十米处，还有一道城门，从而使两道城门之间的崎岖山道，成为一座蛇形的瓮城。

可以想象，一旦攻城者陷入南门这样的瓮城之中，必然死无葬身之地。后来我查阅史料得知，大良城南门的瓮城，当初就被奉为四川方山城堡防御体系的经典。

浴血绞杀

如铜壁铁墙般的大良城，应该确保一方平安，免遭蒙古铁骑的蹂躏。

然而，攻心为上，攻城为下。大良城在抗击蒙军的32年间，却两度被攻陷：一次是守城将领蒲元圭面对蒙哥亲率的大军，未战先怯，打开城门投降；另一次是中了蒙军的类似特洛伊木马的奸计，蒙军以一名南宋降将带领蒙军，扮作南宋军队的送粮队伍，骗过了守城将领权汝辑，从而使大良城落入蒙军之手。

两度失陷，两度克复，加之32年来无数次浴血攻防战，无疑使大良城的山山水水都洒满殷红的鲜血。

最为惨烈的战事是，发生在1266年的宋军第二次收复大良城之战。这年冬天，南宋军都统史炤、王立率死士50人偷袭大良城。夜半，趁蒙军守将酒酣熟睡之际，王立伪装成蒙军传令官，孤身一骑冲进大良城。他骗开城门后，隐匿于门外的50死士，举火执刀冲入城内，在震天的呐喊声中大战蒙军。数十倍于宋军人数的蒙军，竟然仓皇溃逃，大良城重新回到宋军手中。

此役将大良城收复后，宋军乘胜将川东另外几处重要方山城堡收复，从而阻断了蒙军妄图绕过重庆东出四川的通道。大良城这一场以一当十，令蒙军闻风丧胆的战役，在一定程度上令南宋王朝得以残存。

如今，大良城除了城门、水塘、碑刻等遗迹外，我还在田垄上看到了两座当年掘地而成的火药库。

这两座火药库，乍看是一口水井，俯身探头细看，其口小肚大，状如酒坛，大如川北地区的红苕窖。其"窖"壁用大青石垒砌，一来加固，二来防止渗水。如果炮弹不是直接命中洞口，实难摧毁。我注意到，这两座火药库，距位于城墙上的炮台不到100米，由此可以想象，如果不是战事激烈异常，危险的火药库绝不会如此就近设置。

当我伫立大良城城楼，默默地向它作别时，已是暮色苍茫。俯瞰大地，周边低矮的山峦，如蒙军穹顶的营帐，在夜幕里渐渐消失；凝视足下，残阳的余晖透过老树枯藤，把斑驳血色洒在残破的墙头。

此刻，一座座城门，在我眼前幻化为一尊尊巨大的墓碑。在它们下面，安息着一个个为英勇献身的忠魂。

虎啸城　蒙军新战法策源地

发源于陕西凤县东北的嘉陵江与发源于大巴山脉的渠江的两江流域，是四川最为丰饶的地区之一，也是历代重大军事行动和人们日常出行的快捷通道。

在700多年前的那一场波澜壮阔的宋蒙战争中，两江流域是南宋四川抗蒙的主战场之一。虎啸城，便坐落在两江流域的渠江之滨。

虎啸城是宋蒙战争期间蒙军在内地构筑的罕见城堡之一，是蒙军统帅开创"以城堡对抗城堡"新战法的发源地之一，也是史书有确切记载的宋蒙两军多次血战之地。

■ 虎啸城　蒙军新战法策源地

走进蒙军要塞

我前往虎啸城之前，已从不少的相关文献中得知，该城的地面设施，在近八百年的历史风雨中，已遭到严重损毁，当年的遗迹已难以寻觅。但是，这毕竟是一座标志性的要塞，走近它，应该有一种与我平常寻访的南宋城堡不同的感觉。

于是，怀着别样的期盼，我走进了虎啸城。

据《中国文物地图集》："虎啸城，广安州东十里，位于渠江东南岸悬崖顶平台上，西北为绝壁，东南为缓坡，高出地面30米。"

虎啸城所坐落的虎啸山，位于如今的广安市前锋区护安镇境内，而此镇所属的虎啸村，似乎理所应当是我此行的目的地。

我沿虎啸山的环山公路绕行了大半圈，凭感觉与虎啸城已近在咫尺了，但却从多位乡民口中打听不到虎啸城的确切入城之路。

原来，这虎啸山山上有护安镇的虎啸村和渠江村，虎啸城具体位置不在虎啸村，而令人意想不到地坐落在渠江村。于是，在虎啸山西麓，我驾车沿着一条无法错车的山道，向山顶驶去。

在一座农家小院门前，山道戛然而止，一位村民闻声而出。我上前一问，才知自己所在的位置是渠江村2组，我已身处向往已久的虎啸城城内。我向这位名叫许文清的老者说明来意后，他疑惑地看着我，连连叹气：城门洞子没有了，都没有了，可惜啊可惜！当我一再表示，哪怕是城门几堵断壁、城墙几匹残砖也想去看一看时，他虽然面露不解之色，但欣然答应为我带路。

距许大爷家最近的城门，是虎啸城西门。不出所料，此门已荡然无存，不过，城门的地基尚可辨识。由城门外宽达两米以上的石梯可以推测，当年的虎啸城西门应该是高大雄伟的。石梯苔痕累累、弯弯曲曲延伸至渠江江岸。临近西门的石梯内侧，一段长数十米的城墙，是虎啸城遗存甚少的城池遗迹之一。其墙体用楔形石块以丁砌法修筑，这是南宋城墙最为典型的形制。

而虎啸城城墙和南宋城墙几乎长得一个样，其实并不奇怪。因为虎啸城的始筑者，是南宋降将、时任蒙古东川都元帅的杨大渊。南宋景定三年（1262年），蒙军为了扭转势同拉锯的被动局面，杨大渊于这年冬"于渠江滨筑虎啸城，以逼宋大良城，不踰时而就"。这应该只是虎啸城的初建。次年，蒙古招讨使杨文安奉叔父杨大渊的命令，第二次建筑虎啸城，目的仍然"以困大良"。这是虎啸城的续建。同年十二月，蒙军以此出击，复取大良城。

此时蒙古企图把虎啸城建成进攻川东、谋取夔路的后方基地，遂第三次修筑虎啸城。这次修筑的主将是东川都元帅府先锋张庭瑞。据姚燧撰写的《少中大夫叙州诸部蛮夷宣抚使张公神道碑》载："（张庭瑞）先锋使将五千人城（虎啸城）之。旬日而营垒、储偫皆完以充制。"

虎啸城经过前后三次修筑，不仅成为蒙军撕破南宋山城防御体系而创建的第一座城堡，还是蒙古决策层"以山城制山城"战略的开端。它作为蒙军在川东的第一要塞，发挥了控制渠江、南攻钓鱼城进而打通东出夔门通道的重要作用。

固若金汤之城

虎啸城所在的虎啸山，制高点海拔为357米，山下海拔约为125米。其山势高耸，三面绝崖，易守难攻。与南宋城堡一样，虎啸城的选址仍有占领制要点、制险点的战略意图。

目前，城堡内总面积约12万平方米的虎啸城，共有城门4座，即西门、旧插门、新插门、东门。不喜渲染文辞、不屑于吟诗作画的蒙古人，没有为这座要塞的城门取上威风而响亮的名称，更没有在城门的显眼处或崖壁的醒目处留下歌功颂德的题记。

离开西门后，在许大爷的指引下，我按顺时针方向沿城池边缘绕行，来到了旧插门。

旧插门的位置比较隐秘，它是在相对高度数十米绝壁的一凸出处，紧贴凹进的崖壁，剖开天然巨石而成。因此，其门洞狭窄得只能单人通行，进出城门的石梯宽度也不足一米。而城门的盖顶石已荡然无存，不知是当年已被猛烈的炮火轰塌，还是被后人用作屋基或凿为猪槽所致。这座位置逼仄，看似简陋却费工费时的旧插门，不禁令人浮想联翩。

城门，是城堡管控内出外进的枢纽，是攻守双方角力的焦点，也是防守方最薄弱环节。其构建方式，集中体现了防守方应对潜在危机能力的优劣。门楼一般建在城门之上，也称之为"箭楼"，它的功能更多的是展示城堡的容颜，承载特定的民族建筑文化。

我眼前的虎啸城旧插门的门顶，丝毫看不出门楼楼基的痕迹，而给人的感觉仅仅是一个作战高台。因此，从旧插门的修筑，可以看出蒙古人从马上到马下的转换过程中，仍然把有效和实用摆在首位。当然，这也反映出游牧民族与农耕民族之间的文化差异。

伫立旧插门内的一处高坡放眼望去，只见滚滚渠江由东北方向而来，半环绕虎啸山向西南方向而去；远眺东北方向的地平线，两座高耸的平顶山冈历历在目。这两座山冈之巅，曾经分别坐落着南宋的大良城和小良城。

蒙古人建造虎啸城的意图，便由此一目了然：与南宋军队长期争夺对渠江航道及两岸陆路交通的控制权，切断渠江与嘉陵江下游南宋钓鱼城乃至南宋四川抗蒙大本营重庆，与渠江、嘉陵江上游的南宋军事重镇大小良城、平梁城、得汉城的联系，从而达到分割包围、各个击破的战役目的。

位于虎啸城正北方向的新插门所在的地形地貌，与旧插门基本相同，城门的形制也大同小异，但似乎更为险要。当我向许大爷提出，去看看唯一不临江的东门时，他摇头道，那里早已是一片庄稼地了，城门的踪影都没有了。

在我的坚持下，许大爷带我穿过一块块庄稼地。

在一处坡地的保坎下，他一边用脚跺地，一边告诉我：这里便是东门。我俯视"门"外，只见10多米深的断崖，再往稍远处看，是一层层逐渐下降的坡地。联想到虎啸城临江的相对高度为200多米的绝壁，我不禁赞叹道：它真是天生的固若金汤之城。

虎啸城旧插门

■ 虎啸城　蒙军新战法策源地

殊死血战之地

我曾登上川内遗存的20多座南宋抗蒙方山城堡，无论它们是临江屹立还是拔地而起，其山顶均有经年不渗不漏、四季不涸不竭的水池或水井。长年坚守城内的南宋军民，赋予这些生命之源以动人的传说和美丽的名称，如运山城内的天生池，虎头城内的白鹤井，神臂城内的红菱池、白菱池等。

700多年过去了，这些神奇的水池和水井，至今不坍不塌、不壅不塞，仍是当地村民的主要用水来源。古人高超的智慧，由此可见一斑。

而看似坚不可摧的虎啸城，却没有池塘，既缺水源又无良田，不利于长期驻守。这个重大缺陷，当然不会被蒙古人忽视，更何况还有众多南宋降将为他们出谋划策。

他们弥补此不足之处的办法，是在虎啸城邻近修筑了章广寨（在今华蓥市城郊）和东安城（在今华蓥市永兴镇境内）。这两座城寨所在山顶平坦，水源充足，良田可种，既满足了虎啸城驻军的短暂粮食供应，又与虎啸城成掎角之势，以相互策应支援。

宋蒙两军第一次虎啸城之战，是由蒙军拦截宋军的运粮船引起的。蒙军创建虎啸城后，犹如扼住了宋军的咽喉。宋景定三年（1262年），南宋四川安抚制置使兼知重庆府夏贵调兵船和运粮船入渠江，行至虎啸城下时，遭蒙军拦截。夏贵遂命都统王甫强行冲破封锁。待粮草运达渠江上游诸山城后，王甫又率兵船会张珏并力攻虎啸城。此次宋军围攻虎啸城，其战果史料上没有确切记载，但虎啸城并未被攻占，因此此次攻城应该是无疾而终。

南宋景定五年（1264年），虎啸城的蒙古守军迎来了一场规模空前的生死之战。

这年6月，夏贵决心拔掉虎啸城这枚眼中钉、这根肉中刺，率军数万扑向虎啸城。面对宋军10倍于己的兵力，蒙军守将张庭瑞遂采取分地死守战法，以疲其师，等待援军。

在宋军猛烈的炮击下，虎啸城城壁多处坍塌。但蒙军早有预案，将事先准备的木栅栏堵住缺口。木栅栏被击碎后，蒙军又将绷着牛皮马皮的大树干抬上阵地，拼成一道特殊的防御工事，宋军炮火凶猛时将其放倒，宋军冲锋时则立起以作障碍。

虎啸城久攻不下，夏贵只得另打主意。当他探知城中无井时，便下令断绝虎啸城水道。这一招果真击中蒙军软肋，蒙军口渴难耐，只能将人畜尿水煮沸，再用沙土过滤后去除臊臭饮用。即便这样，也只能定量分配。这尿水初饮时尚觉畅快，但不久便令人口舌生疮，疮裂后更是疼痛不堪。

古往今来，断水确实为厉害的作战招数。时值六七月份，川东地区已是酷热难耐，战火的熏炙更是让人如缺水之鱼。这期间的蒙军守城士兵，犹如被放在火上烧烤。即便如此，他们也依然严防死守。

一个月后，蒙军左壁总帅史枢率援军到达战区，但不敢交战。此时张庭瑞揣度，宋军一定担忧被内外夹击，必然分兵防守。于是，他果断出击，以1500人分兵3路，夜袭宋营，杀都统栾俊、雍贵、胡世雄等5人，斩宋军千余人。与此同时，蒙军另一支援军由东川帅府参议焦德裕率领，每人持3支火把，以迷惑宋军，乘夜进至夏贵营附近。夏贵见火把数不胜数，以为援军众多，遂撤围退走。焦德裕率军追击，至鹅溪（今四川广安北）击溃宋军，斩首千人，获马畜、兵杖以万计。

此次虎啸城之战，蒙军绝地逢生，南宋军反遭惨败。南宋朝廷震惊，川东军民不安。因此，此战为宋蒙战争中的重要战役之一。

拙于山地攻坚的蒙古铁骑，在蒙古大汗蒙哥时期，对坚城险关的评判和使用，主要表现为在宋军废弃的州郡旧址筑城驻守。而到了忽必烈时期，除在原有旧址上筑城外，还主动选取具有战略价值的新地点筑城。在川东，除了杨大渊创修的虎啸城以"俯瞰渠江，可绝二州漕途"，汪良臣又修筑武胜堡，杨文安修筑蟠龙城、方斗城等。

从古至今，凡有雄才大略的军事家，其进行战争的制胜之道，不仅仅来自典籍，而是更注重、更善于从战争中学习战略。蒙军作战略调整，或出于无奈，或因惨痛教训，但虎啸城攻防历史，再一次向人们昭示了这一真理。

白马关　见证蜀汉的兴亡

北起汉中、南达成都的金牛古道，被山带河绵亘千里。秦汉以来，它见证了秦灭巴蜀、诸葛亮六出祁山、唐玄宗入蜀避难、宋太祖平定后蜀、蒙哥汗攻南宋等诸多重大历史事件，由此便有了"蜀中有事，千里金牛皆战场"之说。

是战场，便有将士埋忠骨于青山。沿金牛古道由北向南，诸葛亮、马超、姜维、费祎、蒋琬、诸葛瞻、庞统等蜀汉名臣良将的墓祠，依次坐落在古道边。

益州小咽喉

古代，由陕甘方向南下的伐蜀大军，穿过葭萌关、剑门关、涪城关之后，向西南方向前行，前方基本一马平川，四川盆地就在眼前。

然而，罗江县鹿头山，横亘在成都平原北缘，山上的白马关扼住金牛古道，成为踏入成都平原的最后一道屏障。清朝著名诗人李调元，曾以"江锁双龙合，关雄五马侯。益州如肺腑，此地小咽喉"的诗句，形容此关在战略意义上的重要性。

作为益州小咽喉的鹿头山，留有惨烈战事的血色印迹。一座蜀汉重要人物的祠墓，便坐落在这里，而墓主是战死于山下的刘备军师庞统。

建安十六年（211年），汉中军阀张鲁欲图益州。法正给刘备献"明助刘璋，暗夺益州"之策，庞统向刘备进"今日不取，终为人利耳"之言。于是，刘备亲自率兵沿江入蜀，受刘璋之托驻守葭萌关，为以后夺取益州作准备。

建安十七年（212年），刘备认为夺取益州的机会已到，采纳庞统所献的上、中、下三策中的中策，相继攻占了梓潼、涪城、绵竹。建安十九年（214年），庞统随刘备率军将雒县（今广汉市）重重包围。雒城是拱卫成都的桥头堡，也是一座坚固的城池，只要将它攻克，夺取成都就如囊中探物。

当年五月底，刘备对雒城展开强攻。这是他自荆州入蜀的第一场硬仗，双方阵地都尸横遍野、血流成河。战事进行到这种程度，任何一方稍有闪失，便会功亏一篑。就在这胜败系于毫厘间之际，军师庞统亲自出马率领士兵攻城，不幸被蝗群般的飞矢射中胸口，一声未叫便坠马而亡。"进围雒县，统率众攻战，为流矢所中，卒，时年三十六。"（《三国志·蜀书·庞统传》）。

据《三国演义》描述，射杀庞统的是刘璋麾下的张任。张任本是蜀中名将，但是文学作品威力太大，让他背负这个罪名，以至于生前身后之事都无人提及了。

在赤壁之战中，庞统巧献连环计，游说曹操将水军战船用铁索相连，致使孙、刘联军火烧赤壁,初步奠定三国鼎立的局面。无论此事真实性如何,庞统在赤壁之战中还是有功的。抚今追昔,刘备万分悲伤,以至于后来一说到庞统,仍泪流不止。此后,刘备将庞统厚葬于白马关古驿道旁,并在庞统墓前建祠祭祀他。

庞统埋骨处

白马关前,残存着近200米长的金牛古道,一条深深的车辙遗存在铺道的石板上,这是鸡公车长年碾压留下的痕迹。这种单轮的手推车,车轮木制,轮缘裹铁皮,是蜀地主要的运输工具。至少从汉代开始,它便行进在崎岖的金牛古道上。

白马关"北望秦岭锁八百里连云,南俯益州开千里沃野"。它不仅是著名的古战场,更是汉靖侯庞统祠墓的所在地。现存的祠墓,是在刘备始建的基础上,于清康熙年间重建。

庞统祠墓坐落在白马关最高处,掩映在森森翠柏之中。它的主体结构分为门厅、二师殿、栖凤殿和墓园四大部分。

庞统祠的门厅,有着正八字仪墙、悬山式屋面、三道半圆石拱门,匾额上书"汉靖侯庞统祠"。整座建筑显得古朴典雅、庄严肃穆,颇似威风凛凛的将军府邸。

进入门厅,院中有两株千年古柏,一株树冠如龙,另一株树冠似凤,分别象征着卧龙诸葛亮和凤雏庞士元。后人因其形,赋以"龙凤二师柏"的雅称。

大院正前方,是祭祀庞统和诸葛亮的二师殿。"寻访当年龙凤姿,两公伯仲合同祠。"这也是全国唯一将伏龙、凤雏两人同殿共祀的地方。二人生前共同辅佐刘备,死后同殿奉祀,"千古成双伴夕阳"。

过二师殿,便是祭祀庞统的专殿,名为栖凤殿。殿中供奉的庞统坐像,再现了军师多谋善断的睿智风范。《三国演义》中描写庞统"浓眉掀鼻,黑而短髯，形容古怪"，因此庞统祠中庞统的形象，与潇洒倜傥不沾边。

"造物忌多才，龙凤岂容归一主；先生如不死，江山未必竟三分。"这是著名才子顾复初为栖凤殿撰写的对联。下联对庞统给予了高度评价，颇有一人存亡而关乎历史走向的慨叹。

庞统墓园坐落在栖凤殿后面，古柏森森。其墓体为石箍圆柱状，墓顶为石雕镂空宝顶，下压八角凤尾，颇似巨大的将军头盔。清康熙三十年（1691年），四川巡抚能泰重立墓碑，上书"汉靖侯庞士元之墓"。墓前两侧，根据"刘庞易马、庞统尽忠"的故事，分别建有"的卢"马亭和"胭脂"马亭。

图26　庞统墓

"的卢"是传说中刘备的纯白坐骑，辛弃疾曾词赞"马作的卢飞快"。据说，刘备曾骑着它跃过宽数丈的檀溪而逃脱性命。庞统被乱箭射死后，的卢马也不知下落。

千百年以来，众多游客到庞统祠墓怀古寻踪、祭祀先贤。杜甫肃立墓前，触景生情，写下"有文令人伤，何处埋尔骨"；陆游跪揖祠前，吟哦"士元死千载，凄恻过遗祠"；朱德总司令路过庞统祠，庄重地题写"忠魂千秋"。

悲壮诸葛瞻

　　白马关紧邻成绵高速公路，前往此地比较方便，因此我几次拜谒庞统祠墓。

　　令人诧异的是，有一次在白马关周边转悠，竟然看到一座庞统血坟，目测高约3米、直径5米左右。据当地人讲，此墓周围原有12株古柏，后相继枯亡。

　　血坟旁边的古道边，有石碑两通，一通是地名碑，上书"落凤坡"三字；另一通是清同治年间的说明碑，上书"汉靖侯庞凤雏先生尽忠处"和叙文。叙文有一段文字可识："此地古之落凤坡也。山上有一土堆，父老相传为汉庞靖侯难权瘗所。"

　　当地人相信，此坡正是当年庞统中箭身亡之地。关于血坟的来由，则众说纷纭：有人说，埋葬着他中箭后被鲜血浸透的战袍；有人说，埋葬着他倒下之处被鲜血染红的泥土……比较可信的说法是，当年庞统身亡之后，穿戴的血衣就地收葬，即为现在人们眼前的血坟。

　　实际情况很可能是，雒城之战结束，刘备打扫战场找到庞统骨骸，因战事紧迫且立足未稳，只能将其临时归葬。占领成都、平定西川后，刘备追赐庞统为关内侯，谥号"靖侯"，这才正式为庞统在白马关高处修墓建祠，春秋祭祀。而人们所称的血坟，或许是临时安葬庞统之处。

　　距血坟不远处，有一面容沧桑的黑衣老人席地而坐，一边拍打怀抱的竹琴，一边用沙哑的嗓音吟唱。庞统的故事，在他那凄婉的旋律和苍凉的唱词中徐徐铺展开来……

　　白马关还有一处历史遗迹，那便是诸葛亮之子诸葛瞻与邓艾奋战尽忠的将台。

　　白马关在汉代称绵竹关，唐、宋易名鹿头关。蜀炎兴元年（263年），魏将邓艾伐蜀，诸葛瞻率御林军前往涪城（今绵阳）堵截，兵败后退守绵竹关。在关内的点将台上，诸葛瞻慷慨而悲壮地点校三军，发出与蜀汉共存亡的誓言。随后委任其长子诸葛尚为先锋，率军与邓艾血战。无奈蜀汉大势已去，诸葛瞻父子及全军将士以身殉国。绵竹关失守，后主刘禅降曹，蜀国亡。

白马雄关，见证了蜀汉在腥风血雨中崛起，又目睹了蜀汉在悲壮惨烈中消亡。

多少兴衰事，皆如云烟。如今白马关所在的山峦，古道俨然，果树蔓延，沟壑纵横，山泉潺潺，是怀古览胜的好去处。

浮华的云顶堡垒庄园

素有"立体史书"之称的四川隆昌石牌坊群,早已遐迩闻名,而与之毗邻的云顶寨以及云顶场,600多年来却屈居一隅,期盼着世人投来关注的目光。

云顶场"鬼市"的来历

在海拔530米的云顶山顶，首先展现在我眼前的是，一座高三四米、状如牌坊的柴门，迈进去，便是依附于云顶寨、俗称"鬼市"的云顶场。

云顶场首先给我的感觉是它的沧桑：通街青石条铺成的街面，被南来北往的过客的脚掌与草鞋，磨得溜光且呈弧形；街旁的民房基脚以石条垫底，石条上遍布厚厚的苔藓；房屋的门板铺板呈古铜色，木纤维毕现。

此时，天空飘起细雨，瓦当滴着雨水，路面泛着青光。整条古街游人杳无，不由令人想起"断肠人在天涯"的诗句。

雨淅淅沥沥下个不停，我来到一家炉火正红的铁匠铺暂时避雨。那位紫红色脸膛的老铁匠正在砧墩前忙活，见我向他打听云顶场"鬼市"是怎么回事，便放下手中的活路，兴致勃勃地与我聊了起来。

他告诉我，川南广为人知的云顶场"鬼市"，实际上是"夜半相聚，鸡鸣则散"的半夜市场。逢农历二、五、八场期，周边的农民在二三更时分，便将农产品或背或挑，提着灯笼打着火把前来赶场。每当这个时分，灯笼火把的点点光亮连缀成一条条火龙，蜿蜒在远山近岭的石径小道上。

渐渐地，伸手不见五指的云顶场街檐下，被这些来自四面八方灯笼火把照得通明。紧接着，讨价还价声、争多论寡声不绝于耳。约莫一个时辰，交易完成，人走场空，天边露出熹微的晨光。

据了解，起初云顶场夜间生意兴隆，是因为云顶寨内众多的庄主富足而闲适，作息时间晨昏颠倒。他们白天睡觉，晚上玩牌作乐之后，便纷纷到云顶场购物、进餐。而"鬼市"之说，则缘于夜市的生意人中，出现许多头缠黑巾、仅露双眼的蒙面人；有的人即便没有缠黑巾，也用锅烟灰将脸抹黑，使人不识其真面目。

原来是因为早年云顶场与泸县交界，常有土匪出没。土匪将抢劫得来的财物，在夜晚拿到云顶场去卖，因为怕被人认出来，所以就蒙面赶场。这些土匪遵循"兔子不吃窝边草"的原则，所以云顶寨和云顶场与土匪之间，多年相安无事。"鬼市"也因此延续了许多年。

这个寄生于云顶寨的乡场，萌生于清代末年。它虽然只有一条不足200米长的狭窄街道，但却有一条铺着碎石的专用跑马道，与云顶寨最宏伟的寨门通永门相连。

堡垒式庄园的历史

坚如堡垒的云顶寨，其雏形源于元末明初。

当时，四川盆地战乱不止，人口锐减。明弘治皇帝下诏移民。据说唐代名将郭子仪的第七子郭曙的后人，由当时的湖广入川。其为首者郭孟四，后来被尊为云顶寨的始祖。

明永乐年间，郭氏后人在云顶山筑小屋数间。几代后，人口繁衍，财产富足。至万历年间，因社会动荡、地方不安宁，郭氏家族便在山顶平阔处因山形以乱石垒墙，内围土地200多亩，开四门，此为云顶寨的雏形。

清咸丰九年（1859年），反清农民军领袖李永和、蓝大顺在云南起义，后进兵四川，一路夺城掠地。当时，云顶寨郭家十七世郭人镛，已是收租3万多石的大地主。为保全家族性命和财产，他用白银2万多两，以大石条依原址重建寨墙，寨门不仅被拓宽，而且建成城门样式。此次重建，使云顶寨成为名副其实的堡垒式庄园。

清光绪二十年（1894年），郭氏十九世郭书池，从湖北督粮道任上辞官返乡后，又斥资2万多两银子，花了两三年时间，升高了墙体，完善了防御、储备设施。自此，占地245亩（规模仅略小于当时的隆昌县城），城墙全长1640米，平均高度5.2米，底部宽约6米，顶部宽约4米，内有54座庄园、4口水塘，以及炮楼、兵棚、仓库的云顶寨，就成为川南地区有名的堡垒式家族建筑群。

由于郭氏家族的兴盛，为满足其生活之需，清末，郭雅南会同泸州举人万慎，报省批准在云顶山建云顶场。当年，场上商业兴旺，从酒店茶楼到钱庄字号，从药铺米铺到山货铺绸缎铺，凡生活之需一应俱全。

从云顶场场街的二分之一处的跑马道朝云顶寨穿插过去，步行不到5分钟，便到了云顶寨通永门。

呈现在我眼前的云顶寨寨墙，几乎没有倾颓坍塌之处。那一根根修筑寨墙的长1米多、高宽各1尺余的青石条，只要不被人为毁损，再过多年也会岿然不动。

高墙深院里的浮华

通永门是云顶寨中的主寨门，我从这里进入寨子后，郭氏家族当年的生活场景，便一一展现眼前。

云顶寨通永门

首先，我看到的是以大条石筑墙、红柱灰瓦、结构对称的寨务局旧址。其门前立有两根水桶粗的石柱，其上雕龙镂凤。由此可以想象，当年的族长是何等威风。

这寨务局，类似今天的物管公司。郭氏家族收租多、银钱多，没有武装保护肯定不行。于是，云顶寨特设管理寨丁和武器添置的寨务局，其经费由寨内各庄主分摊。寨务局由寨长主持工作，设庶务一人，管理钱财；设司务长一人，管理伙食、枪支；设连长一人，管理兵丁。民国初年，郭蔚华当寨长时，除寨丁外，另扩展两个营的武装，一营守寨内，一营驻寨外炮台。

郭氏家族以云顶寨为中心，占有土地最多时方圆40余千米，田租收入97000余石。族长以家法治寨，曾向四川官府请准生杀予夺大权，不受当地政府节制。隆昌县官上任，反而要先拜谒郭氏族长。因此，云顶寨又有"云顶国"之称。

离开寨务局旧址，我沿寨内一条石板路顺时针而行，便到了建于1912年的金墨湾庄院。

该庄院是一个四合院。其大天井中央，有一个4米见方的整块山石打凿的石鱼缸。缸内鱼戏睡莲，缸外壁雕刻的花草虫鱼栩栩如生，鱼缸周围是假山、花木。天井周围的一圈房屋，为当时罕见的仿西式楼房。可以想象，当年该院主人的生活是多么闲适、优雅。

如今该院已辟为云顶寨民风民俗展览馆，收藏着郭氏家族遗留的文物。其主要的展品是古旧家具，几张精雕细琢的木床令人叹为观止。

再往前走，是另一个保存较为完好的庄院大夫第。这个庄院的屋基以巨石垒砌，高出地面近2米，一道宽约5米的石条台阶通往院内。房屋的形制阔大，院墙皆砖砌堆花，院屋梁柱皆雕镂彩饰，连屋檐的望板也绘有彩图；院内除了卧室、厅堂、厨房，还有小型戏台、花园和水池。

该庄院因年久失修，已坍塌过半，但仍可依稀领略昔日的浮华风采。据了解，这是曾任云南监察御史郭亚楠的故居。

过大夫第不远，一口占地四五亩的大堰塘出现在我眼前。令人有些惊讶的是，堰塘之上居然横跨着一座五孔石桥。因为风化，桥墩、桥栏、桥面严重剥落，如同卧在水面的怪兽。

想当年，正是有了这座精巧石桥的点缀，一个不大的水塘便平添了许多灵韵。当然，在这孤峰突兀的山顶挖掘这么一个大水塘，其本意一定是战患或天灾时供生活所用的。郭氏家族的人为这口堰塘取了一个好听的名字：如意湖。

壁垒森严中的防御

游完寨内，我攀上寨墙。细看寨墙墙体，是用石灰、沙子、黏土掺糯米浆以大条石砌成，虽不及水泥好，但在冷兵器时代，却也坚不可摧。

据当地人介绍，这云顶寨寨墙的结构颇为考究。其墙顶马道外沿，建有墙高1米的护身墙，墙上建有高0.6米的垛口，这是常规的军事防御城墙的形制。但是，一些地势较高的墙段，在垛口上另砌有0.7米高的压墙，既可对墙外保持高度，又可阻碍袭击者攀越。此外，压墙还可以防止寨外高地敌人的箭矢或枪弹，越过墙垛射杀防守者。

主要寨门建有门楼，作瞭望之用，有寨丁日夜轮守。在寨墙的四个方向上，有与墙体结合在一起的四座炮楼，分别命名为天炮台、地炮台、大炮台和烂炮台，每座炮台上设置牛儿炮、罐子炮多门。

作为堡垒式庄园，云顶寨的防御手段颇有民间特色。寨务局规定，凡寨丁每次回寨，都要捡回石头一块，丢在寨墙下，以便一旦弹药耗尽就作武器之用。寨丁除了用枪守护寨子，另用尿壶装火药，混入铁砂，严封紧箍后，放于炮台和哨楼内，当作炸弹使用。寨墙上每垛都备有一罐石灰，用于对付攀墙进攻的敌人，隔一垛就有用煤油浸足的松树枝一堆，如夜间有敌来袭，点燃后扔下作照明弹使用。

云顶寨在内容和形式构成上，同欧洲建在山巅的古堡有异曲同工之妙。

寨内的建筑，虽仅有金墨湾、寨务局、大夫第、新骑龙坳等基本保存，但从其建筑的残垣断壁仍可看出川南民居、客家民居、徽派民居及中西混合式的建筑风格。而600年来形成的郭氏家族独特的家风，使郭氏家族在各行各业人才辈出。仅在清朝，郭氏家族便出了1个进士、13个举人、1个武举人。

我离开云顶寨时，又下起雨来。烟雨朦胧中回望这云顶寨，它缥缥缈缈，犹如太虚幻境……

"上帝折鞭"钓鱼城

1259年，正当成吉思汗的后裔们横扫半个欧洲、罗马教皇惊呼"上帝罚罪之鞭"降临之际，欧洲人突然发现，让他们又恨又怕的蒙古铁骑疾风般消失了。与此同时，面对纵横驰骋于阿拉伯半岛的蒙古铁骑，凭借红海天险与之作最后决战的埃及军队也突然发现，剽悍骁勇的蒙古军队竟如潮水般退去了……

那个时候，谁也不知道，连重庆合川钓鱼城上殊死抗击蒙古军队的南宋军民也不知道，正是他们惊天动地的决死气概，令"上帝之鞭"蒙哥大汗（元宪宗）命丧钓鱼城下。

自此，蒙古大军各路军团统帅们，纷纷原路

折返，为争夺汗位发生内讧。整个世界的命运，也由此而改变……

固若金汤护国门

钓鱼城位于重庆市合川区东北部的钓鱼山上，距合川城区约5千米，是国内仅存的一座完整的真正的宋城。它坐落在嘉陵江、涪江、渠江包围的一个长形高地上，海拔319米，有拔地倚天之险。

传说远古时期，有巨人在山顶钓鱼馈赠遭受洪灾的难民，巨人留下足印的石台被称为钓鱼台。如今临江的石台仍刻有"古钓鱼台"的大字，硕大的足印也清晰可见。

南宋宝祐五年（1257年），已横跨欧亚大陆的蒙古帝国大汗蒙哥决定发动大规模的灭宋战争。他分别命令忽必烈攻鄂州（今武昌），塔察儿、李璮等攻两淮，兀良合台自云南出兵经广西北上。蒙哥则亲率蒙军主力攻四川。

蒙哥以四川作为战略主攻方向，意欲发挥蒙古骑兵长于陆地野战而短于水战的特点，以主力夺取四川，然后顺江东下，与诸路会师，直捣南宋都城临安（今杭州）。

蒙哥亲自率领的蒙军主力浩浩荡荡，在以天险著称的四川过关夺隘，势如破竹。

南宋宝祐六年（1258年）初，蒙哥顺利地占领了成都。年底，挟战胜之威的蒙古军队杀奔重庆。但是他们没有料到，拱卫重庆钓鱼城要塞的南宋守军，在主将王坚与副将张珏率领下，不但没有如之前的各座城池那样，或投降或溃散，反而在山头升旗放炮，将前来劝降的汉人晋国宝斩首示众。

改变世界历史走向的宋蒙钓鱼城之战，由此拉开了波澜壮阔的序幕。

我是清明节从成都出发，当天抵达钓鱼城的。前一天下了一场春雨，当我站在钓鱼城护国门城楼上时，碧空如洗，春光明媚。

正是在1259年的清明节，也许是天佑守城的南宋军民，一场罕见的大雷雨从这天开始，持续20余天，延缓了蒙军首次强攻护国门的作战计划。

护国门是钓鱼城8座城门中最为雄伟的一道险关,位于城南的第二道防线上。它右倚10多米高的峭壁,壁腰上铺设的栈道可下至第一道防线;它左临百米悬崖,悬崖下便是滔滔嘉陵江。

钓鱼城护国门

此地是保证城内外交通的重要孔道,尽管地势极为险要,但为了万无一失,护国门内又修一瓮城。因此,即便城门失守,蒙军在城门内不足200平方米的逼仄区域里,也面临一道更高的城墙,守城军民正好关门打狗。

4月22日雨停后,蒙军开始重点攻击护国门。24日夜,蒙军登上外城,与守城宋军展开激战。《元史·宪宗本纪》称"杀宋兵甚众",但蒙军的攻势终被宋军打退。护国门在钓鱼城抗击蒙军的36年间,经历上百次惨烈战斗,却终未攻破。

在护国门城楼拐角处,残存着一个炮台基座,由一整块两米见方的山石凿成,系当年的真迹。千古的历史风云洗礼,无数的游客手掌触摸,已使基座棱角不存，变得光溜溜的。

我俯身触摸基座，仿佛还有火炮发射后留下的余温。正深思，一小孩问我："叔叔，这是什么？"我说："这是架大炮的地方。"小孩一脸疑惑。那小孩的父亲倒是幽默："娃儿，这里原来是放大鞭炮的地方。"

从护国门沿城墙东行100余米，是飞檐洞暗道。它是钓鱼城军民修凿的一条秘密通道，入口在城墙内，出口隐蔽在城墙外的怪石与草木之间。

当年，蒙军乘夜发动一次大规模的偷袭，护国门岌岌可危。守将王坚派遣一去不复返的敢死队员50人，从飞檐洞潜出城墙外攀岩而下，然后绕到蒙军后，与城内宋军夹击蒙军，打得蒙军大败。

1260年，立下战功的王坚被奸臣所忌，调到京城临安当了一个闲官，并受到贾似道等权贵的排挤，忧郁而终。

我佝偻着身子，从仅容一人通过的暗道行至出口。俯身向下看，是乱石嶙峋和树木横生的悬崖；抬头向上望，横亘着壁垒森严的城墙。一座孤城能死守36年不破，从而成为从古至今城防战的典范，其防御的手段一定是多样化的、超乎寻常的。

攻防兼备一字城

事实果真如此。在距飞檐洞暗道不远处，一处在世界军事史上都留下浓墨重彩的南一字城，展现在我眼前。

南一字城墙与主城墙成"丁"字形，如同从主城墙伸出的一柄利剑，直插嘉陵江心。它长数百米，高5米，呈阶梯状。

南一字城是重要的交通运输通道。各种物资从南水军码头，通过南一字城顶部的通道运到山上；在战斗中，军队可以从这条通道快速散布到各个防御口，抵御敌军。同时，在南一字城上装置有抛石机，也就是发射石弹的装置。据史料记载，钓鱼城抛石机发射的礌石可打中300多米外的目标。

南一字城在江心的一端，既是宋军补充给养的码头，又是限制蒙军在江岸集结的外围防线。从局部的战斗来讲，在南一字城墙的宋军，可以从侧面以火炮、弓箭打击进攻主城墙的蒙军，即所谓射界无死角；从战略上讲，南一字城墙截断了嘉陵江主航道，使蒙军大型战船不能顺江而下直逼重庆。南一字城墙的创意，令人惊叹不已。

在南一字城墙与主城墙的衔接处，是一座视野开阔的瞭望台。

我站在台上瞭望，只见伸入江心的城墙墙基尚存，只是高出水面不多；从江岸沿河坝越峭壁至主城墙的这一段南一字城墙，支离破碎地湮没在荒草乱石之中，如同被斩成数段的蛟龙。不过，它毫无争议地见证着钓鱼城的腥风血雨。

长剑锈蚀了，但它毕竟曾经令入侵者为之胆寒。

从城墙上看水军码头，直线距离并不远，但由于山势陡峭，山道只能在荒草中蜿蜒而下。行数百米后，眼前便是第一道防线的关口，名叫"始关门"。

此关门当年承受着蒙军的直接攻击，起着缓冲作用。出"始关门"，其右侧峭壁刻有"上帝之鞭，折此城下"的大字，遒劲有力，颇有气势。细看，是四川一位很有才气之人杨超所题。

不出我所料，码头一切建筑荡然无存。能提示人们这里曾是码头的是，嘉陵江在此形成一个风平浪静的大河湾，以及江畔横七竖八堆垒着修堤筑坝的大条石。当年，蒙军是从嘉陵江畔正面向钓鱼城发起攻击的，因此水军码头应该是首先被南宋军民的鲜血染红之地。

大江茫茫去不还，而南宋军民的英灵，仍在我身边游荡。

据《元史》本传及元人文集中的碑传、行状等所载，不少随蒙哥汗出征的将领战死于钓鱼城下。由此可以想见，钓鱼城之战的惨烈及蒙军损失的惨重。

1259年6月，蒙古骁将汪德臣率兵乘夜攻入外城马军寨，王坚率兵迎战。激战至天亮时，天下起雨来，蒙军攻城云梯又被折断，被迫撤退。

此后，蒙军攻城5个月而不能下，骄狂的汪德臣遂单骑至钓鱼城下，欲招降城中守军。城中守军以飞石回应，结果汪德臣因此患疾，不久死于缙云山寺庙中。

蒙哥闻知汪德臣死讯,扼腕叹息,如失左右手。汪德臣之死,给蒙哥精神上以很大的打击。与之相反,被围攻达数月之久的钓鱼城,依然物资充裕,守军斗志昂扬。一日,南宋守军将重15千克的鲜鱼两尾及蒸面饼百余张抛给城外蒙军,并投书蒙军,称即使再守10年,蒙军也无法攻下钓鱼城。

"上帝折鞭"脑顶坪

游览"上帝折鞭"之处,当然是此行的重点。从瞭望台沿着城墙上的跑马道向东约一里路,便来到东门城楼。钓鱼城三面环水,唯有东门无大江阻隔。

1259年7月,蒙哥围攻小小的钓鱼城已5个多月。眼看春去夏来,大宋的旗帜仍然高扬在钓鱼城头。

蒙哥万万没有想到,一向柔弱如羔羊且只善吟诗作画的南宋人,竟会突然爆发如此惊人的战斗力。他对这座城堡的保卫者,产生了强烈的好奇,难道这些南宋人有三头六臂?于是,骄横猖狂的他,决定亲自指挥作战。

久经沙场的蒙哥,深知知己知彼的用兵之道。他在亲自指挥攻城之前,为了探察城内军情,催促部下在距东门城楼仅200米外的一座叫脑顶坪的山包,搭建高高的望楼。这望楼类似当今的电梯,设置了以缆绳升降的车厢。

岂料,从望楼开始搭建的那一天起,便引起了时任钓鱼城守城主将王坚的注意和警惕。于是,王坚在东门城楼设置了专门的大炮,炮口瞄准望楼。

果然,望楼竣工之日,一大批蒙军将领簇拥着蒙哥,出现在望楼楼顶。此时,王坚一声令下,如雨的弹石向望楼投射,将望楼彻底摧毁。蒙哥身中飞石且被炸药震伤,数天后死亡。创作于宋末元初的《钓鱼城记》,曾这样记述:遗恨万分的蒙哥临终前发布遗诏,"不讳之后,若克此城,而尽诛之!"

我依着城堞,久久凝望对面那个叫脑顶坪的山包。这山包与城楼差不多高,可以想象,站在那里,是可以清楚看见城上守军情况的。风险与希望并存，几乎战无不胜的蒙哥并非永远幸运。

我问东城城楼的管理人员，脑顶坪上蒙哥被炮火击中的地点有没有标志。他有些遗憾和无奈地说，具体地点无可考证了。

为体验一下当年蒙哥的感觉，我出了东门城楼，绕过山坳里波光粼粼的冬水田，爬上树木葱茏的脑顶坪。

从这里看钓鱼城，陡崖峭壁与城墙融为一体，如同巨大的屏障绵延矗立。对攻城者而言，不要说冒着炮火进攻，就是毫无干扰攀越也是难事。

蒙哥本可绕过钓鱼城南下，实际上他的部属也力谏他这么做。尽管他也只是"只识弯弓射大雕"的英雄。他渴望征服，渴望征途中碰到真正的敌手，所以才置身险地。

1279年，崖山海战宋军失败，南宋丞相陆秀夫背着9岁的少帝赵昺投海，南宋灭亡。而此时，钓鱼城"独钓中原"，成了名副其实的孤城。

也就在这一年，久经战阵的时任钓鱼城守城主将王立，为保全城内10万军民的性命，以不可杀城中一人为条件，放下武器终止抵抗，钓鱼城才落入元军之手。

蒙古铁骑在驰骋欧亚大陆的过程中，凡是抵抗的城市都被屠城，杀人过亿！唯有钓鱼城用实力和尊严，让魔鬼放下了屠刀。

火器工厂"九口锅"

镇西门是钓鱼城西端的第一道关门。去镇西门途中，我游览了"九口锅"遗址。此处是中国最早能制造火器的兵工厂遗址，是中央军委明令保护的珍贵文物。

南宋时期，利用火药的爆炸性杀伤力攻击敌人的兵器，正处于世界兵器发展史的飞跃阶段。守将王坚、张珏等集巴蜀能工巧匠于此，制造铁雷、火炮等威力巨大的杀伤性武器。

该遗址虽濒临嘉陵江边，看似危险，但却位于逶迤起伏的防御城墙的一段最高处。这样，既可保证安全，又能以最快的速度，直接将新造的火器送达前线。由此也可想象，当年的战事是何等惨烈！

我看到，在一块比篮球场还大的较为平坦的高台上，当年兵工厂的脸盆粗的圆形柱础仍在，利用山石地面凿成的碾制火药的锅状凹坑一如当初。"九口锅"也因此得名。

钓鱼城作为南宋巴蜀山城防御体系的典型代表，在冷兵器时代，充分显示了其卓有成效的防御功能，成为蒙古军队不能攻克的堡垒。中国人民革命军事博物馆古代战争馆特意制作了钓鱼城古战场的沙盘模型，以展示其在中国古代战争史上的重要地位。

实际上，过了"九口锅"遗址往西下行一里多路，便走出景区范围了。我向景区管理人员打听，得知镇西门还要往山下走两里多路。他还告诉我，那里只有一座孤零零的城门，周围都是庄稼地了。

在那管理人员疑惑不解的目光里，我沿着称为"薄刀岭"的山脊上一条不足一米宽的小路，往镇西门而去。

沿田埂绕过一块块油菜花地和小麦地，穿过几座农家小院，被齐腰深的蒿草湮没的镇西门，出现在眼前。门洞里阴暗潮湿，壁上长满苔藓；门洞仅高两米多一点，但左右两个插门闩的孔却有大土碗粗。

令人惊讶的是，镇西门有平行的两道城墙，墙与墙间隔两尺左右，类似房屋建筑的夹层。为何修成这样，是一个谜。我想，这样做的目的，可能是当它被敌人炮火正面命中时，因内外墙未筑成一体，从而避免整体坍塌吧。

面对这真实而又奇特的历史遗迹，我的心被震撼，并为之叹服。

城门边一位穿T恤衫、牛仔裤的村姑正在播种玉米，她见我拎着支有三脚架的相机跑上跑下的，一脸好奇，忍不住问："你是不是来勘探测量什么的？"

看着这位守着自己祖先的精神财富而熟视无睹的女子，我欲言又止……

从1243年到1279年，在大半个中国已被蒙元军队占领的情势下，钓鱼城军民以弹丸之地，力挽狂澜，抗击蒙元军队达36年，创造了人类战争史上的奇迹。

得知钓鱼城陷落的消息，正在大都（北京）监狱中的文天祥，集杜甫诗句哀悼宁死不降的钓鱼城守将张珏等人："气敌万人将，独在天一隅。向使国不亡，功业竟何如。"而世人对钓鱼城"独钓中原"的称颂，既宣示着它的骄傲历史，也流露出它的无比孤独与无奈。

今天，当人们走进这座曾让蒙古铁骑望而生畏的城池，走在饱经战火但依然巍然屹立的古城墙上时，心中都会油然而生一股苍凉豪壮之气。

陈毅元帅以《登钓鱼城口占》赞道："钓鱼城何处？遥望一高原。壮烈英雄气，千秋尚凛然。"

小相岭上的海棠要塞

这个古镇得名海棠,一说是因该镇的城郭形似海棠叶,另一说是因该镇有种植海棠的悠久历史。这座与美丽的海棠花有着不解之缘的古镇,却坐落在偏僻、险峻、荒凉的小相岭山麓,是经由南方丝绸之路自北向南,进入富庶的安宁河谷的第一座军事重镇。

海棠古镇聚居着彝、汉、藏、回等多个民族,散发着浓郁的彝族风情。

蜿蜒山道上,不时可见哒哒哒的骡马车上挤着一大家子赶集走亲戚;温暖的土坯屋里,随时都有石砌的火塘上烤着的腊肉土豆恭候客人;热闹的镇街上,皮肤黝黑、头发微卷的彝族汉子的

"擦尔瓦"、头戴饰品、明眸皓齿的阿咪子的"百褶裙",是游人眼里一道道移动的风景。

长烟落日孤城闭

我从安宁河谷的泸沽镇经越西县梅花乡后,进入南方丝绸之路故道。

此时,山野里已了无人迹,道路的轮廓也逐渐模糊。汽车艰难地驶过彝、汉、藏杂居的甘洛蓼坪乡政府驻地后,我心里正盼着柳暗花明,偏偏在一处靠近山脊的缓坡上,又出现一个无任何标志的岔路口。

我下车观察,分岔的两条路的路面都被野草侵道,只隐约可见路基,路面湿漉漉的,有山水漫过,但不见车辙的痕迹。我抱着侥幸的心理,打开一直没有信号的手机期望用导航,居然有信号,显示这两条路都是无名路,都能到达我的下一个目的地——海棠古镇。

于是我毫不犹豫地选择了地势稍微高一点的那条路,因为这条路可能干燥一些,路面也就硬一些。途中,只遇到一辆丰田普拉多,车上那位当地的驾驶员告诉我,路就是这样的,走对了。

从蓼坪开始,我用了近一个小时艰难地驶完15千米路程,终于抵达海棠古镇。

海棠古镇坐落在一条河谷的台地上。远在西汉元鼎六年(前111年),汉武帝置越嶲郡(今越西县)时,便在今天的海棠镇所在地设阑县。明代在此置镇西守御千户所,以300多名步骑兵镇守。清代又在此设宁越营、置都司府,以管理地方行政事务。

悠久的历史,在海棠古镇驻足了辉煌的一瞬;漫长的古道,在海棠古镇留下了不灭的印迹。

明嘉靖四年(1525年),观察使胡东皋修筑土城,开有西、北两门,海棠初具军事要塞的规模。清道光十八年(1838年),都司陈世享请旨,在明代土城墙的基础上,烧砖重修城墙。如今,这里仍完整地遗存着一段长900

海棠古城城门

多米的古城墙和坚实的北城门。

如同多数山地要塞一样，海棠镇当南方丝绸之路故道而立，前临坡陡的河谷，后倚如屏的山岭。如今，临河谷的古城墙仍巍然屹立。古城墙墙根距地面两三米高的墙面布满苔藓。我从一处今人挖开的豁口登上城墙，近距离观察高处的墙砖，只见每一匹墙砖上，均烧制有道光十八年字样。由于年代不算太久远，所以字迹十分清晰。有点遗憾的是，城墙的箭垛已被毁，从城墙内贴墙修建的一些民宅高过了墙顶，又顺势占用墙顶搭起偏房。

经当地人指点，我好不容易才找到海棠镇仅存的标志性建筑北城门遗址。但是，它左右的城墙已被拆掉，如今被鳞次栉比的房屋包围。好在它已被列为省级文保单位，恐怕不会再有人动它一砖一石。

这崇山峻岭之间的古城门和断壁残垣，令人不由得感到"千嶂里，长烟落日孤城闭"的苍凉意境，随之而来的是一阵穿越时光的幻觉。

翼王悍将洒热血

海棠古镇包括大街、中街、正街和几条小巷，木墙青瓦的楼房在正街上还保留着，最老的已有100多年历史。

临街的房屋底层多为商铺，楼上为客房，便于南来北往的路人留宿。铺面一侧有门道进入四合院，正对的是堂屋，其余三面为住房和厨房，天井里一般都有水井和石桌凳。再穿过堂屋侧边的过道，便来到设有厕所和畜圈的后院。由此可以看出，虽然海棠镇地处汉、藏、彝、回混居地区，但由于自古以来较长时期是中央政权掌控的边关和交通枢纽，因此其建筑风格与布局明显倾向于汉式。

海棠古镇木楼门窗镂空刻花，椽子通常雕有兽头，撑拱或雕有卷草或雕有云纹。从其建筑艺术的讲究程度上看，古时海棠的确兴旺发达。我钻进一座老屋看了看，真还很有点特色，穿斗结构，有巷子、天井、后院，只可惜现在已经有些摇摇欲坠。

明清至民国初年是海棠镇的鼎盛时期。作为商品集散地和屯兵之地，或出于祈愿，或出于信仰，或出于思乡，这里一度庙宇林立。世事沧桑，如今仅有一座千佛寺了。

千佛寺坐落在古镇的最高处，走过20级台阶，只见一对大石狮子蹲坐寺门两旁。寺院内有一通立于清同治九年（1870年）的石碑，碑上刻有"汉夷"两个大字。据当地人介绍，这碑上实际是"汉夷率服"四个字，"率服"二字被损毁了。据民族学家解释，这碑文表达的是国家统一、民族和睦相处之意。

在太平天国翼王石达开转战四川期间，其一支偏师曾攻占海棠古镇。

当年石达开出走天京后，将所属部队分为五旗，悍将赖裕新为战斗力最强的中旗首领。1862年3月，赖裕新率中旗全部人马沿安宁河急速北进，经礼州、泸沽、冕山、中所，直逼越嶲，意在吸引清军主力的火力，以便于向西边挺进的石达开主力在石棉安顺场顺利渡过大渡河。

1862年3月23日,赖裕新率领中旗全部人马,乘夜从中所扑向越嶲城,"火炬遍山,威如风雹,趋绕教场而东,人似蚁阵,旗帜如林"。如此之大的阵仗,既有攻占县城、补充给养的意图,更有尽可能虚扬声势、加倍引起清军注意力的目的。清朝越嶲同知周岐源、土司岭承恩等官军及士兵,登陴顽抗。双方相持期间,狡猾的岭承恩利用熟悉地形之便,率士兵潜出城去,在中旗人马必经的南方丝绸之路故道上的梅花乡白沙沟设下埋伏,命士兵在临沟的山上安设滚木擂石。

3月24日,当赖裕新率中旗全部人马绕过越嶲进入白沙沟时,山上滚木擂石齐下,一时间沟内尘土飞扬,遮天蔽日,无数太平军士兵被滚木擂石砸得血肉模糊。由于沟中无隐蔽之处,侥幸冲出白沙沟的太平军士兵也因为不熟悉地形路径,被士兵用火铳和弓箭追杀。此役,虽然中旗大部分士兵拼死杀出,但历来身先士卒的赖裕新被滚木击中,当场殒命。

经此一战,清军官军及士兵也遭到重创,因此赖裕新的太平军余部到达海棠时一路顺利。当时海棠城有近三百清军驻防,由海棠都司府都司陈士亨指挥。眼看杀红了眼的太平军浩浩荡荡而来,陈士亨匆匆弃城而逃。

据当地人介绍,海棠镇及周边地区的太平军后裔不少。镇里有一户人家的祖坟被称为"叁棺",里面安葬着这家人的先祖苗氏。这位苗氏便是跟随石达开转战至四川的一名广东籍太平军女兵。海棠镇东门村3组有一座清代木质建筑,悬山式屋顶,面积为244.2平方米,兵败安顺场的石达开,曾经被清军短时间关押在此。

海棠慰藉万人心

如同四川山区其他古镇的习俗,老腊肉也是海棠镇居民餐桌上的主打菜。

一了解,才知海棠老腊肉早已成为品牌,已走出四川,走向全国,据说在北京尤其受欢迎。我细问这老腊肉有何独特之处,店家称,无它,只因山上放养的跑山猪肉质好，加上清香的松枝焖熏和在独特的气候条件下贮存后味道美。

经再三打听得知，彝族同胞制作腊肉相当讲究，选个头不大、肌肉结实的自养山猪，把四腿、肋骨等适合做腊肉的部位挑选出来，用精心配制的调料水浸泡多日，待肉浸入味后，在庭院阴凉处阴干，最后吊在灶台上方烟熏而成。

由于海棠镇海拔较高，年平均气温低，因此家家户户一年四季都有腊肉可吃。除了腊肉，还有腊肠和腊血肠。

与其他古镇不同的是，海棠镇内凡是卖老腊肉的商铺门店，货架上都摆满了黄澄澄油亮亮的老腊肉，连三面房墙上也挂得满当当的。走进里屋，整间房屋四壁都悬挂着老腊肉。

在四川，豆腐是人们再熟悉不过的家常菜。嘉州豆腐、剑门豆腐虽然早已名扬全川，其本质上的味道和工艺却大同小异。而海棠镇的灰豆腐却是另一种味道，吃在口里既有黄豆的清香，更有鸡蛋蛋黄的味道。

一家灰豆腐店店主告诉我，这是把做好的豆腐切成小方块后，又在小方块的每一面上均匀撒上草木灰，然后将其在阴凉处放置一天后再用清水洗净待用。他特别强调，如果是用荞麦秆灰做，那蛋黄味更浓。灰豆腐煮来吃、回锅吃、煎来吃、炸来吃、烤来吃等均可，而当地人比较喜欢的吃法是烤来吃。他们将灰豆腐切成片，用竹签或铁丝串起，撒上盐、花椒面和海椒面，再在炭火上将灰豆腐块儿每一面烤得黄酥酥的，最后津津有味地享用。

海棠镇镇街的居民汉族人居多，镇周围则多居住着彝族同胞，其中南方丝绸之路故道沿线的村落，则主要居住着划归藏族的尔苏人。

我向多位当地居民咨询海棠之名的由来。有人告诉我，这里的人家习惯种植海棠树，而由于气候土质原因，这里又特别适宜少见的白色海棠生长，可能就因此而得名吧。

扼南方丝绸之路要冲的海棠古镇，那白色的海棠花，一定给千里迢迢而来又即将踏上凶吉难料之路的客商征夫，带去了心理上的些许慰藉。那甘醇的苞谷酒和爽口的坨坨肉，一定给万里戍边和挥泪出征的将士，平添无比的豪情。

2000年来，曾经跋涉在南方丝绸之路上的人们，共同以他们泪浸的梦想、血染的壮志，在海棠古镇这座边关要塞里，凝聚成挥之不去的神韵和辉煌。

蒙哥御驾亲征首战的苦竹寨

13世纪中叶,宋蒙战争开始不久,四川便成为蒙军的主攻方向。一是因为中国中部及东部有长江天堑,蒙军又不善水战;二是因为四川乃天府之国,财多粮广。

时任四川安抚置制使余玠,针对蒙军善于平野驰骋,拙于山地及跨江作战的特点,采取"守点不守线,连点而成线"的战略方针,在南宋淳祐三年(1243年)至南宋淳祐十二年(1252年)的9年时间里,有计划有步骤地在四川境内的长江、嘉陵江、沱江、岷江沿岸,选择险峻的山隘加固和新筑了数十座山城。

这些城堡,大多建在山顶平阔、四周峭壁环

绕的方山之上，史称方山城堡防御体系。这是中国古代战争史的奇观，是非常时期的特殊产物。

在这种防御体系中，知名的有合川钓鱼城、苍溪大获城、奉节白帝城、南充青居城等，史称川中"抗蒙八柱"。同为抗蒙八柱之一的剑阁苦竹寨，是入川的蒙古铁骑勒马的第一个关隘。1258年10月，蒙哥入川后亲自指挥的第一仗，便在苦竹寨差一点以惨败收场。

当宋蒙战争结束，苦竹寨悲壮、惨烈的历史，也湮没在历史长河之中……

踏遍青山探古寨

初秋时节，当我在剑门关下盘桓，随意向几个当地人打听苦竹寨时，他们要么一无所知，要么只知其名不知其具体方位。

真令人遗憾，这个距剑门关10余千米、在南宋时全国闻名的抗蒙边关，竟被人们遗忘得如此彻底。

我的向导是当地的一位文化人。早在2005年秋，某电视台要做一档剑阁人文地理的节目，就是他带领制作人员攀上四周断壁、似海中孤岛的苦竹寨。

他对我讲，制作人员中一位必须出镜的年轻女主持人，被吓得闭着眼睛，最后是被人用滑竿抬上苦竹寨的。因山陡路险（实际多处上山路已断），每走一步都可能是自己生命历程的最后一步。

此后我的经历，证实了史书所言："苦竹隘西北东三面崭绝，深可千尺，猿猱不能缘以上下也。其南一途，一人侧足可登，不可并行。"

驾车西出剑门关镇，在一条机耕道上摇晃了2千米，又在一条乱石路上颠簸了1千米后，道路虽依稀可辨，但汽车在又陡又滑的乱石路上开不动了。我只得弃车，与向导一起徒步开始了苦竹寨之旅。

我脚下的这条通往苦竹寨之路，既不像幽幽古道，更不像正规公路，而是没有路基、直接在地面铲出来的便道。而我沿此路前往的苦竹寨，却是南宋时期的隆庆府治地。

将一个府治地由交通便利且富庶的平坝，迁往偏僻险要的苦竹寨，可以想象当年军情何等危急、战事何等惨烈。

向导边走边给我介绍，当年通往苦竹寨的路已无迹可寻了，现在的这条路是20世纪90年代中期，为采伐苦竹寨的原始林木而修的简易公路。明末清初，张献忠最后一次攻陷并血洗苦竹寨后，山上尸骨太多、冤魂不散、阴气太重，也因为上山下山非常困难，苦竹寨山顶方圆4平方千米的平阔之地，便无人定居了。无数尸骨腐化后，为林木的生长提供了养料，因此苦竹寨上的林木粗壮而茂密，是难得的优质的木材，这才使得企图一夜暴富的木材商们，不惜血本修了这条便道。

我们沿这条路在密林中穿行约4千米，眼前出现一块约100平方米的台地，上面有一排简陋的小木屋，下临深不见底的沟壑。

向导指着隔壑相望的一座如刀劈斧削般笔立的平顶山说："这就是苦竹寨！10多年前，为使采伐的树木从苦竹寨运下来，木材商在台地与苦竹寨之间，架了一条钢缆索道，因此，简易公路便到此为止，从这里到达苦竹寨脚下的路便很难走了。"他再三告诫，难和险是两个概念，等到从苦竹寨脚下往寨顶爬，就险了。

我放眼望去，它正如《读史方舆纪要》中所说："四际断岩，前临巨壑；孤门控据，状如城廓。"由于刚好雨过天晴，沟壑里腾起的热雾与山腰的雨雾，相互翻搅融合，使苦竹寨像一幅不停变幻的水墨画。

一夫当关古寨门

从台地下坡向苦竹寨脚下进发时，我看见了在那巨壑里奔流的小剑溪（剑门关前的那条河叫大剑溪），溪上有一处拦河而成的水库。据向导讲，20世纪60年代修造水库时，在河滩中发现数不清的生锈的铁箭镞。

剑门关和苦竹寨，为南下入蜀的一前一后的必经关隘，而苦竹寨为四面均被悬崖深峡隔断的方形孤山，比剑门关更易固守。因此，南宋军队明智地放弃了看似雄奇的剑门关，精心地选择了更加雄峻、利于聚兵屯田长期坚守的苦竹寨。

我站在河滩上仰望不见顶的苦竹寨，仿佛满山旌旗如云、刀戟如林、箭矢如雨。那一段血火交织的历史，总是让人生出挥之不去的凝重思绪。

距今700多年前的那条通往苦竹寨顶的小道，位于水库堤坝下不远处的乱石滩边。这小道本来就是在陡壁上掏凿出来的，宽不到两尺，又经数百年风雨侵蚀，有的路段则更为狭窄。因此，我需面朝崖壁，两手抓紧壁上的藤蔓，像壁虎般紧贴崖壁，一步一步挪过去。此时，必须盯死小道绝不可张望，因为稍一失足，便会跌下数十米深的且没有任何凸出部的断崖，然后直接坠入小剑溪中，不摔死也得淹死。

由于我的向导此前已两上苦竹寨，自然由他在前开路，主要是为我寻找并指示手脚的支撑点。在小道坍塌断裂处，他便如猿猴般先爬过去，然后用脚钩住树干，倒挂金钩般地伸手将我拽过去。

如此攀爬了数百米后，小道上断断续续出现了石阶。凭感觉，我知道离山门不远了。

当我刚转过一处拐肘弯，被史书称为东南门的苦竹寨山门，突然展现眼前。准确地说，那瞬间我看到的，是一块突出崖壁、状如虎口的巨石：苦竹寨高2米、宽仅1米多的圆拱形山门，好似被衔在虎口的猎物。

我看过不少方山城堡的城门，它们大多修在天然隘口处，完全依地势而设，但苦竹寨的城门却开于悬崖半壁，其位于城门拱顶的那好似虎口上颚的巨石，如天然的高墙而不可攀越。在这里，只需一名士兵手持弓箭，便可令苦竹寨固若金汤。

与四川境内几乎所有方山城堡不同的是，寨顶方圆4平方千米且为当年治府的苦竹寨，只有这唯一进出的山门。由此可以想象，当年号称"绞肉机"的蒙古铁骑，是何等势不可当，才迫使南宋军民选择这与世隔绝之处固守，以期光复家园。

这座城门，是南宋隆庆府所建的真迹，距今已近800年。此门与钓鱼城

南宋苦竹寨东南门

的西门、大良城的北门一样，为双拱制式，加大了门洞的进深。门洞里地面潮湿，光线昏暗。

我借助打火机的光亮，读完镌刻在门洞右侧壁上的明代滇南镇守大将军高任重的题诗："宋军设险开山寨，明守探奇到石门。一望剑山天下胜，诸峰罗立似儿孙。"门洞左侧壁上，则镌刻着明代剑州知州李璧登临此门的题诗："小剑山头接太青，周遭岩壑仅通门。太平时节何须此，借与猿猴长子孙。"

李壁所作此诗，读来颇耐人寻味。前两句写山形地貌，后两句大发悲天悯人的感叹：如此荒山古堡，在和平时期不可想象，如此之地，只能留给兽类繁衍生息了。

而这一荒无人烟之地，却曾为川北重镇的隆庆府所在地，也成为此后的探险者、寻宝者认定的藏金埋银之地。

据当地人讲，张献忠便是到此地的一个最强悍的寻宝者。当年他剿遍四川，唯独苦竹寨屡攻不下，后探得寨北峭壁上有隐秘的险径，便令士兵驱赶羊群寻路而上，攻破苦竹寨，然后将城中军民斩尽杀绝，血染小剑溪达10多里。

英雄魂魄化苦竹

1254年4月，蒙军将领汪德臣率先由陕西入川，他利用被俘获的南宋提辖崔忠，招降了苦竹寨守将南清。不久，南清北上朝见蒙哥大汗，他的部下杀死其家属及亲信，苦竹寨又复归于南宋。

1258年，蒙哥亲自率大军至苦竹寨。面对固若金汤的苦竹寨，蒙哥曾异想天开，尝试在密集炮火的掩护下，在苦竹寨邻近的山头与苦竹寨之间，架设一道天桥作为进攻的通道。最终，蒙哥利用南宋降将张实，使其招降驻守苦竹寨的守军。

张实满口答应，但他一进入寨内，反而与守将杨立一起坚守。张实为泸州神臂城都统，被蒙军使小人之计俘获，他又使计得以脱身。按他的信条，军人渴望的是面对面的血战，死在战场上才是军人本色。

这杨立和张实都是名门之后，有突出的军事才能。据说杨立是名将杨再兴的后代，一杆长枪使得出神入化；张实是北宋名臣张方平的后人，大刀功夫不弱，尤擅长立营布阵、策划谋略。

被张实当猴儿耍了的蒙哥气得发疯，调遣最精锐的部队倾力攻打苦竹寨。连续攻打数天，小剑溪被血水全部染红，但苦竹寨仍岿然不动。

蒙哥正苦于无计可施之际，一员名为史枢的裨将请求领战。

史枢本为汉人，所统领的部队尤其擅长山地作战。他选派数十名精兵，于深夜从南宋守军认为最保险的一处巨壑，先缒绳滑入数百尺的绝涧，再攀缘苦竹寨峭壁攻入城内。与此同时，蒙哥则率军从苦竹寨唯一的城门东南门佯攻。《元史·史枢传》载："枢率健卒数十人，缒而下，得其所以至师以闻。帝趣枢急取之……"

按常理，数十名攻入城内的精兵并不可怕，但是正领兵与声东击西的蒙军大战于东南门的裨将赵仲武，听到城内有蒙军的呐喊声，以为城池已破，立即放弃了抵抗，打开城门投降。

第二天深夜，蒙军逼迫已投降的南宋官兵，指认抵抗最卖力者。结果，以杨立为首的40名南宋官兵被当场斩杀，张实被残忍地五马分尸。

以诱降手段首次占领苦竹寨的蒙军将领汪德臣，在忽必烈继任大汗后，还特别旌表他"当先皇开拓之初，负益昌进屯之责，宝峰始筑，南人不敢加兵，苦竹既平，山寨继来输款"的伟绩。而汪德臣在占领苦竹寨后偶染疾病，蒙哥亲率诸王前去看望，十分动情地对他说"尔疾皆为我家！"并亲自为他敬酒及赐以玉带。

由此可见，苦竹寨在蒙军看来是何等重要！若苦竹寨不被攻克，就谈不上进占四川。

漫山的翠竹，因吸纳了南宋将士的血泪而有了苦味，苦竹寨也因之由原来的朱家寨改为现名。

此后，苦竹寨因处于入川的咽喉要道，宋蒙两军在此多次绞杀、反复争夺。它最终在南宋军民手中挺立了28个年头，也作为一座古城繁华热闹了28个年头。

穿过城门，跨过一道城壕般的山涧，我们便到了山顶。

山顶平坦开阔，微有起伏，长满一人多高的马秆儿草和稀稀落落的杂树。想当年，这里是楼台林立，街市纵横，酒旗斜矗，车来人往。如今，这里除了呼啸的山风，便是一片死寂。

当年宋军的演兵场，湮没在荒草之中，再也没有昔日的浩荡雄风；当年将军衙门的遗址上，遗留着前几年护林工人的窝棚。向导发现了几块乌黑的瓦片，他用手指捻去瓦片上的泥土，惊喜地说："快看，这一定是资格的宋瓦！"其实，那瓦片上其实并无字迹，其年代恐怕难以确认，但我理解这个剑阁人的心情。

实际上，我们此时本身就站在一个巨大的文物之上，本来就与古人置身于同一条历史长河之中。和不愿被征服，这本来就是一件幸事，足以令我们的心灵为之震撼了。

因时值初秋，马杆儿草密密匝匝地覆盖了更深处的小径，且草秆上盘缠着不少一尺多长有毒的小青蛇，尚存的府衙残垣、火药槽、八角井、插旗石等遗迹，我们就无缘目睹了。而当地人给千姿百态的苦竹的命名，如"妇人背子望夫""神马救驾""擎天一柱""仙人指路"等，却给了我对那段历史无穷无尽的想象。

神臂城　铁打的泸州天下闻

如果说滔滔黄河孕育了中华文明，那么滚滚长江则见证着中华民族如何捍卫文明。距今700多年前的长江流域，那一场改变世界地理格局的宋蒙战争中，无数的英雄豪杰，虽然已被东逝的浪花淘尽，但却留下了"铁打的泸州"的千古美名。

南宋淳祐元年（公元1241年），蒙古军队大举进犯四川。南宋兵部侍郎四川安抚制置使余玠临危受命，主持全川防务，制订了"依山为垒，设险守蜀"的战略计划，在四川建立了北有苦竹寨、南有神臂城、东有钓鱼城、西有云顶城的"山城防御体系"。其中神臂城，因其独特的山势和险要的位置，成为抗击从云南夹击四川的蒙军的绝佳之地。

1243年，在蒙古铁骑的弯弓马刀进逼下，泸州州治及全城军民被迫迁徙至这不到一平方千米的神臂山顶，依山筑城，屯田种粮，坚持抗蒙。

在此后的34年间，神臂城5次易手，成为战争双方争夺的战略焦点。

攻守咸宜的神臂门

神臂城位于泸州市以东20多千米的长江北岸的神臂山顶，现为合江县焦滩乡老泸村辖地。因焦滩乡通往老泸村的焦（焦滩）神（神臂城）旅游公路尚未竣工，我便按传统路线，由长江南岸与神臂城隔江相望的弥陀镇，乘坐木船横渡长江前往神臂城。

站在弥陀镇码头向北岸眺望，长江似乎不是河流，而是湖泊；遥望正面宽两三百米的神臂城，则如同海中孤岛。

这是因为长江自北向南沿神臂城西侧汹涌而下，在神臂城最南端的突出部神臂嘴绕了一个"U"形急弯，又紧贴神臂城东南侧滔滔而去。因此，江面在此处异常宽阔，形成奇观。从空中俯瞰这个地势，神臂山颇似巨人的臂膀伸入江中，此山因之而得名。

遥想当年，云、贵、川交界处均为崇山峻岭，道路艰险，长江便成为蒙军实现其东出四川、直捣南宋腹地战略企图的最佳通道。

如果南宋军的防御城堡位于顺直的江段，蒙军的战船便敢于冒着炮火一掠而过。由于神臂城三面临江，有效攻击敌船的江段可达数千米，且城南、城东南的江段有晒金滩、桃竹滩、折鱼滩等数十处险滩，所以神臂城战略地位的重要性由此可见一斑。

伸入江中的神臂嘴，是一块巨大的红砂岩石。渡船在一小块平缓处靠岸，我们便沿一条石板路向上攀登。

行百余米后，是一片看似屋基的平地，而左右则是临江的峭壁。众人兴致勃勃地猜测：这平地多半是已损毁的城门的地基。但随行向导遥指200多米的更高处告诉我：神臂城唯一通向江边的城门——神臂门，还在那里呢！

我又走完这200多米的大梯步，如今已被浓密的林木掩映的神臂门赫然出现眼前。神臂门的门洞为单拱，洞高3.53米、宽2.45米，在南宋的方山城堡中，这城门应算是高大的了。

当我站在城楼上俯视神臂嘴时，向导才自豪地说，我脚下的位置不远不近，既可对神臂嘴呈鸟瞰之势，又与江边有一定距离。试想，倘若此城门临江太近，洪水季节时水淹至门脚，进攻者的船只便可直抵门前，攻门便十分容易了；倘若此城门临江太远，枯水季节时神臂嘴上下必然留下一大片空地，进攻者上岸后可在防御者火力网以外喘息、集结，伺机攻城。神臂城门的所在位置合适，无论水涨水落，都有居高之势，又使进攻者无回旋余地。

南宋时，泸州军民保家卫国的壮举固然感天动地，他们的军事才能也令后人钦佩。神臂城以弹丸之地，在蒙古铁骑飓风中屹立34年，除了守城军民视死如归的决心，还因为他们有超凡卓越的智慧。

神臂城的主要城门有三道，即神臂门、东门和西门。下了神臂门城楼，我便沿西城墙作绕城游览。

威猛玄武镇西门

西城墙建在悬崖峭壁上，下临乱石穿空且没有沙滩的江岸，进攻者的船只在此登陆比较困难，因此防御应当是比较容易的。

西城门，则建在神臂城西北方向的接合处。因为北面虽然也是峭壁，但山下的大江水势平缓，尤其到了枯水季节，岸边有大沙滩，进攻者容易进攻。而西城门所在处因为地形错裂，使绵延的峭壁出现一个豁口。将西门筑于此，刚好堵住了漏洞，又可防御北面登陆之敌。

西门和钓鱼城的护国门一样，实际上是两道城门构成的瓮城。前门正对崖壁上掏凿出来的一条进出城的羊肠小道，后门与前门呈90度角，两角相夹处是一处约50平方米的临江的凹地。即使入侵者攻进前门，也会在这凹地上成为瓮中之鳖。

出前门，沿依稀可辨的羊肠小道下行30多米，道旁的崖壁上便是神臂城的重要历史遗迹之一——刘整降元图，也就是川南家喻户晓的"孙孙打婆"图。这幅石刻雕像图，记录着一个令人痛心的历史事实。

刘整，南宋时期四川安抚制置使下的四大主力战将之一，曾在遂宁、涪州与蒙军作战中屡建奇功。南宋景定元年（1260年），刘整任"知泸州兼潼川路安抚副使"之职。因南宋朝廷奖惩不明、派系作祟，加之蒙古大军压境，刘整献神臂城投降蒙军。神臂城军民对这样的"亡宋贼臣"有切齿之恨，便以摩崖造像的形式，选择刘整叩见忽必烈、奴才投靠主子的题材，将刘整钉在历史的耻辱柱上。但在元朝统治下，当地人不得不对石像进行巧妙掩饰，以免招来横祸。一种附会石像图形的"孙孙打婆、改州换县"之说，便广泛流传开来。

这座石雕像距地面1.5米，龛内有人像4尊。中坐者应为忽必烈，高近2米，其身后左右各有一侍者；忽必烈左下角的一尊小石像应为刘整，作跪拜状，面有恐惧神情。因年代久远，遭江风山雨侵蚀，图像漫漶，但大致形态仍在。

1261年，刘整投降，是神臂城的首次失陷。1262年，南宋四川安抚制置使吕文德收复神臂城。1273年，南宋泸州知州梅应春又投降元军，神臂城再次陷落。1276年，合江民间义士先坤朋率乡人起兵自保，捉梅应春杀之，再次夺回神臂城。

不久，元军水陆并进，将神臂城围得如铁桶一般。1277年，也就是南宋皇帝跳海自杀的第二年，"泸州食尽，人相食"，神臂城军民矢尽援绝，城池才被元军攻破，坚持到最后的以王世昌为首的3000多名南宋守军将士全部战死，无一人投降或逃跑。

神臂城和钓鱼城一样，两城的陷落，标志着南宋对元军抵抗的彻底终结。官修的《元史》对神臂城的记载有67次之多，超过因击毙蒙哥大汗名扬中外的钓鱼城，由此可见神臂城军民何等神勇，战事何等惨烈。

沿羊肠小道继续向北，便来到了神臂城北郊的纱帽岩。

岩下有一块石坝，坝上有一座农舍，其庭院旁便是神臂城另一处胜境"蛇盘龟"。雕刻于宋代的"蛇盘龟"乃堪为珍贵的艺术品，只见一只周长20余米、背高近2米的巨大的石龟伏于地面，似欲爬行；一条长20余米、直径0.3米的巨蟒，盘缠在龟腹下和龟背上。龟首上仰，与蟒首相视而戏，显得难舍难分、情意绵绵。据考证，此乃天下最大的玄武（龟蛇两种动物合成物），近观充满脉脉温情，远观则有镇天壮地之势。

"蛇盘龟"石雕

令人惊叹的是，这尊"蛇盘龟"石刻是用天然的整石雕凿而成的。宋代的工匠们因石造形，因形造意。其手法是写实的，龟和蟒各自的比例均与真实动物相同；其雕刻技巧是纯熟的，龟和蟒的姿态、神韵均栩栩如生。如此稀罕的庞然大物，惹得游人忍不住纷纷爬上龟背留影祈福，把龟背磨得光溜溜的。

这座"蛇盘龟"石刻造像，实际上反映了当年泸州军民同仇敌忾，在严阵以待的同时又祈盼神灵威慑蒙军,从而使生灵免遭涂炭的期望。

参观完"蛇盘龟"后,我又返回西门。沿城墙继续向北行的100多米,在原城墙墙基上新修的城墙便到头了。在向导的带领下,我踏着荒草没脚的山道,直插神臂城东门。

城外有城护东门

神臂城三面环水,只有东北面与陆路相接,无险可守。因此,在当年的神臂城保卫战中,东门是宋蒙两军争夺的焦点。

呈现在我眼前的东门,却远远没有想象中的雄伟,其高度竟然比神臂门矮了近2米,门洞的宽度也仅供3人并行。但我站在门洞内观看时,却发现这座双拱门的厚度非同一般,其前壁厚1.3米、后壁厚约1米,且前后壁间距1米有余。如此结构如此厚实的城门,当年承受土炮发射的弹丸和抛石机投掷的石块,应该没有问题。

令人眼前一亮的是,东门拱顶刻有一柄长剑、一只葫芦,是城门落成之时所为。其刀法流畅,刻工精细,令寒气袭人的门洞里平添几分杀气。但寓意究竟是什么,至今文物专家也无定论。

向导似乎看出我对城门低矮的不解,指着门外坡地说:"你看,前面还有耳城呢!"

果然,两道分别长约400米和150米、高2-3米的护城石垣,与东门平行着在前方100多米处一字排开。耳城的左右两端,各修筑炮台一座。可别小看这耳城的作用,也别忽略这100多米的距离,在当年土炮射程很有限的情况下,据守耳城的士兵可有效防止敌军土炮抵近轰击东门。

我绕过耳城,沿一条石板路向山下而去时,向导指着小路两旁的两口大堰塘告诉我们,这是当年修建的护城池,其目的是阻滞蒙军的进攻。这两口堰塘分别叫红菱池和白菱池,红菱池如今仍碧波一潭,白菱池却大部分被改作稻田。

当我返回东门，登上堆满谷草的残破城楼向城外望去，眼前枯树衰草化作累累白骨，耳畔呼啸的寒风好似万弩齐发的嘶鸣。我不由感叹，这种城外筑城，城下凿池，层层设防，只有一条独路进城的设计，真是当年军事家们匠心独具的杰作。

猫嘴岩下万人坟

下了东门城楼，我沿着江边的悬崖形成的天然城墙继续向南环行，来到了高出江面近100米的高峻险要之地——猫嘴岩。

与猫嘴岩形成鲜明对比的是，岩下一大片在神臂城三面临水的岸边唯一的沙土平坝，约有一个足球场大，被当地人称为"较场坝"。当年南宋军将此地辟为较场坝，既因地势开阔可操练陆军阵形，又因濒临大江可演习水军战船。而在这样一个蒙军易于登陆的地方，南宋军于猫嘴岩下的山腰绝壁处，掏凿出一段长约10米的石坎并设置炮台一座，打击敢于在此进犯之敌。据介绍，这样的炮台不但用土炮发射爆炸性弹丸，还因其居高临下，抛射滚木、檑石等"武器"阻敌。

在较场坝向南不远处，有一座石砌的长堤横阻江面，长堤从江岸伸向江心。它实际上也是一座长100多米、宽近10米的城墙，形如"一"字，被称作"一字城"。

这样一处军事设施，除了与钓鱼城的"一字城"一样，其目的是利用江中堡垒阻击顺江而下的敌船，不留死角地打击进攻主城墙的敌军。此外，还可阻挡江水冲击较场坝，以保证正常的演武练兵。

如今，神臂城的"一字城"已被损毁。当年江中段与江岸段的接合处，是一隆出地面10余米的山包，这就是当地人称的"万人坟"。它源于神臂城军民抗击蒙军的一场最惨烈的战斗。

那是在刘整投降蒙军后，四川安抚置制使俞兴奉命讨叛，他率水陆军将神臂城团团围困。刘整开门迎战便遭惨败，于是一面向蒙军求援，一面从通向城外的暗道向东突围。

结果，南宋军在刘整与蒙军增援部队的夹击下溃败，俞兴夺得一小舟脱逃。溃散逃命南宋将士，其中十之八九被江水淹死，史书载"流尸蔽江而下"，剩余的惨遭蒙军屠杀。这称为"万人坟"的山包，便是埋葬被杀南宋军将士的地方。此后多年，村民们在此种植庄稼，还经常挖出人骨、兵器。

离开"万人坟"，我来到神臂城中心。这里有当年钟鼓楼遗址。

战争年代以鸣钟击鼓作为集结军队和告警的信号，也是城市的报时之规，因此可以想象，此楼当年崇台高阁，宏声远播，是神臂城的标志性建筑。

如今，钟鼓楼仅存一座高4米多的土台。据介绍，拟在原址复建。

充足的水源是方山城堡坚持抗敌数十年的必要条件。在神臂城，共有水井7处，其中位于钟鼓楼附近的方水井是全城最大的水井，20多米见方，井坎用大条石修砌。

如果不是向导介绍，我简直想象不到，这恍若冬水田的水井竟深六七米，且自开凿以来从未干涸。此外，作为潼川府和泸州的驻节地，其府衙应当是够气派的，可如今仅留下一个"衙门头"的地名。当年城内通向城外的地下秘道，也被完全填塞，不过向导还是为我指出了它的方位。这一切，留给今人的只有无尽的遐想。

当我返回神臂嘴码头时，神臂城古战场的腥风血雨气息仍挥之不去。清代合江人李少阳写的《铁泸城怀古》，不由在我脑海里翻腾："乱石苍苍阴岩绝，涌出惊涛白如雪。暮春三月落花红，犹是当年战场血"……

南丝路上大唐雄关

1908年8月5日，著名的英国园艺学家和植物学家亨利·威尔逊，伫立大相岭南麓的一处山头，手持相机，食指轻点，拍下了一张全国仅存的唐代州一级城市的全貌。

照片上呈现的这座唐代州府，坐落在一处山间台地上。它城墙四合，堞墙可数；城内街巷纵横，树木掩映；民宅白墙黑瓦，错落有致；衙府书院俨然在目，气象非凡。画面完整地显示，这座看似宁静祥和的古城，三面临深涧巨壑，一面倚巍峨高山。因此，它更像是军事重镇，戍边雄关。

这座古城，便是当年李德裕所筑的黎州城，如今的汉源清溪镇。

黎州城的修筑，源于蜀地惨遭的一场浩劫。

唐太和三年（829年）十一月，南诏国发动大规模侵唐战争。12月，南诏军队攻陷成都西郭，大掠妇女、工匠数万人及珍宝无数而去，给四川带来深重的灾难。

唐太和四年（830年）十月，一代名将李德裕临危受命，任剑南西川节度使，开始了确保蜀地平安的艰巨工程。他"南入南诏，西达土蕃……访以山川、城邑、道路险易广狭远近。未逾月，皆若身尝涉历"（《资治通鉴》）。在奏准朝廷后，李德裕在大渡河北岸、黎州（今汉源清溪）以南建城堡守之，"蜀人粗安"。

连天的烽烟早已在清溪镇散尽，如今它活在"清风雅雨建昌月"这句广为人知的民谚中。它以山呼海啸般的劲风，与雅安的朦胧烟雨、西昌的银盘明月，共同成为南方丝绸之路四川段的三大特色之城。

堪比皇城的城门

从成都出发，沿成雅、雅西高速经雅安、荥经，过大相岭（泥巴山）隧道之后，眼前豁然开朗，只见坐落着鳞次栉比房屋的一块大台地，镶嵌在群山之间。那里，便是清溪镇。

清溪的老街虽有九街十八巷，但主街只有两条，一条南北向，一条东西向。南北向的那条主街，街面上还残留着零落的石板，两旁的民居多是一楼一底的木结构老屋，院内大天井套小天井，古朴而幽深。从各家各户的屋檐垂下的长串长串的玉米棒子，在阳光下泛着金光，令人感觉不是进入市镇，而是身处农舍。

我沿这条主街北行几分钟，如今仅存的清溪古城北城门——武安门便赫然在目。因城门下低矮的老民宅的衬托，北城门显得超乎我想象的雄伟。当我走到城门前，上下打量高高在上的城垛和光线昏暗的门洞，更感觉到它是实实在在的雄关。

据目测，不算已倾颓的城楼，仅城垣便近10米高，门洞的高度竟有6米多。宽阔的门洞，当时的驷马高车可疾驰而过。而门洞的进深，竟有罕见的10多米，也就意味着城墙的厚度至少10米。

如此高大厚实的城楼城垣，甚至可以和历朝历代的都城城门城墙相媲美。清溪作为一个州一级城市曾经的辉煌，由此可见一斑。

清溪北城门目前的形制和规模，应该是明代的遗存。据嘉庆《清溪县志》载："今城，即（黎州）安抚司城，唐韦皋（唐代名将，曾任西川节度使，李德裕的前任）筑土为之；明初，成都右卫千户朱正，因旧址甃（用砖或石砌墙）以石，高二丈五尺，周七里七分。"

清溪古镇城门

清溪的深堑高墙，没有辜负历代占有者的厚望。

唐代韦皋、李德裕以此为龙头，协调大渡河北岸沿线的其他城堡，有效地抵御了南诏的进犯，确保了一方平安；清代同治元年（1862年）九月，太平天国翼王石达开的前锋大将郑永和渡过大渡河，欲经清溪北上雅安，为企图夺取成都的石达开开路，结果被清军阻于城坚地险的清溪城下；1935年，中国工农红军两次进入汉源境内，寻机北上，四川军阀刘文辉奉蒋介石之命，将前敌指挥部设在清溪城内，凭借易守难攻的地势阻击红军。

遗憾的是，威尔逊照片中完整地环绕清溪城的城墙，以及其余三座分别称为省耕门、阜财门、通化门的城门，已荡然无存。北城门得以幸存，得益于当地居民对文物的竭力保护。

当我在城门洞的甬道里徘徊、感叹这道城门命大福大时，居住在墙根的一位老人告诉我，六七十年代，造反派在门洞里已打了炮眼准备放炮炸毁北门。但是，这位老人的房屋是倚城门而建，古城墙的墙体便是他房屋的一堵山墙。面对造反派的威胁恫吓，老人寸步不让，决不搬家。本已安装完毕的炸药，也就始终没有炸响。

征得老人同意，我进入他家。他搬开靠城墙墙体摆放的木柜及杂物后，乌黑厚实、棱角分明的古城墙墙砖，在幽暗中闪烁着深邃的历史之光。他凑近城墙，用手抠着砖缝的黏合物告诉我，这砌墙的灰浆，是用石灰加糯米浆、蛋清调和而成，不会风化。我试着使劲抠了几下，这灰浆果然如水泥一般坚硬。

车辚辚、马萧萧的军旅，已从城门洞里远去，并永不复返，但它仍是古镇居民进出的通道。

建筑完备的文庙

曾作为州城的清溪，城内除了军营、校场，还曾有衙署、学署、考棚、文庙、祠堂，以及10多座牌坊、楼亭。而遗存被保护得最完好的，当数文庙。它是四川遗存的八大文庙之一，也是雅安境内仅存的文庙。

文庙位于镇东。这是我所见到的最完整的文庙：它那具有皇宫般气势的标志性建筑——万仞宫墙巍然屹立不说，墙体两侧的贤关门、圣域门也是旧时模样。

文庙原称孔庙，是每年祭祀孔子的场所。739年，唐玄宗追封孔子为文宣王，明代以后因与"武庙"相对，全国各地的孔庙因之称文庙。明清以来科举考试均在文庙进行，故也称学宫。

面南而立的万仞宫墙，是整个孔庙建筑群的首端。其出自《论语·子张》："夫子之墙数仞，不得其门而入。"意思是以万仞高墙形容孔子的学识渊博高深。万仞宫墙之东的圣域门，是文人墨客祭祀孔庙的专用通道；朝南的贤关门，则是各级官员拜谒孔子的专用通道。万仞宫墙的中部，还隐藏着一道门，此门与墙体浑然一体，只有此地出了状元，才破墙开门。

按规矩，我应该从圣域门进去，但此门已被砖石封闭多年。在文庙义务看护人杜大爷的带领下，我走过贤关门前的下马石，从此门进入庙内。

庙内的参天古木，掩映着文庙的大门——棂星门。这是文庙的第一进建筑。棂星门是一座四柱三间三层的石牌坊，前面的门框上，有新科状元打马游街的雕像；门框后面，则雕刻着武状元受人恭贺的场面。石牌坊的顶部，有4根龙缠冲天柱，系镂空雕刻，工艺精湛；中部是丹凤朝阳、双龙抢宝浮雕；下部则是书有"棂星门"的石匾。

过棂星门便是泮池。池上有宽约一米的石拱桥，俗称状元桥。此桥并非状元才能过，而是以状元桥之名提醒过往此桥的学子，要以取得最高功名为奋斗目标。我在桥上伫立片刻，只见泮池形如半月，池水碧绿，锦鲤游弋。

过了状元桥，便径直进入戟门。戟门是文庙第二进建筑的大门，两旁分别是乡贤、忠义、官宦、节孝祀祠。穿过戟门，便是一个铺满方形石板的正方形大院，正前方便是文庙的大成殿。

首先吸引我们的是，院里的三棵古树。一棵是难得一见的高龄紫荆树，种植于300多年前。它那需两人才能合抱的树身，已完全没有树皮，裸露的躯干呈古铜色，表面暴凸的纹理如虬须，但仍枝繁叶茂。此树，令我想到白发童颜秃顶的人间寿星。另外两棵树是百年桂树。杜大爷告诉我，两树分别是金桂和银桂。只见两树的树冠如巨伞，为这四合院平添了几分清幽。

大成殿是文庙的主体建筑。《孟子·万章》曰："孔子之谓集大成。"因此，祭祀孔子的大殿称为大成殿。清溪文庙的大成殿为重檐歇山顶穿斗结构，琉璃红瓦，青石铺地。其殿宽5间，宽度约21米；进深3间，深度10米多一点；总高度为11米。如此体积的大殿，自然会给人以庄严肃穆之感。

据杜大爷介绍，此处原为建于南宋开禧元年（1205年）的玉渊书院，它是雅安境内最早的书院，在当时远近闻名，它仅比朱熹所建的白鹿书院晚26年。该书院毁于兵燹。清嘉庆四年（1799年），在书院遗址上始建文庙，几经兴废后，于清光绪九年（1883年）全部落成，费银20000多两，总面积5000多平方米。

清溪文庙的主要建筑不但保存完好，而且其大成殿正面台基上的龙首向天、咄咄逼人的盘龙石雕，大成殿侧边的古朴典雅的礼乐亭，大成殿台基下的一对虎视眈眈的神兽，均为文庙始建时原物。因此，到清溪文庙一游，可对古代文庙的形制和设施有一个整体了解。

异香的牛肉汤锅

由于清溪位于大相岭下的山地平台之上，其西北高、东南低的地势与山脉河谷的走向一致，因此，每年春季乍暖还寒之时，西北高原的气流依山顺势，沿着几条沟口正对清溪的河谷俯冲而下，最大风级可达10级。

每年夏季，冷热空气又在清溪形成强烈的对流、相持，造成劲风雷雨天气。清溪附近的一座风洞山，因山上的一个溶洞洞口的劲风声如雷鸣、势若狂涛，从而成为汉源八景之一的"风洞涛声"。

出清溪南门沿南方丝绸之路古道而行，有一副刻于悬崖之上的对联"山横水远"，这是南方丝绸之路汉源段著名胜景之一。相传唐大历年间（766—779年），一位名叫李子谷的儒生行至此处，见山形险绝，写下"山横"的上联，并请人刻于崖上。800多年过去了，一直无人对出下联。直到明天启年间，一位学子行经此处，写下"水远"二字，才圆满地续出下联。山横水远，形象地概括了南方丝绸之路的崎岖漫长，成为这条传奇的国际商贸通道的生动写照。

清溪得天独厚的日照及风大干燥的气候，很适宜花椒树生长。这里的花椒，自唐元和年间（806—820 年）便被列为贡品，自此便名声在外。清溪，也就成为公认的"历代贡椒之源"。我在清溪郊外、大相岭南麓的坡地上放眼望去，花椒树成片成林，无际无边。当今，花椒仍是当地农民的重要经济收入来源。

不知是否是清溪的花椒调味去腥的功效奇特，清溪的黄牛肉汤锅誉满川西。对此早有所闻的我，看到一家挨一家的清溪黄牛肉馆。其店名各不相同，但"清溪黄牛肉"这个主题词均嵌于其中。

谁家正宗，我颇为踌躇。经当地人指点，我进入其中一家。据店主介绍，清溪黄牛肉的卖点概括地说，一是当地贡椒，二是跑山牛。而做法不是传统的炖、蒸、拌、烧，而是类似火锅。

只见店主先将牛腩肉和牛蹄筋清洗干净后，分别切成约一寸见方的块。然后在一口直径一米多的大炒锅中倒入菜油，大火烧至七成热，放入一大把资格的清溪花椒，切好的大蒜、泡姜片、泡辣椒段、干红辣椒、郫县豆瓣也同时下锅。待爆炒出香味后，放入切好的牛腩肉块及八角和草果等香料，翻炒均匀后加入牛骨熬成的高汤，大火煮至沸腾后，再以文火继续炖煮约一小时。之后，再放入切好的牛蹄筋继续炖煮，至肉酥筋烂即可。

当菜品端上桌后，只见铁锅里红汤油亮，满桌洋溢着与重庆火锅不同的奇香。汤中的牛肉呈块状，入口细嫩化渣；蹄筋呈略扭曲的条状，进嘴富有弹性，口感甚好。

店主告诉我，一定要蘸油碟吃，那才吃得出来清溪黄牛肉的独特味道。于是我蘸了油碟再吃，果然感觉不一般。细细品尝，感觉辣味爽口、麻味醇厚，并略带炒花生的酥香和大蒜的芳香，那是多种调料复合后，产生的难以言喻的鲜香。我一边大快朵颐，一边问店主这油碟到底有啥配方。店主笑了笑说，好吃，就多吃点嘛，并不回答我们的问题。

雅西高速公路通车后，108 国道泥巴山清溪收费站前后，长一两里路的鳞次栉比的清溪黄牛肉馆,大多迁往距此仅数千米的雅西高速九襄镇出口沿线。由于这一地段地势较高,从餐馆窗口俯瞰,九襄镇所在的流沙河谷地一览无余。春季,谷地里色彩斑斓,樱桃花、梨花竞相绽放。其美食美景,吸引着更多的食客专程光顾。

　　有着1000多年历史的清溪,古貌依稀,古韵犹存。随着雅西高速公路的开通,这座南方丝绸之路上的古城,必将为更多的人所关注,必将再次焕发青春。

灵关道最后的古堡

主峰俄尔则俄海拔4500米的小相岭，纵贯甘洛、越西、喜德三县。

就在小相岭险峻陡峭的山腰，在它万夫莫开的隘口，在它偏僻荒凉的山麓，南方丝绸之路四川境内灵关道最为惊心动魄、历史积淀最为深厚的路段，真实而顽强地存在了约2000年。

近年来，随着小相岭作为风景区的开发，隐于崇山峻岭中的这一段灵关道上的历史遗迹，尤其是处于其要冲险隘的具有重要军事意义的坚营重镇，其本已漫漶残破的身影，逐渐又回归人们的视野。

遗憾的是，见证诸葛亮平定南中、大唐与南

诏会盟、蒙古铁骑踏平大理、明军三征麓川、清军剿灭吴三桂的漫漫古道上，除了磨砺得光亮的石板上的一串串蹄印，从石板缝隙生出来的一丛丛萋萋野草，有确凿的实物为证的军事营垒和驿站，只有因蜀汉丞相诸葛亮在此设营布兵而传名至今的登相营了。

扼控灵关古道要冲

  登相营始建于明代初期，它既是军事城堡，又是交通驿站。

  据《喜德县志》记载："登相营石城，位于小相岭南麓，今深沟乡辖区内。城墙为条石嵌砌，依山势平面作椭圆形，四开门，地处高寒地区，城内无农业居民，只有旅店、铺房、驻军游击衙署。"

  我驱车从冕宁泸沽镇向越西进发不久，便进入危崖对峙的泸沽峡。

  车轮下的那条乡镇公路，在裸露着呈黄褐色巨石的危崖夹峙下，与灵关道时而重叠、时而分离。峡谷里，孙水河河水被狭窄的河床挤压后，与嶙峋乱石碰撞，河面浪花飞溅，令人目眩神移。从灵关古道进入平坦而富庶的安宁河谷的最后一座雄关孙水关，便扼控着这一咽喉要道。

  登相营就在这条公路旁。已经成为文物保护单位的登相营，获得新生，它将以它的修筑者完全意想不到的功能，继续服役于古道之上。不过，我仍然抑制不住惊讶和激动，因为那承受了小相岭五六百年风霜雨雪的明代城墙，竟然还有近一半遗存下来，且墙体坚实，垛口完好。

  放眼望去，登相营东城墙外（此段城墙已无存），有一条当地人称深沟河的河流傍城而过，犹如天然的护城河，河对岸是一座直接从河边拔地而起的陡峭山冈。保存完好的登相营西城墙外，就是我即将穿越小相岭的这条公路。公路西侧，是从小相岭主峰绵延而来的马鞍山。

  两山夹一条河，城墙形制从高处看呈鲫鱼状的登相营，就坐落在狭长的河滩上。当年，是没有我行车的这条公路的。坚门高墙的登相营，就堵在由南下入邛出川的最主要的官道——灵关道上。

登相营明代城墙

果然，进登相营后听当地人讲，当年过灵关道，只能从南（北）门进，北（南）门出，是绕不过去的。如今在北门外，古道的路基轮廓还依稀可辨。营内南、北城门之间逼仄空间里，有一条宽约5米，且用碎石和泥沙铺成并设置有排水道的主要街道。据此，可以想象出当年这个古驿站的兴旺景象。

南丝路辉煌的缩影

灵关道开凿于西汉建元六年（前135年），其线路在四川境内大致是成都——邛崃——名山——雅安——荥经——汉源——甘洛——越嶲——喜德——冕宁——泸沽——西昌——德昌——会理——攀枝花。这是当年出使西南夷的西汉辞赋家司马相如，沿着先秦时期便断断续续存在的野径走向，精心选择并亲自督造的南下出川线路。

这条线路，绕过了西边的气候条件更为恶劣、整体海拔更高的拖乌山，从东边荒凉偏僻、土地贫瘠的大凉山的边缘擦肩而过。因此，筑路的难度相对较低，后勤保障也相对容易提供。而一旦路修成，一年四季就可通行，且受自然条件的影响小，沿途的生活条件也比较利于养路者和守卫者长年驻扎。

西汉元鼎五年（前112年），灵关古道全线贯通。这条军事、商旅主道，西汉称为零关道，东汉称为牦牛道，蜀汉建兴三年（225年）诸葛亮南征，路经此道，为便于行军和粮秣运输，对此道作了整治和维修，使之更畅通，故又名为"孔明鸟道"。唐太和四年（830年），剑南西川节度使李德裕在汉源与甘洛交界处的路段置清溪关，此道更名为清溪道。明嘉靖十八年（1539年），为顺应军、商运输，朝廷饬令采用绕道和架桥等措施，修补了该道。

在明代以前，登相营除了诸葛亮南征在此临时屯兵扎营外，只具有驿站功能。登相营路段作为灵关道上的咽喉之地，虽然商旅络绎不绝，但周边是茂密的原始森林，山势险峻，盗贼土匪偷抢容易得手，因此又是漫长的灵关古道上汉商遇害最多的地方。

鉴于匪患日益猖獗和当时地方关系持续紧张，明成化二年（1466年），宁番卫（今凉山州冕宁县）建成"三关、两营、七堡"屯兵护路，登相营从此正式屯兵，成为军事堡垒。且以登相营为依托，沿途每隔1500米又设一哨堡，严密地护卫这一条通道。

登相营城墙为条石嵌砌，依山势平面呈椭圆形，开四门。令人感到有点惊奇的是，城墙周长600多米的呈鲫鱼状的登相营，其朝北的"鱼口"，居然是由里外两层石墙包围而成的瓮城，不仅形象，还有很强的防御实用功能。据当地的居民介绍，民国年间守军和当地居民曾在"鱼口"处诱敌深入，将前来攻营抢劫的土匪予以重创。

清代、民国时期，这里均为屯兵之地，成为南方丝绸之路上的重要驿站和关隘。如今，登相营内仍有明清时期的炮台、狱卡、骡马客栈、戏台、商铺、寺庙等建筑遗址可寻。不过，真切地供当今的人们凭吊和瞻仰的是，仍然矗立的高近4米、宽2米的墙，墙砖用糯米、石灰黏合，墙顶有城垛和箭口的数百米城垣。

驿站文化遗痕犹存

走进登相营，袅袅炊烟混合着腊肉香味，在石墙青瓦的房前屋后萦绕；城中心一座寺庙，咿唔的诵经声和着悠悠的梵音，在街头巷尾回荡。此时距大年十五还有几天，登相营里人气旺、年味足。

由于登相营驿站是南方丝绸之路的重要关卡，是过往商旅的必经之处，因此古时房屋馆驿甚多，以供过往商旅餐饮住宿之用。

在晚清及民国时期，登相营繁荣程度达到顶峰，日平均客流量近2000人次，最多时达到3000人次。从成都运往西昌、云南乃至东南亚各国的货物，有丝绸、布匹、瓷器、铁器、漆器、茶叶，以及彝族聚居区的牛羊皮、花椒、珍贵药材。而经过这里输入内地的货物，主要是宝石、玉器、海贝、珍珠、琉璃，以及玉米、荞麦、白蜡。

常年云集的商贾、不断经过的马帮，催生出我国古代最具特色的马帮贸易与驿站文化。登相营内供奉"马王"的庙宇，就坐落在繁华的上街。赶马汉子到了登相营一般都要留宿，其主要原因便是去马王庙烧香叩头，祈望他们的体型矮小却负重爬山能力极强的建昌马，不要在漫漫征途上倒下。

登相营内还设有府邸，有行政官员和作战部队在此驻扎，且修砌狱卡，用于关押犯人。由此可以推测出，登相营及其他驿站当时在南方丝绸之路上的功用和重要性。

如今，登相营是喜德县冕山镇小山村三组的集中居住地，有30多户人家，汉族同胞和彝族同胞的户数基本上各占一半，合计150多人。汉族居民的先人大多是从湖南湖北迁来的，不是戍边就是在官府当差，也有少数是清初湖广填四川来的。彝族居民到这里定居的时间不长，是从20世纪五六十年代开始的。

在登相营，虽然彝汉杂居，却和睦相处，亲如一家。我在这里，有点分不清谁是汉族人谁是彝族人。身披一件彝族擦尔瓦的小伙子，一打招呼却发现他是汉族人；打扮入时的少女，一交谈才得知她是彝族同胞。至今，登相营内还保持着夜不闭户的习惯，传承着路不拾遗的民风。

正因为如此，登相营的节日多。汉族同胞有春节、端午节等，彝族同胞有彝族年、火把节。不论什么节日，登相营内的居民都同贺同庆。汉族同胞早已习惯且喜欢吃彝族同胞的"坨坨肉"，彝族同胞同样爱吃汉族同胞的老腊肉。据说登相营里火把节比春节好玩，大碗喝酒、大坨吃肉加上篝火狂欢，好不热闹。

有点遗憾的是，从与当地居民的交谈中得知，1989年登相营发生火灾，城内房屋几乎毁尽，只有南门附近的几间老宅受损较轻。因此，除城墙外的其他建筑遗迹，则保留得很少了。

登相营，它的客舍留宿过2000多年以来的蜀地文明，它的垛眼阅尽了20多个世纪的干戈玉帛。如今，它绚烂之极归于平淡，辉煌之致归于沉寂。

军防要塞式住宅奇观

中国古代，富商豪绅为躲避战乱匪患，方法各有不同。有的举家迁徙，有的暂避深山，也有的筑堡自保。

四川盆地边缘的山地、深丘地带，一座座具有防御功能的私家古堡，在河谷的高地之上、山地的危岩之巅拔地而起。它们由难舍富庶的故土、实力雄厚的大家族鼎力而建，其规模的宏大、选址的考究和建筑的精妙，与雄奇壮观的欧洲中世纪古堡异曲同工。

将军事设施和四合院民居融为一体的宝箴塞，墙垒上的弹痕、密室内的宝藏、闺阁里的情仇、戏楼上的铿锵，至今仍为人们津津乐道。

军防要塞式住宅奇观

回廊式炮楼

西出武胜县城,沃野坦平如砥。行20余千米,丘陵渐现。蔚蓝色的天幕下,雄踞于山冈上的宝箴塞,蓦然呈现眼前。它是如此完整和雄伟,以致有那么一瞬间,我感觉不是去游览观光,而是去约会古堡幽灵。

宝箴塞坐落在海拔300余米的山脊上,其东、西、南三面临深沟悬崖,仅有北面一道门可进出。沿着高约10米的北墙墙根的小路拾级而上,便来到高约3米且呈拱形的塞门。

塞门半掩着,我用手推门,竟推不动,再使劲儿,门才缓缓敞开。原来,这厚达五寸的大门,是用质地紧密的黄荆树为材料制成的。

宝箴塞全景

进塞门后，展现在我眼前的是，一个典型的川东民居天井。向左，是建于1911年的东塞；向右，是建于1932年的西塞。这天井，便是当年的文化娱乐中心。

天井的正面，是一座三层楼的戏楼。二楼的木质戏台台沿，雕镂着精美的戏剧人物和经典剧目的精彩场景；二楼的其余三面，是雕梁画栋的楼阁，供百余人同时观赏演出。

我从戏台侧的楼梯上到三楼，便到了全塞的制高点——瞭望哨楼。站在此处，全塞周边的动静尽收眼底。

宝箴塞布局，依山就势，错落有致，形成四院落七天井布局，大小房屋百余间，既雅致又不失大气。尤其是大小各异的天井，囿于地形分别呈方形、菱形、圆形、三角形，是别具匠心的精妙之举。

从瞭望哨楼下来后，我来到与二楼处于同一平面的塞墙上。

宝箴塞的围墙，不同于一般的古代城池或堡垒。它墙头的马道，宽1.5－2米，用梁椽加青瓦盖顶，从而形成环塞2000余米的全封闭回廊式炮楼。这样既可以为守卫者挡风避雨，又可以使守卫者隐蔽地移动到任何地方。与之相反，攻击者则完全无法看到守卫者的状况。

宝箴塞是一座闽南团楼建筑风格的古堡。这种风格的建筑，在蜀地本已稀少。但更为难得的是，从1911年开始，由当地富豪段襄臣出巨资陆续修筑的宝箴塞，成为罕见的冷、热兵器交融时期军防代表性实物。著名古建筑专家罗哲文，对宝箴塞也赞誉有加，称之为"蜀中一绝之军防要塞式住宅"。

奇特射击孔

宝箴塞的另一个特点是，利用特别设计的射击孔攻击来犯之敌。这些射击孔的大小、形状、密集程度，因射击目标和控制范围而各异。在所有的射击孔中，有三种最为奇特。

一种位于离塞门不远的墙上。如果是常规的射击孔，无法射击抵近塞门的敌人。而宝箴塞的塞墙上，悬空凸出一块。从塞外看，好似又大又厚的盾牌挂在墙体上，建筑学家称之为壁穴；从塞内看，这块"盾牌"的厚度，刚好是一个人的宽度，射击孔便开在"盾牌"边沿。

我在塞内从"盾牌"一侧的圆形射击孔看出去，视线正好落在塞门前的石阶上。在塞门的左右两侧的塞墙上，各有一个这样的壁穴，从而组成交叉火力网。

第二种"盾牌"状的壁穴凸出塞墙，其有另一个目的是满足守卫者大小便的需要。因为一旦形势紧迫，容不得内急的守卫者蹲正规厕所，而此塞又是住宅式堡垒，也要考虑环保问题。因此，守卫者便可利用"盾牌"墙根处的圆孔，解决内急问题，其排泄物可顺着塞墙外壁坠到崖下。当然，此"盾牌"的两侧也开了射击孔。

第三种射击孔，呈横面的45度倾斜，也就是说，无论在塞内塞外，人们的目光与塞墙垂直时，是看不出有射击孔的。这种隐秘射击孔的设置，其目的主要是保护特定的重要区域。当我贴近堞墙，顺着射击孔斜望出去，正好看到如哑铃头的寨首，而那里很可能是最容易被攻击的部位。

清华大学的教授们，曾在电脑上将宝箴塞制成三维图形，仔细研究其火力网的分布状况。最终，他们得出确凿的结论：宝箴塞射击孔的射界无空白，火力无死角。

宝箴塞的东塞与西塞，看起来是一个整体，但由于建造时间相距20多年，因此其射击孔的形状差异较大。

东塞建于以冷兵器为主的时代，其射击孔内外口均呈矩形，堞墙也稍显单薄些，石料也小块些，堞墙与房椽接合部，仅仅以竹篾糊泥来封闭。西塞建于冷兵器基本被淘汰、热兵器成为主要作战工具的时代，其射击孔则外口小、内口大。这样既降低了攻击者火力的命中率，又使守卫者枪械的左右移动范围增大，堞墙与房椽接合部，清一色用石条封闭，以确保子弹不能穿透，堞墙更为厚实。

西塞射击孔的一种人性化设计，更令人称道：矩形射击孔内口上方的墙砖，呈半圆形凹进去，以免射击者情急之下不慎碰破额头。

绝密逃生道

虽然宝箴塞的防御体系完美无缺，但建造者也作了最坏的打算。

俗话说"狡兔三窟"。塞内有一处可供几十人淘米洗菜、烧火煮饭的餐厨中心，令人意想不到的是，这里的一面墙上，竟有一道密室的暗门。这个避险室当地人称为"应子"，可容纳6人。万一城堡失守，可将墙上的一块石头移开，人藏进去后，可自己将这块石头合上，从外面看不出任何痕迹。此为第一"窟"。

当然，藏是万般无奈之举，逃是保护自己的积极方式。塞内有一口水井，即使1998年武胜县遭大旱，此井也未干过。传说这口井便与一条逃生的地下密道相连。

当地人盛传的宝箴塞密道的存在，应该是有根据的。因为在宝箴塞东塞的山坡下，与宝箴塞相距约200米处，便是占地面积约2万平方米的段家大院。这是段襄臣及子孙们日常居住的地方。此院只有一圈普通的围墙和一座高10多米的碉堡，一旦被攻击者铁桶般围困，就从地下密道逃到宝箴塞内固守，是合乎逻辑的选择。此为第二"窟"。

第三"窟"位于塞墙靠近堞墙的墙根处。此处地面的石板是活动的，石板挪开后便是一个豁口，一次可容纳两人匍匐并行溜到墙外逃生的。其墙外是林木茂密处，出逃后能较快地脱离险境。

除此之外，宝箴塞的防御还有一个匪夷所思之举。

据段襄臣的一个孙儿介绍，当年宝箴塞外墙的四周，还曾涂满了一种绿色的颜料，从而使全塞整体隐蔽起来。

乍听不太令人相信，但细想也有可能。宝箴塞初建之时，是军阀混战的年代。武胜县位居川北与川东之间的要冲，来往军阀如过江之鲫。但是，他们又仅仅是匆匆过客，并不清楚当地哪些地方有"油水"可捞，如此"障眼法"，或许也可减少一点被洗劫的可能性。

完备住宅区

宝箴塞作为一个集防御、起居为一体的川东民居建筑群，生活设施十分完备。

在精神文化方面，除戏楼外，还有祭祖堂、念经堂、后花园、烧烟房等；在饮食起居方面，有堂屋、厢房、厨房、粮仓、水井等。段氏家族当年人丁兴旺，塞内仅粮仓便达6处。

当年接待贵宾的堂屋，高大宽敞，陈列着达官贵人送给段氏家族的金匾和字画。因段襄臣是当时的五县团防司令，又因其田多地广，时称"段半县"，县府官员都要让他三分，土豪劣绅更是极力巴结他，所以这里匾牌和字画较多，且有较高的艺术价值。

堂屋正面墙上，有一块立于1936年的《宝箴塞记》石碑，碑文书法流畅遒劲，镌刻精细，记录着该塞的建筑始末，具有较高的文物价值。碑文的末尾，道出了命名宝箴塞的缘由："斯塞当襄臣公艰难缔造而成……遗泽长留，子孙世世当宝贵之，作为家箴，用垂久远。此塞命名之义也。"

宝箴塞东塞坡下的段家大院，也是宝箴塞的重要组成部分。当年，院外院内有朝门三道，使大院显得威严且幽深莫测。院内有戏楼、看台及一处四季鲜花盛开的花园。一个枪械加工作坊也设在院内。这座四合院落由长长的回廊连成一体，无论烈日当空还是暴雨倾盆，居住之人均可不受影响，自由来往于各个房间。

但我看到的段家大院，只剩下一个轮廓了。因当年此院分给多户村民，如今有的房子被拆了，有的房子改建了。庆幸的是，用清一色的宽鸡0.33米、长1.5米石条铺地的大天井，因属公共地域，或因石条难以撬动，侥幸保持了原貌。由此可以想象出当年段家大院的恢宏大气。

独到的民居功能与严密的防御功能的结合，使宝箴塞堪与著名的闽南土楼、赣南围子媲美。宝箴塞是历史大潮中的一朵浪花，是蜀地历史的一个缩影，具有很大的民俗研究价值和军事研究价值。

寻迹唯一的羌族王城

西出绵阳市安州区,平畴无边。行 30 余千米,一座因 1.5 亿年前地壳变动从海底浮起的孤山,蓦然矗立眼前。

这座孤山由十二奇峰簇拥而成,峰峰直插云天。此山,便是清代四川绵阳安州才子李调元诗赞的"万点尖峰列眼前,浮来海外是何年"的罗浮山,又称浮山。

当人们沉浸在遐迩闻名的罗浮山温泉带来的惬意之中时,有多少人可曾想到,就在他身边的这座高山之巅,坐落着国内唯一的一处称为王城的羌寨。羌族历史上政治、军事的唯一实物见证,已在这座羌王城中沉睡了 500 余年。

■ 寻迹唯一的羌族王城

奇峰环列的城池

  唤醒沉睡的羌王城，使它隐约进入今人视野，缘于近几年考古探秘的新发现。

  当年中央电视台在羌王城遗址拍纪实片时，发现了古羌人在哨台石头上留下的神秘刻痕，是古羌文字雏形还是祭祀符号，至今无解。"5·12"汶川特大地震后，安州区文管所对羌王城进行文物普查，又在一块隐蔽的巨石上发现奇特的象形文字。据分析，其是人类生殖器，反映了羌族同胞对生命的崇拜。后来，安州区文物普查队又在羌王城西北10千米处，发现了通往茂汶的开凿在崇山峻岭上的古栈道。此栈道系茂汶羌族聚居区通往安州区等羌汉杂居区的重要通道，羌王城便是这条通道上的重要关隘。

  出于对羌族3000多年的历史文化的景仰，出于对羌族同胞反抗历代封建统治者的英勇行为的敬佩，我探访了羌王城。

  为了对罗浮山有一个形象的概念，以便有重点地探访羌王城，我事先察看了罗浮山俯视图。图上，罗浮山太乙、凌霄、驾鹤、长建等十二峰呈马蹄形环列，中间为一凹地，俨然一座天然城垣。羌王城依山就势，环罗浮山腰又人工垒砌城垣。据有关部门精确测量，天然城垣和人工城垣总长10520米。城垣内面积约一平方千米。"马蹄"西面的太乙、长建二峰，因相距较远，使羌王城出现一个缺口。

  我是从凌霄、挂衣二峰之间豁口处的东门碉楼进入羌王城的。东门城楼虽是近几年新修而成的，但仍显得古朴、壮观，具有羌族建筑的典型风格。新修的城楼楼基，是残存的一段高约2米的古墙。沧桑与时尚，浓缩在巍峨城楼中，给人以抚今追昔的感慨。

  东门门洞内的通道，竟长20多米，两旁还有石条凳供人歇息，令人感到特别。是古羌王城本来就如此，还是今人渲染气氛而为之？无论怎样，行进在这幽暗的通道里，人们有了调整思绪的从容，有了追寻历史的意向。

沿着景区的步行游览道，经过新辟的景点鸟语林和猴园，便来到了城内凹地中央的尔玛楼。尔玛楼是一座占地面积数百平方米的羌族民居，坐落在半坡上。其正面及左右两面的墙基是大石块垒砌的堡坎；梁柱及墙体均为就地取材的木料；正面突出部分为吊脚楼。

尔玛楼既能使游人领略羌族民居的别样风情，又散发着浓郁的田园气息，为这座古城增添了勃勃生机。

过了尔玛楼，我离开游览道，向左拐上一条碎石小道，行进在了迎鸽峰、插云峰的山腰间。小道的左侧，是砾岩怪石；右侧，是幽谷奇涧。一般的游人，难得走到这里来了，而这条隐秘小道的尽头，恰恰是我游览的重点——羌王城内城。

面积约一平方千米的羌王城，分为内城和外城。内城有着官衙的功能，也是囤积粮草之地；外城的主要功能是防御敌人入侵，也是普通作战人员驻扎之地。当然，即使外城被敌人攻破，位于险峻陡峭、怪石嶙峋的长建峰的内城，凭借易守难攻的地形及人工修筑的内城墙，也可固守待援。

当我从一块巨大的鹰喙般的岩石（当地人称狮子口）下钻过去后，一段内城残墙陡然出现眼前。残墙尽头的悬崖边，内城南门高居其上。

这内城南门是羌王城仅存的为数不多的真迹之一。此门用不太规则的大石块垒砌，石块间没有使用灰浆黏合，但单个石块的每一面与相邻石块都嵌合得恰到好处，粗犷中有细微，简单中有精巧。此门的上方，则直接用稍作加工的大条石横向盖顶，这与精心计算条石纵面倾角、纵向砌成拱顶的内地城门，有着截然不同的风格。

令人称奇的是，城门一侧的墙上，留有一个碗口大小的观察哨孔，类似防盗门的"猫眼"，从此孔向外看，来路上的动静尽收眼底。又令我想不到的是，进城门后是一块20多平方米的凹地，一面临悬崖，其余三面是高数米的陡坡。这实际是瓮城的形制，是中国历史上山城防御体系的重要组成部分。

观察哨孔和瓮城，反映了羌族同胞的智慧，也是羌汉在军事、文化领域相互融合的见证。

■ 寻迹唯一的羌族王城

兵家必争的要地

进入内城后，我便行进在罗浮山最西端的长建峰山腰了。

山道盘旋而上，地势逐渐平缓。在道旁一平坦处，有一个洗脸盆般大小的石窝，显然是人工所为。据当地文管部门分析，应该是羌族同胞土法研制火药的碾子，而这平坦之处像是人工开辟的屋基，因此当年的首领便可能居住于此。

距此处不远，遗存有一道观的基础，今人称之为老君庙。据传，明永乐二年（1404年），道士雍日益来罗浮山潜心修炼，经太乙真人指点，功德圆满。身为汉人的雍道士修炼的时间在羌王城建成之前，那么，羌王城建于何时，罗浮山又经历了多少不为世人所知的嬗变呢？

罗浮山东临绵阳，南接绵竹，西连茂汶，北傍北川，最高海拔862米。它在历史上位于汉羌文化交会地。平时，汉羌人民友好交往、互通有无，其所在的安县成为羌族同胞进入内地的重要通道。历代封建王朝统治者的歧视和压迫，使汉羌之间发生摩擦、冲突乃至战争时，罗浮山便成为必争之地。罗浮山羌王城的诞生，与明代"宣德启衅"事件有直接关系。

明宣德二年（1427年），明王朝镇守松潘的千户钱宏，听说朝廷要遣他率军去远征交趾，十分惧怕。为逃避这一差事，他便有意制造事端，挑起境内羌、藏、氐等民族的对峙和冲突，从而以此地也不安宁为由在原驻防地滞留。由此引发的羌、藏、氐、汉等民族的战争，长达几十年。

明正德二年（1507年），茂州所属静州土官及陇木头土舍，率领羌族民众，自西向东抄小道突出安县雎水关，进入安县占据山头扎营立寨，并在易守难攻、扼咽喉要道的罗浮山修筑山城。羌王城的雏形由此形成。

明嘉靖十二年（1533年），明王朝派都督何卿前来征剿，汉、羌两军围绕坝底堡展开激烈争夺，羌王城也是当时的主战场。至嘉靖二十六年（1547年），何卿调集各路大军全力围剿。战争结束后，明军"俘斩九百七十有奇"，

"毁碉房四千八百"。

此后,羌族同胞在这一带与封建王朝统治者的抗争仍此起彼伏,但仅仅是冲突而非战争。作为战争重器的羌王城,处于血海火山的中心,崛起于战争,也被毁灭于战争了。

浮山叠翠的美景

过石窝前行数十米,便是内城北门。

北门的形制和建造工艺与南门基本相同,只是用料不如南门敦实,门楼也低矮一些。这并非随意或疏忽,而是与它所处的位置有关。因为北门外右边稍远的高处,便是三面绝壁的长建峰峰顶,山道两边,又是数百米深的悬崖,所以北门的装饰作用大于它的防御功用。

羌王城迎鸽峰

北门外山道边的砾石堆里，隐藏着今人命名为"玉液缸"的古井。此井井口形状不规则，显然未经人工修砌，只是在整块砾石上向下掏凿而成。由于砾岩是由卵石胶结而成的，具有天然的防渗漏作用，因此，我看到这口当年的古井，仍是碧水一泓。也许，当年明军将羌王城围得如铁桶一般时，这"玉液缸"之水便是守城的羌族民众的救命之水。

"玉液缸"的上方，巉岩林立。我手脚并用攀爬，登上了长建峰峰顶。

驻足峰顶放眼望去，环列的十二峰如高耸云天的烽火台；羌王城城内林木森森的凹地，犹如一个巨大的天坑。向东南眺望，迎鸽峰如翱翔于苍穹的飞鸽；向正北眺望，凌霄峰下草木不生的绝壁如指尖向上的巨大手掌；向西北眺望，太乙峰恰似一尊庄严祥和的坐佛……

无怪乎罗浮山自古便有"小西天""甲巴蜀""浮山叠翠"的美誉。

苍凉辉煌的城墙

上山容易下山难。当我几乎是半溜半爬地从长建峰另一侧下山后，便来到了长建峰和太乙峰之间的羌王城缺口。这缺口是从内城凹地绵延而下的缓坡，羌王城最长的一段人工修砌的城墙，便横亘在坡上，从而将羌王城封闭。

由于这片缓坡上散布着一座座农家小院，且茂密的树林里农田星罗棋布，因此，地形地貌发生了较大的变化。尽管有一位曾踏勘过这段古城墙的绵阳媒体同人带路，我们仍盘桓良久，才发现了树木已长得贴着墙根、树梢与墙顶一般高的羌王城西城墙。

我刨开树枝，抱着树干，下到墙根。当年羌王城的雄姿，真切地展现眼前。

城墙的墙砖，系就地开采的砾岩，因此风化的痕迹不明显。每块墙砖大致规整，高一尺多，长一米多。由于这样的墙砖有足够的自重，墙砖接合处也就没有必要再用灰浆勒缝。因此500多年后的今天，从砖缝里往外窜的蒿草、紫藤、树根，布满了墙面，使这段古城墙显得更加苍凉。

据当地文管部门勘察考证，西城墙500多米长。如今，因修路、开垦农田等原因，城墙已不连贯了。我所看到的这一段长约百米，是其中最长的一段。

当我伫立墙头，目光由近及远地浏览这时隐时现的城墙时，城墙内侧一处坡地上，一根如巨大的剑尖向天的宝剑状的石桅杆，赫然在目。这石桅杆，也是羌王城重要的历史遗迹之一。

走近石桅杆细看，桅杆高约6米、直径约0.5米，下端略呈圆形，下粗上细，向上渐渐成八边形，无斗。杆帽为圆盘，上坐一狮状动物。因"5·12"汶川特大地震，杆帽跌落在地。整根石桅杆以当地的整块砾石制成的。

此石桅杆，是清代乾隆五十年钦授武翼都尉的安县桑枣人徐恒墓前的装饰物。徐恒于乾隆十七年（1752年）中武进士，授御前侍卫，卒于任上，后葬羌王城内。此石桅杆原有两根，立于其墓前第三拜台左右。如今，其墓已荡然无存。

羌汉两地交会处的羌王城，在多方势力拉锯式的争夺中，能巍然屹立至今，还缘于一次重要历史事件。据同治《安县志》记载："清咸丰十一年（1861年）李永和蓝朝鼎起义，当地廪生徐畅率众复修浮山内城，称徐家城。"为抵御义军，徐畅再次维修羌王城城垣，从而使今人能切身感受到500多年前勤劳、智慧、勇敢的羌族同胞的惊人创造力。

羌王城作为历史遗迹，其人文底蕴是深厚的；作为娱乐休闲之地，其也有吸引人之处。它奇涧怪石、幽谷险洞，曾成为拍摄电视剧《西游记》的外景地；它云雾缭绕、清幽滴翠，是夏日避暑度假的胜地。人们游览羌王城，还可以从民俗楼和古羌先圣祠展出的古羌文化艺术品中，了解羌族在中国历史上所做的贡献和取得的辉煌。

打开孟获城　世上无穷人

　　翻开四川地图，目光沿雅安境内的雅西高速公路向南移至石棉与冕宁交界处，一个小小的圆点所标注的地名，不由得令人眼前翻滚东逝的长江水，慨叹浪花淘尽的英雄。

　　这地名是三国时期一位英雄的姓名。他在中国古代战争史上，以罕见的屡败屡战、永不服输的斗士品格，留给后人无数传奇故事。他，便是孟获。

　　在四川雅安、西昌及云南，传说或确认有当年孟获所筑之城的地方不少。诸葛亮南征孟获，如今仍是这些地方的民间热门话题。但是，以他的英名作为地名之处，仅有石棉县栗子坪乡孟获村。

孟获村，坐落在占地万亩的一处孟获城内。"打开孟获城，世上无穷人。"当地人始终相信，孟获城的城垣、营垒之下，埋藏着无尽的珍宝；孟获城的草场、山冈之上，仍游荡着孟获这位先祖的英魂。

血染的红石滩

驾车南出石棉县城，沿雅西高速公路行 30 多千米出栗子坪收费站后不久，只见左边车窗外的岔道口，一座纪念碑高耸入云。碑的顶端，是一只振翅欲飞的雄鹰雕像；碑下面的广场，有状如搭箭的强弓。这条岔道，便通往 10 多千米外的拖乌山深处的孟获城。

在尚未正式开放的孟获城景区游客接待中心，我了解了几个主要景点的路线及方位之后，准备首先游览红石滩。

红石滩位于景区内一条名为阿鲁伦底河的河谷。顾名思义，河谷里河滩上的石头是红色的。当我伫立河滩之上，置身红色石阵之中时，既新鲜又好奇，既兴奋又震撼。

红石滩上的红石随河床蜿蜒，没有尽头，宛若一条红色的巨龙。它红得纯正、红得耀眼，仿佛人工刷上了一层彩色涂料。但蹲下细看，却发现它们的表面湿漉漉的、毛茸茸的。它们为碧水、蓝天、绿树构成的山水画，增添了难得一见的亮色。大自然的美景，在这里也显得更有层次、更为色彩斑斓。

红色，象征着燃烧的激情，蕴含着火热的爱情。因此，这红石滩的红石，除了为摄影爱好者增添了素材，激发了他们的灵感，还被纷至沓来的情侣们称为"情石"。红石滩成为情侣们的温柔之乡。他们徜徉在红石滩上，或相拥定情，或执手许愿……

不过，在当地老百姓中，却流传着一个与红石滩有关的悲壮故事。

蜀汉建兴三年（225 年），蜀汉丞相诸葛亮为巩固战略后方，以图中原，对拒不称臣且频频袭扰蜀地的南中夷人首领孟获进行征剿。蜀汉时的南中，主要包括今云南、贵州西部和四川西南一带，设有永昌郡（郡治在今云南保山）、益州郡（郡治在今云南晋宁）、越巂郡（郡治在今四川西昌）、牂牁郡（郡治在今贵州黄平），也就是说，当年孟获实际控制的地盘的总面积，并不比蜀汉小多少。

诸葛亮南征的规模，不亚于此后的七出祁山、北伐中原。他将蜀汉大军分为三路：马忠率东路军攻牂牁；李恢率中路军攻益州；自己亲率作为主力的西路军攻越巂。三路大军约定在滇池会师。

从成都出发时，马谡送诸葛亮出城数十里，诤诤进言道："攻心为上，攻城为下；心战为上，兵战为下。愿早服南人之心，以收长治久安之效。"诸葛亮听了连连点头，并将这一战略思想贯穿南征始终，从而为世人留下了"七纵七擒"孟获的传奇故事。

孟获野性中有悲悯，鲁莽中有狡黠，狂放中有信义，堪称一代雄杰。

据传，屡战屡败的孟获，败退至栗子坪的拖乌山深处，想起成千上万战死疆场的部属，不禁悲愤难抑，仰天痛哭，一连数日如此。他眼中流出的不是泪水，而是殷红的血水。他的血泪，染红了阿鲁伦底河谷的石头。红石滩凝聚着孟获的无限悲情，见证着战争的残酷、和平的珍贵。

而事实上，红石滩的石头之所以呈红色，是因为它们的表面生长着一种称为乔利橘色藻的藻类。它的细胞内富含虾青素，这种类胡萝卜素能帮助橘色藻类抵抗高海拔地区强烈的紫外线，抵抗高寒地区的低温干旱，而原生岩是它生长的必要基质，潮湿多雾的小环境又是它大规模生长的必要条件。

隐秘的天生城

孟获城景区的高山草甸区域，是真正的孟获城所在地。

我们驱车穿行在景区公路上时，只见冈峦连绵。因此，当一片面积达 4 平方千米、整体略有坡度但有一片平坦的草甸出现在眼前时，我对这种川南地理上并不多见的景象又是一阵欣喜。

在这片广阔的高山草甸入口处，在孟获城城门的遗址上，一座颇具民族特色的城楼巍然矗立。它扼守着通向孟获城内的通道，因为在它的两边，是难以逾越的山冈。连接城楼的城墙，在山冈上绵延，如同万里长城。

登上城楼，沿城墙上的跑马道徐徐而行，放眼望去，我不由得为孟获当年选择的这一处大本营而惊叹不已：城内那绿如巨毯的万亩草甸，足以将数万战马养得膘肥体壮；三面是高山峻岭，一面临孟获河的地势，构成易守难攻的天然城池。况且，这样一块可供千军万马休养生息的宝地，竟藏在如此隐秘之处。

孟获城城门和碉楼

由此可想象，当年孟获的军队是兵强马壮的；他的韬略，不是演义中描述得那么肤浅的；他的斗志，是有雄厚的物质基础作保证的。

一位牧马的孟获村村民指着一处面积数百亩的矮树林告诉我，诸葛亮有八卦阵，孟获有迷魂阵。一旦将敌军诱入这片没有路径且每棵树都长得一样的林子里，孟获的士兵就可将这些迷失方向的敌军消灭干净。这片林子的树，被称为"神树",至今无人敢乱砍滥伐。

沿着城墙上的跑马道,我登上了一座山冈的最高处。这里是原孟获城烽火台遗址,如今耸立着一座用原木搭建的约10米高的瞭望台。

站在瞭望台上,孟获城内外一览无余。广阔的草甸、险峻的高山、深切河谷等地貌,莽苍的原始森林、茂密的灌木林等植被,共同构成了空间层次异常丰富的迷人景观。

这里的观景,四季不同,犹如川剧变脸。春天,草甸上繁花似锦,若漫步其间,如同在花海中遨游;夏天,凉风令人惬意,尤其是入夜后观天象,最能体会"星垂平野阔"的意境;秋天,山林色彩斑斓,好似上帝打翻了调色板;冬天,白雪皑皑,一派银装素裹的壮美。

时值初秋,半环绕草甸的群山尚未展现多彩的姿色,但草场上星星点点的牛马、炊烟袅袅的木屋、山寨栅栏墙般的牲畜圈,仍可让人充分领略当地的浓郁风情。

据《云南志略辑校》载:"蜀建兴三年,诸葛亮征南,闻孟获为夷、汉所服,募生致之,凡七纵七擒。获曰:'公,天威也。南人不复反矣。'诸部悉平。"

这里的历史留给游人许多值得思考的东西。之所以孟获的英雄事迹在这片广袤大地上代代相传,人们虔诚地怀念他,除了他罕见的永不服输的亮剑精神,还在于他及家人对当地经济、文化的贡献——孟获发明彝族服饰,孟优发明农耕方法和乐器,更在于孟获为了民族利益而深明大义,为了民族的延续和各兄弟民族间的和谐,该坚守时坚守,该放弃时放弃。事实上,孟获任蜀汉的御史中臣后,恪守自己的诺言,终生致力于维护西南各民族之间的团结。

今日的旅游地

孟获城紧邻大熊猫野化放归基地——栗子坪国家级自然保护区。2017年

11月，该自然保护区成功放归大熊猫"映雪"。在这当年征战处、今日旅游地，说不定会偶遇大熊猫。

令人惊喜的是，它居然真的来了！2018年4月13日上午10时左右，石棉县栗子坪孟获城景区内发现有野生大熊猫活动，景区管理工作人员随即拍下现场视频，视频中这位不速之客的身影清晰可见。最终，通过无线电监测，确定该大熊猫为"映雪"。

"映雪"巡视孟获城，是因为这里生态极好、位置隐秘，还是因为孟获神灵的召唤？

随着孟获城以诱人的三国文化和拖乌山罕见的高山草甸进入人们视野，与之相距仅数千米的月亮湖的神秘面纱也逐渐被揭开。由于月亮湖相传是孟获与祝融夫人情定之处，因此它的开发为孟获城的粗犷、苍凉平添了一抹柔情和亮色。

海拔约2400米的月亮湖属高原湖泊，水域面积约2万平方米，因湖面呈月牙状而得名。春夏之交，湖畔报春花竞相开放，清澈见底的湖水被花海环抱着，如同镶嵌在一只色彩斑斓的巨大戒指上的翡翠。金秋时节，簇拥在月亮湖的山岭之上，散金的黄叶和似火的红叶与碧绿的湖水相互映衬，犹如色彩斑斓的画图。寒冬时节，厚厚的白雪覆盖在草丛之上，柔软而轻盈。若遇雾凇，这里便是冰清玉洁的水晶世界。

孟获城的自然风光美不胜收，但感受孟获城的历史文化底蕴，应当是去孟获城旅游的重要目的之一。

牛角寨　张献忠的大本营

在花果飘香的成都龙泉山脉中段东麓，在波光粼粼的鹰头水库之侧，一座海拔760米的山冈突兀而立。山顶，古柏苍郁，怪石嶙峋。这里，便是张献忠盘踞四川期间修筑的军事要塞牛角寨。

真正让牛角寨闻名于世的，是其东侧崖壁倚山镌刻于公元707年的一尊弥勒佛胸像。

引起世人关注的，不仅仅是牛角寨大佛的高大和年代的久远。四川现存的大佛，10米以上的佛像就有18尊之多，且形态各异，唯有牛角寨大佛在工程布局、人物形态上与乐山大佛极为相似，如孪生兄弟，且早于乐山大佛6年建成，只是仁寿大佛小些而已。

文物专家一致认为，它不但是全国最大且唯一一尊胸佛，还很可能是乐山大佛的蓝本之一。

春光明媚，我翻越了桃花盛开的龙泉山后，攀上了充满神奇传说的牛角寨，观赏了充满传奇色彩的千年大佛。

牛角寨大佛位于牛角寨东侧崖壁上，依山而造。大佛为半身坐像，座高15.85米、宽11米，坐西向东，双手齐胸合十。它与乐山大佛果然相似，其面形丰满，眉似弯月，双目微睁，平视东方，嘴角微向上翘，发成螺髻，神态安详。它与乐山大佛的工程布局也相似，皆三面凿山为岩，山佛一体，隧道排水系统都在佛头后颈处。如果只看照片，简直就像同一佛像。

牛角寨大佛

牛角寨　张献忠的大本营

众所周知，乐山大佛是海通和尚带领工匠在唐开元元年（713 年）动工雕凿，通过几代人的努力，在唐贞元十九年（803 年）全面完成，共花了 90 年的时间。如此浩繁且容不得出半点差错的工程，没有一个初稿恐怕难以理解。获取镌刻经验和宝贵的数据，依样绘制蓝图，然后放大后正式雕刻施工，应该是那辉煌的举世瞩目的乐山大佛动工之前应当走过的程序。

在图片精美的《中国大佛》画册里，收录了全国各地 10 米以上的大佛，其中没有一尊佛像相似于乐山大佛和仁寿大佛。但令人遗憾的是，查遍古代文献资料，没有一丝半点关于仁寿大佛的建造记载。唯有从南宋诗人陆游在嘉州任上时所写的"江阁欲开千尺像，云龛先定此规模。斜阳徒倚空三叹，尝试成功自古无。"一诗中，可以推断乐山大佛是有小样的，是经过多次试验后凿成的。

大佛周围还有摩崖石像 2480 尊，已建编号建档 101 龛、1519 尊。其人物众多，相貌各异，或立或卧，或静或动。有的屈腿躬腰，俯首侧耳作恭听状；有的五体投地作跪拜状；有的系裙穿甲；有的屈臂挽带；舞伎翩翩起舞，乐伎吹打弹奏。造像除人物外，还有器皿禽兽，其千姿百态，栩栩如生，雕刻精致，刀法圆润，线条流畅，造艺精湛，具有很高的历史、艺术和科学价值，是我国石刻艺术的宝库之一。

值得庆幸的是，历经 1000 多年风霜雨雪、兵燹战火的牛角寨大佛，居然保存得相当完好。游人驻足大佛之前，无不叹为观止。

牛角寨地势险要，自然成为成都平原周边难得的军事要塞构筑地。

明末清初，张献忠的大西农民军 3 次进入四川，最终在成都建立大西农民政权。早在崇祯十四年，大西农民军自蓬溪进入川南，分兵 3 路攻重庆，攻克仁寿，杀死了知县刘三策。清顺治元年（1644 年），张献忠率军直入四川腹地，再次攻占仁寿城杀县官顾纯贻。

据说，张献忠攻仁寿前曾经做了一个梦，一位老翁告诉他："攻打仁寿，须牛角寨为营。"第二天，他亲往牛角寨考察途中，恰遇大雨倾盆，山洪暴发，山间的桥被淹没。他相信牛角寨必有军事上的特殊作用，也相信牛角寨大佛会庇佑他的大西军百战百胜，便毅然涉险下水过河继续前往。岂知旋涡一下子将他卷入水底，很快便不见人影了。正当岸上的将士惊慌不已之际，他却随旋涡载沉载浮，最终从对岸边冒出水面来。

张献忠上岸后冒雨赶路来到大佛阁，详细考察了牛角寨地形地貌，并求大佛阁方丈指点迷津。此后，他率军来到牛角寨后就筑工事、囤积粮草。为确保一旦牛角寨被敌军围困后无饮水之忧，他命令士兵和工匠特制了硕大的养马槽和饮水缸，由兵士下山挑水供人畜饮用。

尽管如此，由于牛角寨坡陡路窄，用水仍然不方便。神奇的是，大西军在寨内驻扎了数十天后，山上竟然有一股清泉冒出，从而免去了士兵挑水之苦。如今，这清醇香甜清泉依然长流，举行上万人的庙会都能保障供应。

作为见证400多年前那场给四川带来浩劫的战争的历史遗迹，养马槽和饮水缸还保存完好。游人伫立10余平方米大、1米多深的饮水缸前，怀古之幽情不禁油然而生。

牛角寨山间怪石甚多且具有观赏性，如盘海石、鸭子石、奶奶石等，均惟妙惟肖。其中一些怪石是根据张献忠占据此寨期间的传说而命名的。张献忠思念家乡时常常伫立良久的石包，人们取名为望乡石；他焚香叩拜祈愿大西政权万世长存的石头，人们取名为香炉石。如今，这些峥嵘的怪石间，郁郁葱葱的草木如香烛拱佛，四季常青。

牛角寨的摩崖造像群，也是一处宗教圣地，香火旺盛。在牛角寨附近文宫场出生的历史名人董长安、潘文华、石鲁和冯建吾弟兄等，都曾到此拜佛。潘文华曾两次拿钱装饰庙宇，点缀佛像。

后来，多方人士已捐资修复大佛阁，重建观音殿、斋堂等。2006年5月，牛角寨石窟造像作为唐代文物，被国务院批准列入第六批全国重点文物保护单位名单。牛角寨再次成为祭祀和旅游观光、休闲避暑的好去处。

天雄关 剑门关的铁门槛

蜿蜒于雅安境内大相岭的茶马古道，有苍凉、寂寥的静美；逶迤于四姑娘山的雪域冰川，有神秘、高远的壮美……越来越多的人，用徒步越野的方式去亲近它们，以暂避喧嚣、追寻淡泊、磨砺意志、激发豪情。

相比之下，位于川北大、小剑山重崖叠嶂之中的金牛古道，因其承载过更为厚重的历史，因其对巴蜀的政治、军事、经济、文化产生过重大影响，从而为熟悉巴蜀历史尤其是三国历史的徒步越野者所青睐。

这条古道，有据可考的历史便有2300多年。而其中保存得最完好、人文遗迹最为丰富的精华段，便是自昭化凉亭子起，至剑门关下剑溪桥止的剑昭段。

这段古道穿过的因姜维而闻名的牛头山腰，被称为"剑门关门坎"的天雄关，曾经沧海，而今与春华秋实为邻，与清风明月相伴，如同功成身退的智者，蛰伏于崇山莽林之间。

英雄不死，他只是渐渐隐去……

长亭外　古道边

瞻仰天雄关的风采，探寻剑昭古道的遗迹，我正是从这段古道的起点凉亭子开始的。

凉亭子位于昭化城以西4千米的牛头山麓，距2009年新修的剑昭（剑门关至昭化）旅游公路最近处约1千米。

凉亭子曾是古驿道上级别最低的一个驿铺，规模最大时也仅有一个凉亭和半座院落，驿卒一两人。如今，驿铺无存，只留下地名。

从凉亭子开始迈步，"长亭外，古道边，芳草碧连天"，令人恍若隔世：是游子千里返乡，是学子进京院试，是将军得胜返关，是挚友生离死别……我那访古寻幽的兴致之中，又有了隐隐的伤感。

不知是人为损毁或是主要从耐用方面来考虑，这一段驿道的铺路石，大小不等，形状各异，但是踏在每一块石板上，石板都毫无松动，感觉它已在山上深深扎根。几乎每一块石板的表面都呈弧形，这是2000多年来无数过客用脚掌打磨所致。驿道的最窄处，也可两人并行，因此足可供当年的战马驰骋。有的路段稍宽，大概是供行人小憩之处。

由于这一段驿道是沿牛头山腰的山脊延伸，因此可避免山洪暴发、山体塌方等自然灾害的影响，也就有了其他幽深、曲折的古道所没有的韵味。行进在这段路上，脚下是芳草侵古道，远望是夕阳山外山，前路虽深邃，视野却开阔。思古之幽情，怀旧之感慨，不可遏制地在路人心头涌动。

此时向山下遥望，嘉陵江最大的支流白龙江水在阳光下泛着粼粼波光，宛如一条身披银色鳞甲的巨龙，扑进嘉陵江的怀抱。两江汇合后，仿佛要让人们多看一眼它们的磅礴气势，在昭化城前耀武扬威地呈"S"形流过。这一地理景观，酷似一幅天然太极图，而昭化古城则恰恰坐落在阳鱼眼处。

凌绝顶　势极雄

在这段完整的石板道上行进约2千米，一条布满坑洼的机耕道横在眼前。古驿道在此被截断。

我大致判断了一下方向，便向右拐上机耕道，继续向山腰前行，同时注意观察两旁是否有岔道，以便重回古道。岂料脚下这条连四驱越野车也难以通过的机耕道，直通一户门窗紧闭的农家小院后，便到了尽头。茫然四顾，杳无人迹，只闻鸟语。无奈，我扯开嗓子向空山呼喊，终于从不远坡上传来一位农妇的应答。经她指点，我从坡下一条尺余宽的石径攀上坡顶，消失的驿道又出现在眼前了。

此时，驿道的坡度越来越大，道旁的柏树及蒿草越来越密，石板上的苔藓越来越厚。当一段笔直的长约50米、坡度约40度且紧邻绝壁的驿道出现在眼前时，凭经验，我知道天雄关不远了。

我驻足向驿道尽头望去，只见一通石碑立在驿道右侧，下面是断崖。走近石碑，天雄关突然呈现，原来，它坐落在与石碑相对的驿道左侧的绝壁转角处。

历代史书对天雄关的记载和描绘，极尽形容之辞。《昭化县志》引"旧志"云："峰连玉垒，地接锦城。襟剑阁而带葭萌，踞嘉陵而枕清水，诚天设之雄也。故又名曰天雄关。悬径崎岖，危崖壁立，树木萧条。"又据《昭化县志·舆地志》载："天雄关在治西十五里，入蜀而来，殆与七盘朝天二关声势联络，实剑关之密钥也。"再据清代《保宁府志》载："天雄关在（昭化）县西南十五里，势极雄险。"

我眼前的天雄关，只剩下一个石门拱。其两侧的城墙，早已倾颓，连残垣断壁也没有了。但是，它比起那些古蜀道上如今只剩下名称的七盘关、朝天关，以及当今完全新修的剑门关，应该是幸运的。当然，真正幸运的应该是今人。人们可以真切地贴近它那残缺的身躯，聆听中国历史的回响。

天雄关

面对这座孑然屹立的石门拱，如同面对失去肌肤、只剩骨架的巨人。随之在我脑海里浮现的，是被帝国主义列强焚毁的圆明园，被战乱和荒漠吞噬的楼兰古城……与其他古城门、古关楼不同的是，在天雄关门拱的前后左右，尚存有历代的14通石碑。其碑文有的是历代名人过天雄关的题咏，有的是历代官府修葺关楼的经过，但大多字迹漫漶。这和东岳泰山遗存的众多古人墨迹一样，说明天雄关作为川北出入巴蜀的重要关隘，当年是何等重要，令人感慨不已。

尽管如此，历代墨客骚人留在天雄关石碑上、石壁上、驿站墙上的诗词歌赋，还是有一部分被后人传诵。其中清代何盛斯的《天雄关》诗，比较有代表性:"一关凌绝顶,迢递插星邮。黄竹丛祠绕,青苔战碣留。残云瞻马首,落日上牛头。伯约鏖兵处,扬鞭豁远眸。"

姜维守　皇辇过

我伫立石门拱前,仔细辨认镌刻于两边石壁门框处的对联。其上联为"清风明月关门过",下联只有"崇山峻岭"四字可识。

好一副举重若轻的对联,雷霆万钧化为清风明月,千军万马犹如樵夫砍柴。这与"古今多少事,都付笑谈中"简直有异曲同工之妙。

由于牛头山南依剑门,北控昭化,踞由北向南入蜀要冲,进可攻,退可守,因此是历史上兵家必争之地。而在当地至今还有"要上牛头山,难过天雄关"的说法,可以说天雄关见证了几乎所有发生在巴蜀大地的重大历史事件。

公元前316年,崛起于陇西的秦国,遣大将司马错伐蜀。这支大军的一部在张若率领下由水路顺嘉陵江而下,东征巴国,随即将巴国灭掉。大军另一部在司马错率领下,经陆路穿越天雄关前的险要僻径,南征蜀国,将蜀国灭掉。

这是牛头山上的古蜀道见证的首次有确切记载的军事行动。它的影响实在太深远。否则,秦国蜀郡太守李冰不会来到蜀地,自然也就不会有举世闻名的都江堰……

214年,初入四川以昭化为根据地的刘备,率军攻打成都。据《三国志通俗演义》描述,汉中一名军阀式的人物张鲁,遣西凉名将马超攻打昭化。刘备腹背受敌,急调张飞驰援昭化。张、马二将在牛头山没日没夜单挑,上演了一出令后世家喻户晓的好戏。

此战不但收服了马超,而且将后方彻底稳固,从而为刘备成就蜀汉大业奠定了基础。

263年,魏国大将钟会、邓艾率20万大军,直逼昭化。蜀汉大将姜维领军在昭化桔柏渡西岸与之相抗，展开了一场决定蜀汉命运的大战，史称"葭萌之战"（昭化古称葭萌）。蜀汉几乎将全国的兵力都投入此战。此役结果是，蜀将关索、鲍三娘夫妇战死，蜀汉兵力损失殆尽，姜维带3万残兵败将经天雄关撤至牛头山。

凭借天雄关天险，姜维残部有了喘息之机，从而为不久后撤至剑门关固守赢得了宝贵的时间。如果不是曹魏将领邓艾胆量大、运气好，从牛头山以西数百里的阴平道奇袭蜀汉江油关成功，蜀汉或许因为天雄关，还会苟延若干年。

活遗产　魅力在

作为一处军事要隘，地势险峻的天雄关的主要功能是镇守而非进攻。据清代道光《昭化县志》载："五里倚虹亭，过亭则牛头山麓矣。五里天雄关，牛头山腰也，有塘房。"所谓塘，是地方性站所，历代在此又设有驿站，供过往的商旅军士歇脚换马。当然，不论和平年代还是战争年代，天雄关历代都有士兵驻守。

进关门左边，是一块数百平方米的平地，原建有关帝庙一座，庙内有大雄殿、牛王殿、姜维殿等，因历经战乱已毁。清代又在天雄关建观音阁、奎星阁、倚虹亭。

如今，在原关帝庙旧址上，坐落着一座新修的庙宇，其式样简洁、形象收敛，与残破的天雄关石拱门相处，显得倒也和谐。庙宇无专职出家人看守，但时常有上了年龄的出家人前来拂尘。若徒步越野者碰上他们，要点水喝甚至免费吃一碗他们熬的稀饭都不成问题。

在天雄关石拱门前临悬崖处，有一座年代不太久远的双层凉亭。此亭飞檐翘角，亭柱朱红，亭瓦金黄，倒也有几分古意。沿着亭内的木梯，可攀至亭子上面一层，眺望无限风光。

徒步越野者从这里继续前行，就要仔细察看路径了。因为少有人走，疯长的野草遮掩了石板路。

这条全长约 40 千米的古驿道与剑昭旅游公路分分合合，经牛头山、五棵堆、云台山、寨子山、孟家岩、大梁山、七里坡、志公寺等人文自然景观，最后过剑溪古桥抵达剑门关前。

一路经过的古驿铺，有新铺、大朝驿、高庙铺等，其中大朝驿在秦汉时期已经是"达摩戍驿站"，是古人经金牛道出川入蜀必经之地。由于行旅之人都要在此歇一脚或者留宿，因此茶馆、饭店、客栈等林立，呈现出畸形的繁荣。20 世纪 30 年代，川陕公路绕开这段驿道后，大朝驿才归于沉寂。

当年，南宋诗人陆游受范成大之邀入蜀，在大朝驿留宿期间，与驿吏之女春香一见钟情。分别时，两人在蒙蒙细雨里泪眼相对，无语凝噎。陆游心中的千言万语，化为一首令后人广为吟诵的诗章："衣上征尘杂酒痕，远游无处不销魂。此身合是诗人未，细雨骑驴入剑门。"

我一路上依次经过双龙桥、铁栓桥、寡妇桥、松宁桥四座古桥。这四座造型各异、卧伏于飞泉清溪之上的古桥，将古驿道点缀得更富有诗意。

双龙桥是单拱平桥，可惜桥上双龙石雕已被毁。铁栓桥是建于明代的五孔石板平桥，由于用熔化的铁水直接浇铸于桥上石板接缝处，因此至今桥面没有一丝缝隙，工艺实属罕见；松宁桥的石桥栏、石桥身基本完好，桥两头皇柏和古松遮天蔽日。

蜀道是中国物质文化遗产，它可与万里长城、京杭运河、秦始皇陵相媲美。古罗马大道已无迹可寻时，蜀道却依然散发着它的无穷魅力。

石城山　镇压西南半天壁

"石城远控双流水，烟火高腾万树间。"这是古人对史载经历了10次以上大规模战役且有10余万将士埋骨于此的宜宾石城山的由衷慨叹。

由侏罗纪红色砂岩构成的石城山，因大地构造、流蚀、剥蚀、浸蚀等作用，形成造型生动的断壁、峡谷、孤峰、团山，以及壮观的瀑布和深邃的岩穴，呈现一派独具魅力的山石造型景观。

因为石城山扼秦五尺道、汉时南夷道、隋时万岁南征之道由川入滇咽喉，所以僰人崖墓、佛教文化等人文遗迹丰富。加上森林覆盖率为95%，这里冬暖夏凉、风景如画。

■ 石城山　镇压西南半天壁

绝壁环山石头城

　　海拔1100米的石城山，坐落在川滇交界处关河之滨的宜宾横江古镇境内，"状如覆斗，环列如城"。

　　我伫立石城山麓仰望，其兀峰独立、绝壁环山，犹如巨大的石头城堡。因横江古镇地处川滇要冲，易守难攻的石城山自古便是兵家必争之地。早在唐代，西川节度使韦皋，沿秦五尺道赴云南安抚各少数民族途经石城山时，曾作诗赞其"石城山峻谁开辟，更鼓误闻风落石。界天百岭胜金汤，镇压西南半天壁"。

　　依石城山傍关河水的横江古镇，是南方丝绸之路川、滇、黔交接的关隘，出川入滇的重要码头。当年舟船穿梭、商贾云集，热闹非凡。从军事角度看，这一处两不管的偏僻但又相对富庶之地，是进可攻、退可守的根据地。以至于当地有这样的传说：古时曾有一个强国环伺下在这一地区偏安的小国，欲在石城山麓修建京城，请风水先生登石城山而列数众山。可惜的是，数来数去，只有九十九座，距那小国国君及他本人理想中的环绕京城一百座山尚差一座，乃抱憾作罢。殊不知，他竟忘了数自身站立的山头，当地人为此常常唏嘘不已。

　　石城山独特的地理环境和区域位置，注定了它饱受战火摧残的命运。

　　明正德九年（1514年），明王朝命巡抚都御史马昊、总兵吴坤领兵万余人，在石城山围剿普法恶领导的都掌人起义。普法恶中箭身亡，都掌人死亡近万，义军被击溃。为旌表此役中英勇作战的明军将士，朝廷于石城山二横岩立下一通"平蛮碑"，碑文中有"刁斗纵横破石城"及"天威振落南人胆"等言辞。该碑至今保存完好。

　　明末清初，张献忠部将冯双礼围攻固守石城山明军。面对绝壁环绕极难攀登的石城山，冯双礼于月黑风高之夜，用"火羊阵"攻克寨门而入，除守山的明军官兵悉数战死外，在山上避难的周边居民有2万余人也惨遭屠戮。

对此次战役，清嘉庆《宜宾县志·山川》及当地居民家谱《李氏先莹公传》均有详细记载。

清同治元年（1862年）冬，太平天国翼王石达开率10万大军占领横江并建立大本营，欲侍机渡过金沙江攻入四川腹地。清军揣其意图，调集川、渝、滇、黔乃至湘鄂的军力共20多万人马，欲在横江一带一劳永逸地聚歼石达开军。

有绝险的石城山作依托，进可攻退可守，这本应是上天赐予石达开的一份厚礼。何况据守此山，石达开并不需要花太多的功夫。因为石城山历来只有东、南、北三个方向各有一条又陡又险的羊肠小道通向山顶，而在山腰的当道处，均有筑于宋代、明代又予以加固的坚实的城门。方圆近20平方千米的石城山上，还有终年不竭的湖泊，为长期固守者提供生命之源。

拔地而起天外来

石城山是在一片低缓的丘陵地带拔地而起，仿佛天外来客，侏罗纪红色砂岩构成整个山体，远望砂岩裸露的绝壁，如熊熊燃烧的冲天火焰。

山腰红色的岩层中一些隐秘的洞穴，更增添了它的神秘色彩。其中，山腰深不可测的雨师洞的传说尤为吸引人。清末民初，曾有好奇的人举烛入洞欲探个究竟，岂料四十八支烛相继燃完还不见底。于是人们传说此洞直通叙府（今宜宾城）。此外的百蕨洞、石门洞等，都有着动人的传说，吸引着好奇的人们深入其中探幽。

地质的断层及裂隙，为方圆4平方千米的石城山孕育了丰富的溪流。它中段山腰的直径约3米的水帘洞，如一弯满月挂在山间，洞内可容纳百人。盛夏时节，山顶溪流汇成的瀑布从洞口飘然而下，人们在洞内既可纳凉又可观瀑，好不惬意。另一条溪流从相对高度达130米的断崖分为三股飞流直下，在绝壁上书写着硕大的"川"字。此处，山顶是葱茏的碧树，山腰是艳丽的红岩，山间是银花般的瀑布，真是令人流连忘返。

在这三股水飞流处的崖壁顶端，镌刻着令人疑惑的倾斜排列的"石城山"三个大字。原来这些字下面是一尊天然形成的隐身大佛，高约 70 米，其身形和五官稍加细看即可辨认。相传当年石匠镌刻完石字后，惊讶地发现此处呈大佛状，如坚持竖排"石城山"，"城山"二字便会镌刻到大佛的鼻梁上。于是石匠将其改为现在人们看到的斜排。

石城山主峰之巅有一巨岩，状若雄狮昂首。由于石城山在这一地区海拔最高，因此登临这一巨岩俯瞰，只见滔滔关河如玉带逶迤北去，百里田园村舍尽收眼底，令人心旷神怡、遐思无限。

石城山上的森林覆盖率 97% 以上，山顶森林面积 5538 亩，其树种除了马尾松、杉树、榕树等，还有珍稀古树樟树、铁树、龙眼树、桢楠树。

良好的植被和植被的多样性，再加上游人稀少，使得徜徉于石城山森林里的人们，有了不寻常的感觉。漫步林间，铺地的松针柔软而有弹性，令人忍不住蹦跳腾跃；色彩缤纷的野花和长相可爱的菌类随处可见，令人仿佛走进童话世界；一处山脊蜿蜒的小径上，沿途长满斑驳的块状苔藓，酷似龙背

石城山

的鳞片，令人如乘龙遨游天际。

在石城山上，人们的听觉也得到充分的享受。

当天我夜宿石城山上，由于相对平阔的山顶有五条溪涧及多处深潭，一到傍晚，此伏彼起的蛙声令人有身处世外桃源之感。若晚风徐来，松涛声如泣如诉，拨人心弦；夜半山风呼啸，松涛声则如排山倒海，令人惊心动魄。清晨，百鸟啁啾，或悠扬或婉转，令人身心愉悦，仿佛一切愁绪杂念都被抛到九霄云外去了。

五尺道上有遗篇

自从秦五尺道贯通川滇以来，它所经过的石城山所在的横江古镇一带，便成为川滇各民族南北迁徙的走廊，从而遗留了丰富的人文景观资源。

石城山南麓秦五尺道旁的崖壁上，便分布着170余座宋代至明代的僰人崖墓。其中天堂沟就有44座，在石城山宋、明民族崖墓群中具有代表性。

天堂沟的44座崖墓，分布在一处高坡上长100多米、高50多米的岩石之上。它们掩映在翁郁的树林和茂密的竹林之中，以至于我翻过最后一面陡坡，它们才蓦然映入我的眼帘。

这些崖墓的墓口为方形或矩形，长、宽均近1米，有的距地面1米多，有的距地面近10米。墓室宽度和高度约2米，深度在2米以上，是在坚硬的岩石上纵向掏凿而成的。铁凿在墓壁上留下的道道凿痕清晰可见。墓室内早已空空如也，但稍加细看可发现一些不成形的骨殖。

与悬棺葬不同的是，僰人的崖墓葬以内容丰富、形象生动的大量石刻画像，给后人留下了丰富的历史文化信息。这些雕刻于墓口崖壁上的浮雕图案以人像居多。男多椎髻，女丫髻，男短服，女长裙，皆跣足，或武士弄刀，或僰女击鼓跳舞，还有鹿、虎等图案，宛如一幅幅巨大的壁画。

奇特的是，有一匹作跳跃状的雄马，异常壮硕。据史料记载，僰人似乎并未使用骑兵作战，此雕像是否说明，僰人在与朝廷多次作战的过程中，已意识到骑马作战的重要性，从而祈求神灵赐予他们能征善战的千里马呢？

在崖墓群中段的最高处，一座墓口最大，墓门门楣、门柱及柱础轮廓清晰的崖墓，显得特有威势。其墓口两边的武士，与真人一般高大，其头盔上装饰着羽毛，腰部挂有短裙样的金属片铠甲，两胯之间有一块整片铠甲用来保护男人的最薄弱处。

令人眼前一亮的是，一座崖墓口下方门槛的位置，有一条腾云驾雾、张牙舞爪的龙的雕像。这条龙长约2米，似乎要驮着墓主人漫游四海、飞向天堂。

绝壁环列如城的石城山，其东、南、北方向各有3座筑于明代以前的主寨门，现保存完好的有2座，3座主寨门下方又各筑有瓮寨门。其中北寨门最绝，它是利用一块横亘在上山之路的大如2层楼高的巨石，从中剖出一道宽不到1米的石缝，再在石缝上盖顶而成，且一边倚绝壁，一边临深渊。

属于太平军遗迹的是，接近山顶处的一道长约3000米的半环山栈道。

这是一条挂在绝壁上的简易通道，它本来是僰人的杰作，石达开的太平军占据石城山后又加以整修，故当地人称为"石达开栈道"。这条虽简易却便捷的栈道，为盘踞此山的历代雄杰迅速调派机动部队增援发挥了重要作用。我走上了宽仅两尺左右的没有护栏的栈道，脚下的百丈深渊令人心惊胆战、头晕眼花，只走了数十米，便不敢继续向前了。

石城山也是佛教文化的弘扬之地。闻名川南的万松寺，建于明成化年间，鼎盛时期占地百亩，庙宇百座，僧侣百人，现已修复观音阁。石城山入口处的雨师庙，雕梁画栋。每年农历六月十九日为雨师娘娘生日，周边上万乡民来此，祈求娘娘保佑风调雨顺、五谷丰登。在石城山主峰狮子峰下，雕凿于明正德年间的文殊、普贤两尊石像，仍保存得较为完整。

奇特的石城山，历尽了战火硝烟，也滋养着一方百姓。它是当之无愧的战争与和平的见证者。

川黔锁钥处　蔡锷拔剑留遗篇

中国古代进出四川盆地的大规模军事行动，有几个躲不过绕不开的雄关险隘。陕西方向，有雄踞于如剑奇峰间的剑门关；湖北方向，有对峙于滚滚长江边的瞿塘关；云南方向，有嵌镶于千仞绝壁上的石门关。这几处关隘，历史悠久、声名显赫。

读了蔡锷的一副楹联，方知在贵州方向赤水河四川一侧连绵不绝的群山之间，还有一座筑于古盐道之上的雪山关。此关海拔近1800米，筑于明代洪武年间，大概是为防止滇黔诸夷北犯而建，又因扼川黔盐运要道，顺便征收些过路钱。

由于明代以来川黔之间并无多大的战事，锁

钥川黔的雪山关，浪得了一个"蜀南第一雄关"的虚名。如果不是护国将军蔡锷在彩云之南拔剑而起，在雪山关上发出振聋发聩的呐喊，它恐怕已在历史的长河里隐去，不再泛起波澜。

登　临

促使我前去瞻仰雪山关的，除了蔡锷将军打响讨袁护国第一枪的壮举，还因为那副正气凛然、令人热血沸腾的对联：是南来第一雄关，只有天在上头，许壮士生还，将军夜渡；作西蜀千年屏障，会当秋登绝顶，看滇池月小，黔岭云低。

蔡将军从昆明誓师出征，由滇入黔，至泸州纳溪一线与袁世凯的军队血战，征途千里，唯独在雪山关上吟出如此豪迈而壮丽的诗篇，也许是雪山关独特的景观与历史底蕴，拨动了他本已壮怀激烈的心弦。

雪山关遗址位于叙永县赤水镇黄坪村三社，坐落在叙（叙永）赤（赤水河镇）公路西侧几千米的山上。我们将汽车停在雪山关公路道班的大院里，便沿着大院对面的一条坎坷不平的机耕道向雪山关攀爬。这条路不是当年的盐运古道。原本通往雪山关且保存得较完好的古盐道，是从叙赤公路边一个名叫关脚的地方开始的。我们游览的重点是雪山关本身，为节约时间，便选择了这条新修的比较快捷的土路。

这条土路，大部分路段挨着山脊，因此一路视野开阔。向雪山关所在的贵州方向望去，一座略无缺口的大山，如一堵巨大的城墙，遮住了我们的视线，这是四川盆地南缘最后的一列山冈。山冈背面，再往南，过赤水河，便是中国工农红军如走泥丸的贵州乌蒙山了。

时值初秋，一路的景象萧索寂寥，我没有遇到一个游人，连樵夫羊倌也不见踪影。当年护国大军翻山越岭时的人喊马嘶，已化为寒鸦秋虫的啼鸣。

雪山关出现在我们眼前，是突如其来的。原来，我们脚下之路，基本上与雪山关处于同一海拔高度，绕过一个坡，雪山关几乎就在面前，以至于我们一时还不敢相信它就是雪山关。

如同大多数雄关一般，雪山关坐落在两座挺拔的山峰之间，将狭窄的隘口完全阻断。而与其他雄关不同的是，它没有令人望而生畏的城堞，没有威风凛凛的敌楼，仅是一幢正面宽20多米、高六七米的石砌房屋。不过，一道高近3米的拱形城门，告诉叩关者，这是军防要塞。关门前的坡下，是那条蛇行斗折的千年古盐道，道上的一块块青石板在满坡的蒿草杂树丛中时隐时现，如一条蜷伏山沟的巨蟒的鳞片。

在这一刻，我们不约而同地驻足凝视雪山关。我们在校正着头脑中预设的雪山关的形象，我们在想象着护国军千万人马拥出雪山关的场面，我们仿佛看见蔡锷将军在雪山关前横刀立马、怒发冲冠。

览　胜

走近关门，门楣阴刻的"雪山关"三个大字映入眼帘，这是雪山关的北门，面向四川。大门两侧的石门枋上，刻有一对联："孤城万仞山，羌笛春风吹不度；八月即飞雪，玉门秋色拟平分。"联中借用唐代诗人王之涣《凉州词》中"羌笛何须怨杨柳，春风不度玉门关"名句，描绘出雪山关的高峻耸拔。门前的石板道旁，是一列镌刻历代墨客骚人咏叹雪山关诗词的石碑，平添几分肃穆之感。

明代四川状元、著名诗人杨升庵谪戍云南永昌卫，屡次途经叙永雪山关，留有《雪山谣》："雪山关，雪风起。十二月，断行旅。雾为篝，冰为台。马毛缩，鸟鸣哀。将军不再来，西路何时开"的词句。此词唱出雪山关的雄伟气势和翻越雪山关的艰辛，自然被后人镌刻于石碑之上。

"一上雪山关，日疑手可掬……当关据一夫，万马应裹足。"清代乾隆翰林李骥元（与其兄李调元、李鼎元为"绵州三李"）《雪山关》诗也镌刻在碑上。此诗用夸张的手法，描写出雪山关的高耸险峻。

■ 川黔锁钥处　蔡锷拔剑留遗篇

雪山关北关门

　　登临雪山关之前，从一些游记得知有一老太婆常年居于与雪山关连为一体的凌峰寺内。见关门紧闭，我上前叩门，却始终无人应答。后来听说，里面并无历史遗物了，仅供奉着玉皇大帝等诸神，并贴有孙中山、毛泽东、朱德的画像。

　　我从面对北关门的右侧坡上绕过雪山关，便来到南关门，也就是面对贵州的一方，脚下便是四川盆地最南缘了。

　　南关门的形制，与北关门相似，其门楣上，依然有"雪山关"三个大字。石门枋上，蔡锷将军那副气壮山河的对联"是南来第一雄关……"赫然在目。驻足细看，以行楷书写的上联笔力遒劲，颇见书法功力，落款时间为"民国十年辛酉秋九月"；下联一看便知是近几年补写、镌刻的，其书体与上联相同。再看，果然是当地政府于 1995 年维修雪山关时所为。我发现在下联旁边的墙根处，一截高仅 0.66 米的断碑无助地倚在墙边。我俯身细看，断碑上仅

305

见下联的"屏障、云低"等残句断字，这才是原汁原味的石门枋上联。但愿它不会被当作乱石抛弃。

伫立南来第一雄关的南关门前，举目遥望黔滇方向，乌蒙群山从细如银线的赤水河南岸绵延至天际，果然令人遐思无限、豪气顿生。

1916年2月里一个大雪漫天、寒风呼啸的日子，手执马鞭、身着戎装、征尘满面的蔡将军伫立关前，注目关前关后峡谷里奔涌的护国军第一军二、三梯团千军万马。那时那刻，他的耳畔，也许回荡着在昆明誓师讨袁的震天呐喊；他的胸中，也许激扬着草海阅兵的浩荡雄风；他的眼前，也许浮现着一幅浴血疆场马革裹尸的悲壮画面；当然，在他的心底，也泛起缱绻缠绵的漪涟，那是红颜知己小凤仙与他一别永诀时，吟唱的"化作地下并头莲，再了前生愿"……于是，那一副浩气长存的千古名联，便从蔡锷心中奔涌而出。

为了体验雪山关的险峻，我分别沿南北关门下的小道下行了数百米。北关门下的小道，坡度较缓，道面较宽，古盐道的石板也基本连贯。仔细寻觅，尚能发现经年累月马帮背夫留下的蹄印和拐耙窝。南关门下的小道从陡坡上急转直下，且不足0.66米宽，山风掠过，让人有点站立不稳的感觉。道面也被野草覆盖着，让人走得战战兢兢，若一脚踩空，恐怕要直接滚入赤水河里。看来，"当关据一夫，万马应裹足"所言不虚，"作西蜀千年屏障"也并非过度浪漫。

观　铭

下了雪山关，我来到了南距雪山关60余千米、北距泸州市区50余千米的纳溪护国镇。蔡锷亲率的护国军第一军与袁军正面激战的主战场纳溪棉花坡，便距此不远。此次战役长达4个月，史称泸纳之战。

泸纳之战，蔡锷在叙永忠烈宫内运筹帷幄，指挥若定，并置个人生死于不顾，身先士卒，亲临前线指挥作战。1916年3月15日，广西宣布反袁独立，其他各省也纷纷响应。蔡锷抓住这一时机，向袁军发动总反攻，连战皆捷，拿下纳溪、江安、南溪等地，占领了仅距泸州城 10 余里的南寿山。护国战争取得了巨大胜利。泸纳激战，震撼全国，各省相继宣布独立。6 月 6 日，袁世凯在绝望中死去。6 月 7 日，黎元洪继任大总统，护国战争遂基本结束。

面对数量和装备占绝对优势的袁军，护国军以弱胜强，与蔡锷卓越的军事才能密不可分。他的军事才干，在 20 世纪初就读日本陆军士官学校时便显露出来。

1904 年 10 月，该校九期步兵科学生毕业，其中日本人 300 余名，中国留学生 4 名。获第一名殊荣毕业的是，后来大名鼎鼎的民国军事家蒋百里，他因此获天皇的赐刀。获第二名的便是蔡锷。泸纳之战中在蔡锷麾下任护国军第三梯团第六支队长的朱德，率领士兵浴血奋战了 40 多个日日夜夜。他采取"出奇制胜，猛攻急追，速战速决"的战术，打得袁军溃不成军，赢得了"英勇善战，忠贞不渝"的声誉。"良师益友，指路明灯"，这是当年因此一战成名的朱德对蔡锷的由衷赞誉。

护国战争进入善后阶段后，蔡锷的喉症加剧，不能发音，只得以笔代口。他来到泸州大洲驿叙蓬溪（今护国镇）附近的永宁河舟中养病休息。

永宁河穿护国镇而过，这条不太知名的川南小河不但比我想象的宽阔，且水质清澈、碧波荡漾。镇内的河段岸边有巨石壁立，镇外的河段两岸是翠竹长廊，河心还镶嵌着翡翠般的小岛。

这川南小镇的宁静与秀美，一定令这位从湘水麓山走来，在波诡云谲的变革之年几经沉浮，在铁血战场浴火重生的将军浮想联翩。令人感慨奋发的《护国岩铭》及序文由此而生："护国之要，惟铁与血。精诚所至，金石为裂。嗟彼袁逆，炎隆耀赫。曾几何时，光沉响绝。天厌凶残，人诛秽德。叙泸之役，鬼泣神号。出奇制胜，士勇兵骁。鏖战匝月，逆锋大挠。河山永定，凯歌声高。勒铭危石，以励同袍。"

蔡锷挥毫题写的"护国岩"3 个字，镌刻在镇里临河一块高七八米的巨石之上。其撰写的《护国岩铭》及序文，由总参谋殷承瓛书，镌刻于"护国岩"下方。为方便游人瞻仰，当地政府在巨石下的河滩上，修建了一座有护栏的观景台。

伫立观景台上仰望,"护国岩"三个殷红的颜体大字,如长风中漫卷的战旗;那突兀而立的巨石,犹如护国壮士血肉筑成的铁壁铜墙,守卫着护国镇。

余 音

袁世凯死后不到半年,蔡锷也因艰苦作战,久病不治,于1916年11月8日在日本福冈长逝,年仅34岁。1917年4月12日,蔡锷魂归故里,国民政府在长沙岳麓山为他举行国葬,因此他成为民国历史上国葬第一人。

北京举行公祭时,一位身着素服、臂带青纱的年轻女子,在蔡公灵前深深地鞠躬,并送上一副挽联:"万里南天鹏翼,直上扶摇,哪堪忧患余生,萍水姻缘成一梦;几年北地胭脂,自悲沦落,赢得英雄知己,桃花颜色亦千秋。"当在场的人们意识到了什么,欲争相从她口中打听点什么时,她却悄然消失了。这位女子,就是当蔡锷身陷囹圄、壮志难酬之时,以柔弱的双臂助他鲲鹏展翅、重上九霄的小凤仙。

在中国历史上,英雄与美女的故事数不胜数,人们传颂着项羽与虞姬、记住了吕布与貂蝉……这些历史深处的人物,至今还鲜活如昨,是因为他们或爱得率性,或爱得浪漫。而蔡锷与小凤仙的故事,本应是近现代史上广为传扬的英雄与美女佳话,却因为爱得深沉、隐讳而显得扑朔迷离。

在京城风月场红极一时的小凤仙,自此隐姓埋名,没入茫茫人海。自从得了蔡锷的一句"自是佳人多颖悟;从来侠女出风尘",她此心可慰,一生足矣!

大约在1949年,小凤仙在沈阳做了四个孩子的继母。多年后那四个孩子中的一位,在已成为老人时回忆道:"继母特别喜欢一张照片,她总是拿出那张照片静静地看,看照片时也从不避讳我们。那是她和一个年轻将军的照片……照片里的男人很英武,肩上有着很大的章,衣服上还有很多金黄色的穗。我曾问她,'这是谁啊';她淡淡地一笑,回答道,'这是一个朋友'。"

弹奏过高山流水的琴弦,注定只为知音而鸣,否则,它宁愿蚀断;曾经沧海的淡然一笑，注定只为一人而灿烂，否则，她宁愿沉默。

当我离开护国镇时，已是薄暮时分。眼前，炊烟逐归鸟；耳畔，鸡犬遥相闻。这样一幅祥和恬静的画面，想必是蔡锷将军乐意看到且已经看到的，因为他的英魂从未离开四川："锷一苇东航，日日俯视江水，共证此心，虽谓锷犹未去蜀可也。"

蔡锷犹未死，他只是隐于巴山蜀水间……

中国唯一穹窿地貌的古寨堡群

位于青藏高原与长江中下游平原过渡带的四川，西部为高原、山地，中东部为盆地、丘陵，地势的高低悬殊，形成了全国最为复杂多样的地貌。

就在四川广袤的大地上，有一处中国唯一、全球罕见的地貌，在本已神奇的蜀地之上独具风姿。它，便是地质学家李四光权威定义的"威远穹窿体"——核心区面积为900余平方千米的荣威穹窿地貌。

位于荣县以北、威远县西南的穹窿地貌典型特征，是众多顶平壁绝的方山台地，是众多如陨石撞击之迹的地窟天坑。这些拔地而起的桌状山冈，它们常年云雾缭绕，看似无路可上的山顶，令人好奇且充满遐想。

荣威穹窿山系矿产资源丰富，东汉时期便有"铁山"之称。《嘉定府志》载："铁山，从仁寿来，桓亘井、犍、荣、威间数百里，产铁。诸葛武侯取铸兵器。"不过，荣威穹窿地貌天造地设的"城堡"，更多的时候是当地百姓躲避战乱之所，是国家抵御强敌的坚固营垒。

自唐代以来，上至官府下及百姓，纷纷依山借势，居高临下地修筑了易守难攻的众多山寨。这些堪称古人勤劳与智慧结晶的寨堡，如今保存较为完好的尚有近90座，因寨堡而衍生的摩崖石刻、造像、石窟寺等古迹则数目繁多。

固若金汤牛峰寨

我特地选择在冬季探寻这些如今人迹罕至的寨堡，这样既可避免蚊叮蛇咬，又可在野草枯萎树木落叶的情况下，较为真切完整地观察和拍摄。

我的第一个目的地，是荣威穹窿地貌西南边缘的牛峰寨。

牛峰寨位于荣县双古镇南5千米处一座拔地而起的台地之上，海拔约800米，相对高度400米。因此台地状如卧牛，故取名牛峰山。据《牛峰寨志》载："窃此寨为历来避乱之所，山势陡峻，水源繁滋，为邑中第一险隘。"

据陪同我的在荣县从事文史工作的李女士介绍，牛峰寨有寓意颇深的三道寨门：天时门、地利门及人和门。这些名字将气候条件、地理环境和人心向背的百战不殆战略理念融入其中，可见该寨的自信和气概。

牛峰寨真有那么牛？当向导的当地村民告诉我，清咸丰年间李蓝农民军在川南一路攻城掠寨，势如破竹，连高墙深垒的自贡大安寨都险些被攻破，而牛峰寨却稳如泰山。经查，这是史实，《荣县志》有载："嘉庆、咸丰年间，两奉上谕培修（牛峰寨），计费八万余金。李蓝之乱，井乐犍威资宜隆富八县绅民，住寨避贼者二千余家，人丁不下三万。"

牛峰山的天然险阻，从进寨的主要通道所经过的观音岩便可见一斑。这一段长百余米的进寨之路，如今经拓宽铺平后，也只能容一辆小车单向通行。令人心惊的是，此路右旁高数十米的绝壁向路面倾斜，似乎摇摇欲坠；此路左临深数十米的沟壑沟坡陡峭，人马一旦坠下将直落沟底。然而，就在这已是天险之处，当年的人和门当道而立。

我难以相信此处有寨门，便停车请向导指点。果然，一段与寨门相连的寨墙的残垣断壁映入眼帘。它像老迈的英雄，只是在时光里渐渐隐去，但并未消逝。

没有看到人和门，我对天时门和地利门也就不敢再有奢望。

过当年人和门所在的观音岩后，上山之路的坡度越来越小，也就意味着到山顶进寨子了。

如同众多的荣威穹窿山顶一样，广阔的牛峰山顶地势只是略有起伏，总体上平坦。一座座夯土为墙、青瓦覆顶的农舍，散落在田野间、果园里。与其他地方不同的是，这些看似简陋的农家小院的屋基和保坎，不少都是用豪华奢侈的大条石垒砌的。

我走过不少如今成为普通村落的四川南宋抗蒙的山城，毫无疑问，这些被踩在脚下的斑驳条石是寨墙石，当年也曾以它雄伟的身躯保护中峰寨，令其免遭血洗。

令人欣喜的是，向导告诉我，天时门和地利门还有遗迹，尤其是地利门还保持了原貌。

据《荣县志》载，在牛峰山上建牛峰寨的时间为清咸丰三年（1853年），因此，这也应该是牛峰寨三道寨门修筑的时间。于是，我们便直奔天时门。途中，经过一大一小两口古池，凡建于山顶的城池和寨堡必备，这是标配，否则不可能持久。

天时门凿筑于牛峰山顶一处相对高度近百米的悬崖上，距崖顶10余米。当年崖顶通往天时门的出寨之路，早已被齐腰深的野草掩盖。当我走过一处呈90度的拐肘弯时，天时门蓦然出现在眼前。

这天时门所在的位置真是绝险。它一侧是垂直的、直达崖顶的高10多米的天然石壁，寨门的石门枋直接在石壁上掏凿而成；另一侧的石门枋及护墙，是用人工开凿的大条石垒砌而成的，护墙外便是深七八十米的断崖。一条约一米宽的苔痕累累的石板道，紧贴石壁蜿蜒而下。稍感遗憾的是，此门门顶的条石已不见踪影，因此难以读出关于它的更多信息，也无法欣赏它当年完整的身姿。

从天时门到地利门，步行近20分钟。向导说，这才走了牛峰寨内不到三分之一的路程。

在一处呈月牙儿状的台地上，向导指着下面山坳说，地利门就在下面了。于是，我们下到台地下的缓坡，沿着坡上的田埂绕来绕去地下行。前方，出现一处300多平方米的正方形台地，地面有一道宽约5米、长约20米的豁口。走近豁口下望，原来这是一条呈40度角的下行石梯，地利门就在梯道尽头。

梯道的石板上，绿茵茵的苔藓上散落着枯黄的树叶；夹道的石壁上，垂挂着枯而不死的藤蔓。站在地利门进深约6米的门洞里回望，感觉这石梯就是想象中的时光隧道。出地利门不到10米便是深沟，出寨之路靠左边的崖壁向山坳而去。

当我面对地利门时，惊讶地发现横亘在前高10多米的城墙，根本没有一匹墙砖，而是一堵严格意义上的整体石墙。此时我才完全明白，此门及梯道，是在一整块顶部面积300多平方米、高10多米的巨石中间，用人工活生生地掏剖开凿而成的。

地利门与我在川内所见过的所有古城（寨）门相比，最为独特，用坚如磐石来形容恰如其分。

多次考察牛峰寨的李女士给我介绍道，牛峰山虽有天然险阻，但其筑寨工程仍然浩大。其周围近6000米长的岩边，凡有稍缓之坡，即削成悬崖绝壁。砌寨墙的条石厚为0.45米或0.60米，严防处的寨墙高达10米。寨墙上，适当的距离设有哨棚。三座寨门之上，均设置炮台。牛背是牛峰山最高处，当年修筑有三层的瞭望塔一座。

返回停车处的途中，当地热心的村民兴致勃勃地为我们介绍了牛峰山的自然景观：若位置和角度合适，整座山牛头、牛尾、牛角、牛乳样样俱全。牛乳上各有一泉，旱不枯涝不溢，人称牛奶水。牛尾巴下也有一泉，常年叮咚有声，人称牛尿水。除此之外，当年张献忠攻打牛峰山、李蓝农民军攻打牛峰寨的故事，也被村民们讲述得绘声绘色。

荣县双古镇地域呈现着典型的穹窿地貌。我在此悠游期间，发现其竞立的千冈之上，大多筑有古寨堡，几乎一山一寨。除了在李蓝农民军的洪流中屹立不倒的牛峰寨，还有大刀寨、石缸寨、平安寨、三箩寨等。这些古老的军事建筑，几经沧桑，依然有"一夫当关，万夫莫开"之势。

在双古镇的寨堡中，最为易守难攻、最为历史悠久的，当属位于镇北的大刀寨。大刀寨因坐落的山巅酷似刀锋朝天的一柄板斧，故得名。如今遗存的南寨门门楣上，可见阴刻的"友信"二字，其拱门刹尖石阴刻的"宝祐丁巳季冬吉日书"可辨，由此可断定大刀寨始建于如火如荼的宋蒙战争时期。寨内遗存的另一重要文物，是一幅关于大刀寨来历的崖刻《宋砦堡胥隶军籍》，其撰写者被誉为"中国晚清第一词人"的荣县人赵熙。

1915年，赵熙隐居大刀寨，与清风明月相伴。见寨门弹痕累累寨墙倾颓，他的内心激荡着拼命保家卫国的战斗豪情；见寨内遍布的如坟茔的嶙峋怪石，他的思潮也因父老乡亲的惨死而悲愤难抑。于是，一幅大刀寨在战火中玉石俱焚的历史画卷，在他的笔下绘成："宝祐中，元兵乱蜀，各地据险筑隘。四年秋，战叙州，势偪荣。是砦，五年冬立。天下骚然，理宗顾倚贾似道后二十二年，宋遂亡。明张献忠之难，燧羊山麓，砦中礌弩得发，既尽，贼大至，遂破。耕人往往得遗骨，惨哉！古今遞嬗，念未来之世，苍苍者，浩劫何穷。砦名虎头，后标其险，曰大刀云。乙卯夏，赵熙题。"

此外，状如屏风的平安寨、山形奇特的石缸寨、俨然如盆景的三箩寨等，虽然寨门寨墙等古建筑设施已面目全非，但是它们的传奇故事和独一无二的穹窿山景观，依然散发着魅力。

独立荣威老君山

离开荣县双古镇，我自西向东奔向荣威穹窿地貌东南边缘，来到荣县墨林乡与威远县镇西镇交界的大老君山。

大老君山古时又称荣德山。南宋《舆地纪胜》载："荣德山，其高插天，资州、昌州、富顺皆可见之。"清乾隆《威远县志》如此描述其地势："横山护其左，君山峙其右。"

作为荫庇一方百姓、超凡脱尘的大老君山，又曾为血腥的杀戮之地。山上的一通《绍熙判府曹公老君山保守记》摩崖石刻碑，证实了南宋时期川西南抗击蒙古铁骑的悲壮历史。赵熙在大老君山题刻的诗文遗迹，使此山又增添了几分人文气息。

海拔800米的大老君山，仿佛被拦腰截断的一根擎天的石锥，山顶与山底几乎一般大，绝壁完全垂直于地面，令人不敢奢想还有路可上。而山顶隐约可见的庙宇，又实实在在地告诉我，路是有的。

由于环山均为绝壁，若开凿盘旋而上的平缓山道，则工期漫长且施工艰难。当年的开道者逆向思维，干脆凿出一条笔直如天梯的上山之路。因此，最为陡险的一段山道，每一级石阶窄得来只能踏下前脚掌，行走其上。如果不采用手足并用的爬行动作，便有可能失去重心，一个后仰直接滚到山下。

所幸的是，在这段山道，古代的修路者采取了非常人性化的措施，除了在临悬崖一侧修了护栏，还在靠崖壁一侧的齐人肩高之处，以一米左右的间隔掏凿了一个个碗口大小的石孔。石孔口小肚大，称为"抠手窝"。这样，上山者一手抓住护栏，另一手抠紧石孔，便可确保安全。当身负重物上山时，这样的安全设施显得尤为重要。

赵熙的一首七言绝句，赫然镌刻在上山石径起始处一堵高七八米的石壁上。诗曰："一念前生堕世间，飘然人外御风还。秋来化鹤三千岁，独立荣州第一山。"落款为"乙卯秋郭泂招游赵熙记。"此诗以空前丰富的想象力和极其浪漫的表现手法，将大老君山形容得神奇而雄伟。

继续向上，一道贯穿整石而开凿的石门，如猛虎当道而卧。这道石门，是南宋时期大老君山作为一座军事要塞的城门。若此门紧闭，要想登顶似乎只有插上翅膀。

奇异的是，钻过石门，石径向右旋转360度，绕到了石门顶。原来这上山之路开凿在门拱之上，转身回望，门拱又成了一座石桥。

过石门不久，又一道以大石条垒砌的山门雄踞在前。这是曾为军事要塞的大老君山的第二道城门。我刚进入门洞，顿觉光线昏暗，犹如置身于一间逼仄的石室之中。只见石阶笔直向上，伸向位于我头顶的一扇只容一人上下的四方形天窗。我钻出天窗后，看见一个厚实的木窗盖挪在一旁。我恍然大悟，这是作为军事防御设施的双重保险措施：一旦城门被突破，就迅速封闭天窗，从而彻底阻断上山之路。

钻过天窗后，摩崖造像和石窟陆续出现了。

石径左边一处距地面0.33米高的悬崖上，一个方方正正的大石窟尤为引人注目，可惜其内已空空荡荡。据向导介绍，这是凿于唐代的石窟，里面的造像为李老君坐于莲花宝座之上，有两弟子一人拿拂尘，一人捧玉笏侍候在左右。

继续前行，有两块各有2平方米左右的摩崖石刻碑。一块称为"薛高丘摩崖碑"，系唐代荣州刺史薛高丘来此参道后，命人刻碑于此，以示尊崇和虔诚。此碑碑文绝大部分已完全无法辨认，极少数文字勉强可识，但已不能读通顺。另一块为南宋时期的摩崖石刻碑，其碑文也完全模糊，唯有刻于碑额的《绍熙判府曹公老君山保守记》，因每字有手掌般大，故仍然十分清晰。

大老君山崖壁上的《绍熙判府曹公老君山保守记》碑，证明在波澜壮阔的南宋四川抗蒙战争中，大老君山是南宋四川制置使余玠构筑的山城防御体系中的州府一级军事中心。它与周边的铧头砦、杨家砦、大刀砦等众多抗蒙城堡，共同构成了与当年威震蒙军的钓鱼城、云顶城、青居城等"抗蒙八柱"遥相呼应的防御体系。当年的绍熙府通判曹公，无疑就坐镇大老君山，以决死的气概，指挥军民顽强抵抗不可一世的蒙古军队。

在快到山顶的崖壁上，有四龛唐宋摩崖造像，其雕刻精美、形象生动。其中一龛中的两尊造像，人物面容虽风化得模糊了，但从其装束打扮不难看出，一为僧人，一为道士。佛与道并肩而立，共处一室。如此佛道合龛造像，在四川实属罕见。

此外，在从山腰到山顶的山道旁崖壁上，依次有"烟霞""云梯""丹

南宋威远县老君山抗蒙碑刻

岩"三幅石刻题字,每字有小方桌般大。"烟霞"和"云梯"因时间久远,无法判断其题刻年代,而"丹岩"经考证,题刻于明代初年。这些渐次展现的遒劲大字,均镌刻于陡险处或宜于观景处,意在提醒游人驻足观景,并激励人们勇攀风光无限的顶峰。

乾隆《威远县志》载:"大老君山……上有老君洞,修道石崖十四所。有池,古开千叶莲。"

大老君山山顶,正如我在山下远观的那样,坦平如砥。但我想象中掩映于森森古柏之中、气象肃穆的老君祠,却早已灰飞烟灭。唯有立于老君祠原址的一座砖木结构的简陋民房,给寂静的山顶带来了人间的气息。

这座看似民房实为小道观的建筑,是21世纪初,一郭姓母子靠"化缘"和自己的积蓄修建而成的。母子俩以此为家,一年四季都生活在这与世隔绝之地。他们在道观周围开出菜地、栽下果树,以维持基本的日常生活。同时,也卖一些香烛鞭炮，收点香火钱。

道观的大门两旁，各有一尊比真人稍大的横眉怒目、金甲碧脸、手持宝剑的武将塑像。道观里面，塑有几十尊真人般大的各路菩萨，李老君自然端坐正中。

有意思的是，据说这李老君塑像胯下，便是荣县、威远的分界线，也就是说，李老君双脚分踏荣、威两地。因郭姓母子恰恰下山去了。我无缘当面求证。

清代史书所载的盛开千叶莲的水池，是一口约 50 平方米的矩形水池。令人称奇的是，在这拔地而起的孤山之巅，雨水应该是唯一的水源，但池水自有史记载以来，始终不涸不溢。或许，是水池的防渗漏措施到位；又或许，是这座老君山本身聚集和吸纳着天地之精华。

放眼四望，顿觉赵熙的"独立荣州第一山"诗句并非夸张。此时，我如同站在茫茫大海中的孤岛之上，山下高低起伏的冈峦，如翻滚的波涛涌向天涯；交错的田畴、纵横的阡陌，星星点点的竹篱茅舍，织成一匹铺在大地上的锦缎……

穴居避难铧头寨

作别老君山，向东北方向行 20 余千米，便来到荣威穹窿地貌东部边缘的铧头寨。

铧头寨位于威远县庆卫镇庆安村境内的铧头咀山顶，海拔约 800 米，因山体形似犁铧，古寨居于铧头之上而得名。

威远文史工作者考察后认为，铧头寨极有可能修筑于淳祐四年（1244年）前后，与云顶城、钓鱼城、神臂城南宋抗蒙山城等，同为时任兵部侍郎兼四川安抚制置使余玠建立的四川山城防御体系中的一环。

距铧头寨还有 500 米路程，我便在那条弯曲起伏的乡村公路上看到了它的全貌。它吸引路人的早已不是那犁铧状的山形，而是半山腰一排镶嵌在绝壁上的石窟。乍看，像原始社会人类的穴居；细看，是用大条石砌成的房墙。这一排凌空的石墙长 12 米，正是《威远县文化志》记载的铧头寨正寨的寨墙。

我的向导是威远县的文史爱好者吴先生，他看到我有点兴奋的样子，又用自豪的口吻说，荣威穹窿山地有史可考、有遗址可寻的百余座古寨里，唯有铧头寨还遗存着一座完整的炮台。吴先生一席话，令我兴致倍增。因为在四川境内的古城古寨里，有迹可循的炮台已极为罕见。

乡村公路傍铧头寨地势最高的铧头下的悬崖而过，我们将车停在崖下，沿着一条似乎是当地人上山打柴放羊踩出来的野路，向铧头咀山顶走去。

这条依稀可辨的山路，开始是在持续的陡坡上弯来拐去，当我从最后一个陡坡冒出头时，眼前的山路平缓且笔直。左右一看，原来前方这一段既缓且直之路，恰似在鱼的脊背之上，路两侧，是如鱼腹般的 10 多米高的陡壁。就在这如同独木桥的小路尽头，似乎蹲伏着一头正在张口咆哮的灰黑色巨兽。走近方知，这便是位于铧头寨的铧头之处的寨门。

这道寨门的结构有点独特，它的下半部分是利用此处固有的整块山石雕琢而成的，上半部分则是用长一米多、高与厚近半米的大条石垒砌的。遗憾的是，门顶已不存。伫立寨门前细看，可以辨识寨门左侧下半部分的石壁上，有一头戴官帽身着官服的人物石刻纹和如意结石刻纹，这应该是有官军驻守的寓意。

过寨门行不到 30 米，只见一座与垒砌寨门的大条石相当的石材修造的建筑物，屹立在铧头顶上。说它是一幢房屋，那大条石作为房墙似乎显得夸张；说它是一座碉楼，却又不见任何射击孔。吴先生告诉我，那就是仅存的炮台。

我们从炮台里面的一条坡道，登上了这如今仍有 3 米多高的炮台。炮台上的观测员或炮手，有接近 270 度的视角，山下的动静一览无余。那一条坡道是方便大炮迅速就位或紧急转移而特意修建的，也是为了弹药输送的快捷和省力。

下炮台沿山梁继续前行，路旁有一口长方形水池，池口顺山顶岩体表面倾斜而北高南低。此水池面积 100 多平方米，平均深度 3 米左右，是在整块山石上掏凿而成的，取石筑寨与蓄水保命一举两得。

在高于水位线的三面池壁上，遗存有丰富多样的石刻：兵器石刻有长刀、长矛、棍、剑、箭矢等；吉祥物的石刻有飘带纹、如意纹、葫芦纹、旗帜纹，其中三角形的旗帜图案上刻有"天下太平"四字；反映信仰的石刻有经塔、太极八卦图，在经塔石刻图案上方，还有展现战斗状态的弓箭射奔马图纹；反映生活情趣的石刻有鹿、羊、鸟、螃蟹、艺术三叠鱼；人物石刻则为头戴官帽，身着官服的造型。

在所有池壁石刻中，撇开考古价值，其最有诗情画意的当属靠悬崖一侧池壁的一幅山水石刻。这幅石刻用简单的笔画，描绘了铧头寨西边的地貌环境：两山夹一江，江流如蛇行，山坡有树，江中有水，水中有鱼。

离开这如同小型石刻博物馆的水池，我们走向位于寨南的铧尾。就在我们感觉地势越来越低、坡度越来越缓的时候，一段残存的寨墙恰到好处地横亘在前。本来半环绕铧尾的寨墙，如今只剩下这几十米长的一段，其余部分只剩墙基。

位于寨东半山腰绝壁上的正寨建筑，需从陡峭的山顶借助木梯而下才能到达。铧头寨内已无人定居，也就不可能找到相应的器具，我欲近距离观察正寨建筑的念头被迫打消。

据同行的曾下到正寨的威远朋友描述，正寨有寨门一座，石室5间（包括门厅、客厅和3间卧室），均在崖壁向内雕凿而成，另有储存食物的石窖一个、保障饮水的水池一口。要进入这麻雀虽小五脏俱全的正寨，从下往上是与地面呈直角的崖壁，从上往下一旦抽梯则完全断路。因此，这当地人称的正寨，应该是战事失去控制的情况下人们最后的避难所。

从炮台遗迹到官员、兵器石刻，均反映出铧头寨并非普通的躲避战乱的场所，而应当是一项政府行为所致的军事工程。

唐宋时期，威远县隶属荣州。荣州于南宋绍定六年（1233年）升为绍熙府，南宋端平元年（1234年）宋蒙第一次战争开始，南宋端平三年（1236年）绍熙府治迁鸿鹤镇（今自贡自流井鸿鹤坝），理宗宝祐六年（1258年）蒙军将领纽璘破简州、资州，绍熙府亦破而废。距铧头寨不到20千米远的荣县与威远的界山老君山崖壁上，刻有记录军民抗蒙事迹的《绍熙判府曹公老君山保守记》碑，从而确认老君山为1242年（南宋淳祐二年）余玠出任四川安抚制置使后构建的山城防御体系之一。

据此，当地文史工作者推测：绍熙府的防务，便是以老君山为中心，而铧头寨应为老君山防务的桥头堡。对于铧头寨山顶水池池壁石刻的射马图案，吴先生认为是寓宋（箭守）元（马攻）之意。

无论铧头寨的始筑年代最终定论如何，它昭示着人类为生存而蕴含的无穷智慧，充溢着为和平而迸发的无比勇气，必将为后人所景仰、崇尚。

如母抱子俩母山

离开铧头寨，我折向西北方向，进入荣威穹窿地貌的核心区域威远越溪镇。荣威穹窿地貌的主峰俩母山，便坐落在这里。

三国时期，蜀汉丞相诸葛亮曾站在俩母山之巅，发出"此乃祖山也"的感叹。随后，他在山麓设"铁箭卫"，利用这里丰富的铁矿，打造刀剑，使之成为蜀汉最大的兵工厂之一。

清末威远秀才吴绍游，曾如此诗赞俩母山："遥遥俩母参天日，照透鸡冠顶上红。"我驻足俩母山脚，只见两峰并立，相依相偎，如母抱子。其中的娘母山，海拔835米，女儿山海拔830米，两山相距仅50米。俩母山如此奇异，自然有着神奇、动人的传说。

远古，这一带妖魔横行，祸害百姓。玉皇帝遣娘女二人下凡，定居此地，除妖治魔安抚百姓。母女去世后，化为两山相依而立，显灵显圣，庇祐世代百姓。后来，人们感怀娘女二人功德，在山顶较为平阔的俩母山上，建庙宇殿堂，塑俩母女神像，俩母山由此名满川西南。

像四川其他地方的南宋抗蒙方山城堡一样，俩母山四周是悬崖，在相对高度100多米的绝壁上，凿一条弯曲迂回的石梯，成为通向山顶的唯一通道。与多数南宋方山城堡将城门筑在临近山顶处不同，俩母山的寨门筑在山腰，门前的那一段石板道陡如天梯。当年，寨门及寨墙上有观察洞、射击孔；如今，寨门只残留石门框。站在寨门遗址处向下看，顿生"一夫当关，万夫莫开"之感。

由于俩母山山顶仅有数十亩面积，因此，它的知名源于山顶供奉着西方三圣及若干佛像的峨顶寺。而令它声名大振的，自然是寺前供奉着俩母山神的俩母山神庙。此庙是威远穹窿地貌区域内海拔最高、规模最大的山神庙。

作为南宋抗蒙的寨堡，为防止蒙古军队长期围困，具备必要的生产、生活条件。在山顶，凿有一个近20平方米的水池，池壁以条石垒砌，旱不涸，雨不溢。我在池边看到，池中仍碧水一潭。当年，这一池水供数百人长期饮用应该没有问题。山顶上，有一块块熟地，可四季栽种庄稼果蔬。在冷兵器时代，具备了这两个物质条件，再加上险峻的地形和血战到底的勇气与决心，这里可以固守相当长的时间。

晨分阴阳，是只有俩母山上能欣赏到的一道奇观。

逢农历每月上旬，于黎明时站在俩母山山顶，面向东方，眼前会逐渐呈现玄秘而壮丽的景观。当东方发白时，极目处只见一条耀眼的亮线横亘天际，缓缓地自东向西横扫而来，苍茫大地阴阳分界十分明显。

俩母山山顶犹如一座360度的观景平台，伫立其上，层峦叠嶂的穹窿山尽收眼底，如海的苍山令人感觉漂浮在波涛之上。

与俩母山毗邻的凤凰寨，便坐落在相距仅数千米的南边。凤凰寨因坐落的山体走势形如凤凰展翅而得名。其最早建寨时间，可以追溯到宋末元初的南宋抗元时期。清代曾有红灯教在此长期驻扎。

从凤凰寨清同治年间的功德碑可以大致了解，由于该寨寨顶面积宽达三千亩且平坦，四周皆为相对高度数十至数百米的悬崖峭壁，因此在清末兵荒马乱的岁月，便成为腰缠万贯的大户人家及手无寸铁的普通百姓的避难之地。

如同牛峰寨一样，登凤凰寨之路仍是在典型的穹窿山峭壁上掏凿而成的。车行途中，公路一侧如百米高墙般的绝壁上，千姿百态的藤萝垂悬，时有飘落的山泉如无数玉珠抛洒。到达平阔的山顶，是一眼望不到边的近两米高的芦苇丛，一株株苍翠的松树，在黄中泛红的芦苇的映衬下，犹如血色大地上不倒的卫士。

据当地人介绍，虽然如今凤凰寨内基本无人定居了，但当年在开阔处建有院落、仓房，并开挖水池、垦地种庄稼。寨内常年囤积粮草，置备刀矛、枪石。山寨设有寨主，平常留少数人守寨，其余人在山下耕种，一遇敌情就上山备战。

凤凰寨寨墙几乎是天然的，而寨门却必不可少且筑在临近山顶的要隘处。在当地人的带领下，我好不容易找到仅存的两道寨门。如果当今在原址重建的位于寨内最高处的凤凰古寺是凤凰之头，那么其中一道就在凤凰之尾，另一道则在凤凰之腹。

凤凰之尾的这道寨门，堪称绝险。它是在寨顶一块突出于悬崖的巨石旁，以厚实的大条石修筑而成的。

站在这仿佛凌空的寨门前，俯视几乎垂直的下山石板小道，令人有摇摇欲坠之感。对于来犯之敌来讲，不要说冒着枪林弹雨进攻了，就是毫无顾忌地攀登都难。对于寨内百姓而言，只需紧闭寨门，大概也能高枕无忧了。

八座城门向家寨

向家寨距俩母山也不远，在两河镇勇敢村境内。此寨是威远穹窿地貌区域最大的方山，寨顶面积达7500亩，且多达8道寨门。

寨内林深路险，人烟稀少，面积广大，让人容易迷失方向。于是，勇敢村村委会主任余建英女士欣然为我带路。

余建英年约30，她大学毕业后，回乡当村干部服务乡民。她如同山中精灵，身手矫健地带着我在坡回路转、沟坎交错、草木横生的向家寨内，寻觅着一处处残存的历史遗迹。

1852年，数十名衣衫褴褛、面带饥色的逃难者，行进在因久无人迹而野猪奔突、老熊当道的向家寨内。为首的一名汉子叫杨光荣，粤西人，因家乡战乱，不远千里率族人迁徙至此。据在他的带领下重新立寨而立下的《清平砦记》载："……（向家寨）四壁削立，沟深路狭，前人以为砦。"砦，清光绪以前对这带山寨的称谓，以区别于其他地区用木料建筑的寨子。南宋时期城门的残垣、军营的断壁，一定令杨光荣再次感到世事难料、命途多舛。

余建英引以为豪的是《清平砦记》碑。一般来讲，具有较大纪念意义的碑，多立于当道处或开阔地，此碑却雕凿在一处隐秘的山沟的断崖上。仰头看去，长4米、高2米的《清平砦记》碑高悬在距我的头顶约4米处，其碑文每字约三寸见方，清晰可辨，详细记录了清代咸丰二年至咸丰五年建设清平砦的由来："癸丑夏，因粤西乱，家君约同乡七家，囤其中山修三石门，堤二，筑一大厦，命荣董其事，三年而落成，名其砦曰清平夫。"

此碑对面隔着宽百余米的深沟的绝壁裂缝处，是向家寨的双寨门。此寨门及两侧的城墙用工整的石块垒砌。它嵌在崖缝之中，从而封锁了另一条进寨之路。

由于向家寨寨内东西长4.5千米、南北长3.8千米，其面积比钓鱼城、神臂城之和还要大，因此南宋时期围绕该寨的衙府及军事重地，又修筑了一圈内城墙。我看到，如今残存的一段长约200米的内城墙，已倾颓得只有二三米高，且被藤蔓植物和野草覆盖得密密实实的，犹如一条僵死的绿色巨蟒。在内城中，当年府衙的屋基依稀可辨。离府衙残址不远处一块平地，被当地人称为"公局界"，是当年审案、行刑的地方，大概是因为此处死人太多，阴气太重，当地村民历来都不在此地种庄稼。

向家寨的水寨门、同寨门是保存完好的寨门，它们虽然不及钓鱼城、云顶城、神臂城等抗蒙"川中八柱"的城门高大雄伟，但也不像普通防盗防匪的山寨门那般粗糙、单薄。其坚硬厚实的墙砖、三四米的门洞进深，显然是为了抵御正规军的进攻而精心设计施工的。

向家寨下的围子湾，在第二次全国文物普查时被发现有占地10余亩的宋墓群。

围子湾是一片缓坡地，三面靠山，一面临穹窿底部蜿蜒的连界镇至越溪镇的县级公路，视野开阔。其地理位置符合中国传统的墓葬风水宝地的条件。

在威远县文物管理部门从当地聘请的宋墓管理员冯文光的带领下，我逐一察看了已探明的 4 座宋墓。

所谓十墓九盗，大凡经正规渠道发现、发掘的古墓，总是被盗墓贼先行一步。围子湾宋墓也不例外。其墓内的棺椁、陪葬品早已荡然无存，唯有宋人的零星尸骨还散落墓内，等待着今人用 DNA 去鉴定他们的种族、血缘，以便他们的后人拜祭悼念，追思亡灵。

我两手撑住一个垂直于地面的宋墓盗洞边沿，如做双杠动作般缓缓将脚触到洞底，然后借助手机屏幕微弱的光亮，蜷缩着身子向墓室摸索而去。

这座宋墓的墓室有并排的三间，每间有 10 余平方米，如同四川地区民居，中间为堂屋，两侧分别是卧室和书房。当然，人死了不会再在卧室。在居中的墓室里，我看到了墓主人的头骨和大腿骨，由此可以断定，棺椁是放在类似堂屋的主墓室内的。整个墓室的四壁及地面、室顶，都是用石材建造的；墙上雕刻的一幅怪异的图案，既非花鸟虫鱼、人物牲畜，也不像为装点墓室的纯粹唯美的画作，我想，或许是墓主人家族的族徽之类的特别之物。

距此墓 100 多米远的另一座宋墓坐落在半坡上，墓穴如同隧道，与地面平行开凿而成。整座山坡，便是天然的封土堆。其高 3 米多的石质仿木结构墓门，气势不凡，恍若地下宫殿的大门。

进入墓内，其结构的精巧、牢固，令我吃惊。墓道两边，是巨石雕凿的一根根整石石柱。拱形的墓道顶部，同样是用一道道呈半圆形的整石加固，以保永不坍塌。在这深近 10 米、高约 3 米的墓内，浅浮雕的侍女、花卉，将墓室装饰得富丽堂皇。

有意思的是，分别位于墓室两侧且对称的两个如真人一样大的侍女，如浮在水中一般作飞天状。其裙裾迎风飘拂，双臂撩云拨雾，一副仙子的模样。看来，该墓的主人社会地位不低，财力丰厚。

能够判断该墓主人大致身份的是，墓内石壁上的一幅立姿人物浅浮雕像。此人身着官袍，挺胸昂首，头戴宋代官员独有的带帽翅的官帽。

遥想 1241 年，蒙军将领塔海、秃薛"师伐西川，破城二十"，简州（简阳）、隆州（仁寿）纷纷陷落；1258 年，蒙古大汗蒙哥令蒙军名将汪德臣攻打隆州、简州等地的一系列堡寨。向家寨、高顶寨位于隆、简二州之间，因此，该墓的主人，或许目睹了蒙军的血腥暴行，或许亲自参与了抗蒙的殊死战斗。如果他是死于战场，该墓就应当是"烈士"墓了。

在这一处不大的山坳里发现的密集宋墓，可以证明此地是宋代的公共坟场。或许，它还是宋蒙战争中战死的南宋将士的国殇园。

兵燹人绝高顶寨

高顶寨位于向家寨以西，两寨最近处仅隔一条宽 100 多米的盘家沟。该寨海拔 760 米，平阔的寨顶森林全覆盖，面积达 3000 亩。寨内无人定居，荒草没道，密林蔽日，充满未知的危险。

据《四川通志·仁寿县》第六卷载："高顶寨，高百余丈，昔人避难之所。寨门犹存，二小径陡险，牛马不可行。上有田数百亩，居其中者往往殷实。"

高顶寨有大寨门、二寨门、幺寨门和尾寨门四道寨门。在向导的带领下，我从高顶寨南麓，向最为陡险的大寨门攀登。

如同多数修筑在险山峻岭的抗蒙方山城堡一样，高顶寨的大寨门，也是在我沿着断崖上开凿的石梯走向悬崖，眼看前无去路云海茫茫时，在身旁蓦然出现的。它高五六米，用修凿得工整的大石条垒砌。其临悬崖一侧用条石筑墙；倚绝壁一侧，石壁便是天然城墙。门内左侧石墙上，雕刻着每字都一尺见方的"古高顶寨"。当年笔力遒劲、刻痕深凹的四个大字，经数百年风雨剥蚀，已字迹漫漶，仔细察看方可辨识。而刻在墙上的清代咸丰年间的维修碑记，因字体小、刻痕浅，虽不久远，却已无法辨读了。

穿过大寨门，是呈 45 度向上的石板路。攀行仅百余米，竟然又有一道城门。这城门和大寨门一样高大敦实，但令人诧异的是，它正面宽 10 余米，不见两侧绵亘的城墙，犹如烽火台。驻足细看，它的两侧都是深渊，回首走过的石板路，实际上修在薄如刀口的山脊之上。这座被当地人称为二寨门的城门，将通向山顶之路完全封死。这种城门的布局，类似南宋时期四川其他方山城堡的瓮城，其意在于双重保险。

　　站在二寨门门楼远眺，流岚雾霭间，周边的穹窿山岭如飘在云端的仙境，令人不知是在天上还是人间。这么隐秘险要之地，自然会被历史上的各色人等因不同需要而相中。它经历南宋蒙军的血腥杀戮，沉寂数百年后，清代的一名叫作孙静阳的御医隐居于这与世隔绝之地。他修山庄开鱼池，养珍禽饲异兽，过着逍遥自在的仿佛神仙一样的日子。

　　但更多的时候，这里仍是与刀光剑影相伴。昔日的坚城高墙、深壑绝壁，成为兵荒马乱年月殷实人家的避难之地。不需要太多的武装人员，寥寥数十名家丁、保镖分别把守几处"牛马不可行"的险境，便可安享太平。

　　清代初期，张献忠的农民起义军一部，被清军追剿逃到高顶寨据守，恶战半年而全军覆灭。清代中期，四川爆发以红灯教为主力的起义。在清军围剿追杀下，首领廖观音率残部退至威远，凭借山势险峻的高顶寨据守，后终因弹尽粮绝被全歼，廖观音也被清军捉拿，带回成都被斩首。20世纪三四十年代，高顶寨盘踞着一伙悍匪。刘文辉调正规军一个团围剿数月，却因无法攻克而悻悻退兵。

　　过二寨门前行，松林蔽日，蕨草没径。由于高顶寨已无人定居，且数度血流成河、尸骨成山，不由令人感到静谧中的阴森、神秘中的恐惧。一处残破的石窟佛龛，分别是神仙圣人、达官贵人及百姓祭祀场景。造像虽损毁风化得较严重，但人物身份仍可辨识。据专家考证，龛中造像应出自唐代。

　　在寨内中心地带，有一方称为圣水池的古堰塘，面积有半亩多，长方形，四方用石条砌坎。当年寨内屯兵最多时有上万人，将士所饮之水均取于此。密林中有几处蕨草、蒿草覆盖的开阔地，那是当年的演兵场和点将台。如今，我们只能在春雷般的松涛声中，想象当年沙场秋点兵的浩荡阵势。

　　幺寨门同样筑在悬崖绝壁间，我横穿高顶寨后，便经此门下山。

　　幺寨门的拱顶，已坍塌出一个大洞。从这无情的岁月开凿的洞口仰望苍穹，悠悠的思绪仿佛将人带入时光隧道，在奔流不息的历史长河里遨游。

祁山堡　兴复汉室的桥头堡

横亘于甘肃陇南的祁山，无论是雄伟险峻还是灵秀奇幽，与三山五岳相比都显得微不足道。因此，云游天下的墨客骚人，也很少为它留下只言片语。

然而，一个人的到来，却为祁山留下"鞠躬尽瘁、死而后已"的文化符号，留下屡败屡战、锲而不舍的精神信念。"六出祁山"，成为诸葛亮兴复汉室战略行动的代称。祁山，也因之以独特的人文元素，跻身于名山之列。

祁山南麓、西汉水北侧的祁山堡，正是那一阵历史风尘的凝聚地。

■ 祁山堡　兴复汉室的桥头堡

蜀陇咽喉

"祁山风劲肃秋酣，暗淡阵云五丈原。"日本近代诗人土井晚翠的著名长诗《星落秋风五丈原》，震撼读者的心灵。日本民间的诸葛亮情结，正是由此而生。

去祁山堡的念头，在我心里萦绕了许久，一直未去，为的是等待秋酣。因为那样的时节，祁山一定倍显寂寥，我便可以触摸它的无尽悲怆，可以凭吊它的深邃苍凉。

祁山堡全景

位于礼县城东20余千米、西汉水北岸的祁山堡，为平川上突起的一座孤峰。据《礼县县志》和《秦州志》记载："堡高数十丈，周围里许，四面如刀削，高峻奇拔。"它北倚"连山秀举，罗峰竞峙"（《水经注》）的祁山，南临日夜奔流的西汉水。

据考证，祁山堡是人工修筑于西汉时期的军事设施，但具体何人何年因何事而建，尚无定论。伫立在堡上，祁山川道及南北山岭一览无余。它如同遮天屏障，控扼西南而来东北而去的要冲，成为三国时魏蜀必争之地。

其实早在商周，由于这西汉水两岸，土地肥沃，草木毓秀，开阔富庶，便成欲图霸业者的牧马、屯兵、积粮绝佳之地。

"在西戎，保西垂"（《史记·秦本纪》），从殷商中晚期开始，世受殷商王室恩惠的秦人远祖，即嬴氏一族的一支，受命在今甘肃天水地区的西戎之地，保卫今礼县一带的西垂，以监督西戎族群效忠殷商王室，维护殷商王室的统治。公元前770年，秦襄公护送周平王迁都洛邑，被封为诸侯，建都于西垂，秦国正式建立。从此，秦人先祖在今礼县一带农耕牧马，积蓄力量，然后越过祁山，攻城略地，"灭诸侯，成帝业，为天下一统"。

饱读史书精通地理的诸葛亮，当然熟知这段历史和这里的人文地理。祁山坐落在东西长百余里的河谷盆地，扼蜀陇交通的咽喉。一旦据有此地，东北就可直逼天水关、陈仓（今宝鸡），进而图谋关中，直捣长安。南可安然撤回陇南，再不济可退守固若金汤的剑门关。因此，此地战略地位非常重要。蜀军首次北伐便选择出祁山，就在情理之中了。

诸葛亮的战略思想，早在《隆中对》中就有所体现。祁山周边是氐羌聚集地，出祁山"西和诸戎"，可争取氐羌，分化曹魏势力。当然，祁山复杂的地形地貌，便于蜀军攻防设伏；粮食富足，水草丰茂，便于蜀军就近筹措补给。

于是，突兀雄奇的祁山堡，理所当然地成为诸葛亮北伐的桥头堡。

传奇之地

祁山堡坐落在礼县祁山镇旁，驾车在十天高速公路祁山镇出口下高速后，转县道行10余千米便到。

一座四柱三滴水的古朴牌坊，矗立于秋风肃杀的祁山镇镇街一侧，向人们指引着祁山堡的方位。过牌坊一两百米，便来到古柏森森的堡西山脚。一条浓荫蔽日的石子路，直通祁山堡唯一的堡门。

与"丞相祠堂何处寻，锦官城外柏森森"的成都武侯祠相比，祁山堡比我想象的还要冷寂凄凉，以至于我产生短暂的疑惑：这难道真是当年蜀魏的血拼之地，是古今之人皆知的传奇之地？

沿石子路而上，踏过几级高台阶，一座青砖垒砌的古堡门蓦然跃入眼帘。它不算高大，但从拱形门洞的进深，能感到相当的厚实。堡门顶上的垛口，有如一双双充满警惕的眼睛。堡门两侧，镶嵌着一副楹联，"隆中一对鼎足三分天下事瞭如指掌；前后二表祁山六出老臣心惊泣鬼神"。

过门洞，一幅约10平方米的黑白石版画迎面而立。深黑清冷的石板上，镌刻着蜀汉人物素描，题记着六出祁山的悲壮经历。画中的诸葛亮，长髯飘飘、羽扇纶巾，在斗志昂扬的三军将士簇拥下，意气风发地眺望巍巍祁山。

这幅镶嵌于堡壁的石版画，如祁山铁血岁月的残片，似这座千秋古堡的墓志。

走在傍堡墙的小道上，透过堞墙遥望，堡下平畴广阔，方圆数十里的动静一览无余。西汉水蜿蜒而来，然后绕堡南山脚而过，如一条天然的护城河。登上瞭望台，从垛口俯身探头下看，陡立的堡壁远高于一般城墙。

在堡西与堡南的城墙拐弯处，小道向上左右迂回至堡顶。因祁山堡本为人工垒建，故堡顶平坦如砥。历史悠久的祁山武侯祠，便坐落这里。

在我国中原、西南、西北，备受众人景仰的武侯祠为数众多。勉县武侯祠建祠时间最早（263年），且祠址为蜀汉北伐时诸葛亮的行辕故址，因此有"天下第一武侯祠"之称。而最有名气且影响最大的武侯祠，则非成都武侯祠莫属。祁山武侯祠始建于南北朝时期，当时建在祁山堡山脚下。明万历四十二年（1614年），礼县知县李瑁将武侯祠迁建于祁山堡内。清道光十二年（1832年），巡按陕西、甘肃监察御史何承都将其重修。

祁山武侯祠建在诸葛亮首次北伐的最前沿，建在蜀魏多次重大战役的战场，建在魏蜀名将张郃、马谡魂魄归天之地，且建祠时间比较久远，因而在众多武侯祠中，无疑占有独特而重要的地位。

谒武侯祠

祁山堡堡顶 2000 多平方米的平台上，是数十株唐宋古柏掩映的前后三院的武侯祠。它的大门，是一座四柱三滴水三门木牌坊，朱红色的木门铆着铜钉，繁复的斗拱饰有云纹，牌匾上书有"武侯祠"三个汉隶大字。

大门一侧墙上，镶嵌着镌刻于青石之上的前后《出师表》。这是各地绝大多数武侯祠的标配。诸葛亮这一泣血之作，虽然我读过多遍，其中精彩语句也能背诵，但作为瞻仰武侯祠的仪式，我仍按惯例肃立浏览，再次领略它的荡气回肠。

进入大门，是一个古松荫蔽的长方形大院，正中一座重檐翘角、虎足龙柱的铁铸香炉，弥漫着袅绕的青烟。正面，是祭祀诸葛亮的正殿，檐前所悬的匾额"名垂宇宙"，出自杜甫"诸葛大名垂宇宙，宗臣遗像肃清高"名句，是对诸葛亮功勋的极高赞誉。檐下所悬的篆书匾额"全蜀安汉"，是对诸葛武侯平生功勋的概括。门柱楹联为"祁山诸葛列地营六出三分鼎，铁笼姜维开天阵一箭千古雄"。寝宫门悬匾"伯仲伊吕"，门联为"三顾运筹天下计；六出报效老臣心"。

由于正殿的栅栏门紧锁，因此无缘入内拜谒，寝宫门也紧闭，我也无缘瞻仰诸葛亮贴金泥塑坐像。

大院两侧，是两排长长的厢房，内有泥胎彩塑的数十名随诸葛亮北伐的文官武将像，稍大于真人。东厢房为披甲按剑、威风凛凛的武将，西厢房为神采奕奕、睿智儒雅的文官。他们的脚下，是确切的蜀魏鏖战之地，是无数征夫的葬身之地。徘徊在此，耳畔似乎回荡着诸葛丞相的进击号令，仿佛置身于血肉横飞的战场。

正殿后的中殿为关公殿，内塑关羽、关平、周仓像。关羽败走麦城后被杀荆州，从未到过祁山更未参与北伐，因此，这里的关公殿给人一种另类之感。当地有人这样解释，很可能是明清时重修整修祁山武侯祠时，为关羽修庙塑像已蔚然成风,因此把他请进武侯祠供奉。

正因为祁山武侯祠供奉着关公,礼县及周边的民间唱戏剧目,是没有《夜走麦城》的。此外,由于魏延是历次北伐的主角之一且战功赫赫,因此《斩魏延》也不会上演。

后殿为祈佛殿,如今是文物陈列室。后殿的墙外有一洞穴,通向堡下的西汉水。据说是当年守堡蜀军汲取河水的秘道。伫立于此,可见西汉水北岸与堡脚之间,田垅呈八卦图案的良田,人称八卦田。这是当地百姓以这种春种秋收、生生不息的方式,表达对奉为圣人的诸葛亮的怀念和纪念。

英雄遗恨

伫立祁山堡堡顶极目远眺,祁山川道及南北山岭尽收眼底;四下环视,波诡云谲的战场遗迹若隐若现。

北面的祁山山麓,有蜀军九寨故垒,相传为建兴六年(228年),诸葛亮亲率主力首次北伐,占领了祁山堡后而建。这是由于诸葛亮"患粮不济",将九个土垒伪装成九个大粮仓,以示粮草丰足,既欺骗魏军,又安定蜀军军心。所以,又称为"九谷堆"。据考古学家实地考察,确认这些高大的土垒系人工堆砌,夯层夹杂的陶片属于汉代文化遗存。诸葛亮首次北伐,被不少史学家认为是最接近成功的一次。由于马谡失街亭,情势急转直下,诸葛亮只得退还汉中。

南面的一片柏林里,有诸葛亮靠前指挥的"观阵堡"。堡上仍存的三棵枝繁叶茂的古柏,相传为诸葛亮所植,当地人称之为"孔明柏"。"观阵堡"以南,有诸葛亮训练西凉战马的圈马沟。

西面的西汉水之滨,有诸葛亮操练兵马、演习布阵的"石营"。东面一座小山丘上,有泥土夯筑的圆台,那是点将台遗址,曾发掘出三国时期的瓦当。向东过卧龙桥到卤城(今礼县盐官镇),有诸葛亮屯军时取水制盐的盐井。由卤城再向东,便是231年(建兴九年),诸葛亮第四次北伐失利,于退兵途中设计射杀魏将张郃的木门道了。

"出师未捷身先死，长使英雄泪满襟。"祁山，是易守难攻的战略要地、天造地设的风水宝地。蜀汉六次北伐中，有两次直接占据，有两次反复争夺，却还是未能迎来"天下有变，则命一上将将荆州之军以向宛、洛，将军身率益州之众出于秦川"，两面夹击、直取中原的大好局面。这或许真如诸葛亮所言："谋事在人，成事在天。"

"已知天定三分鼎，犹竭人谋六出师。"凝聚着无数英雄的遗恨，激荡着"知其不可而为之"的悲壮，千年祁山堡依旧巍然屹立，一如当年。

五丈原　星落秋风渭水寒

陕西岐山县五丈原，是诸葛亮率领蜀汉大军最后一次北伐，到达的距离曹魏关中重镇长安最近的地方。两地的直线距离有100多千米。然而，近在咫尺的长安，却成了诸葛亮永远到不了的地方。

诸葛亮恢宏的生命乐章，在五丈原戛然画上休止符。但是，他谱写的旋律实在激越高昂，以至于如今仍余音袅袅，并将经久不息地回荡。

悠悠苍天　何薄于我

对于蜀汉与曹魏来讲，五丈原的地理位置特殊。它和白鹿原、鸿固原、乐游原等地势高耸的山原，在长安的南侧环绕，与横贯关中平原的渭河，共同构成拱卫长安的防线。

五丈原南有秦岭、北有渭水、东有石头河的三面环绕，形成了一个军事上的封闭空间。占领并据守五丈原，对于进攻一方的蜀汉来讲，进可攻退可守，在军事行动方面具有主动权。

三国时期，由汉中前往关中，能够翻越秦岭用兵的道路，有子午道、傥骆道、褒斜道、陈仓道和祁山道。其中，褒斜道的出口位置，恰恰是五丈原。

诸葛亮北伐前出的最远处，是甘肃陇南礼县祁山堡和陕西宝鸡大散关。这两个地方，离他心心念念的长安城，还有点遥远。他的最后一次北伐，便是经褒斜道兵出斜谷，最终抵达了五丈原并屯兵于此。

诸葛亮伫立五丈原上，八百里秦川已在眼底，长安城似乎已能瞭望。

五丈原所在的岐山县，是炎帝生息之地，西周龙兴之地。在岐山脚下，周文王姬昌求得姜太公鼎力相助，实力逐渐强大，开创出八百年基业。按理说，诸葛亮"匡扶汉室"的正义之师，在这祥瑞之地，是应该有所作为的。

然而，星落秋风五丈原。诸葛亮与命斗、与天斗，以"知其不可为而为之"的赴死气概，践行"鞠躬尽瘁，死而后已"的诺言。他不可能倒在纷嚷的朝堂，只可能倒在血腥的战场。五丈原，注定是他人生的终点。

《三国志·蜀书·诸葛亮传》载："十二年春，亮悉大众由斜谷出，以流马运，据武功五丈原，与司马宣王对於渭南……相持百余日，其年八月，亮疾病，卒于军，时年五十四。"

从234年春至当年秋，诸葛亮虽然盘踞渭水南岸这块绝佳的前进基地，却既不能前进，也不愿后退，最终心力交瘁，抱憾而死。

临终前的诸葛亮，在五丈原上俯瞰渭水北岸的司马懿军阵，到底有何复杂思绪？当他脚踏寒霜，在拂面秋风中巡视军营，到底有何泣血吁嗟？1700多年后的今天，这位天下奇才的"悠悠苍天，何薄于我"的仰天长叹，似乎还在五丈原的山川回荡。

死而后已　马革裹尸

从成都到五丈原，满打满算仅8个小时的车程。当年从成都出发的蜀汉北伐大军，抵达五丈原需要近一个月。从某种程度上说，诸葛亮却为此花费了一生的时间。

驾车在连霍高速蔡家坡立交驶出高速后，再沿107省道向南越过渭河，很快便直抵相对高度近200米的五丈原下。

五丈原为秦岭北麓黄土台塬的一部分，海拔750米左右。塬是典型的黄土高原地貌，其山体四周被沟谷冲刷切割成峭壁，顶部平坦，远望如桌。五丈原整个山体呈南高北低，南窄北阔态势，除南面稍缓，其余三面皆为悬崖。据说，南面最窄处仅五丈，五丈原因此而得名。

伫立塬麓仰望，凝结着雄壮与悲悯的五丈原，如一座高不可攀的城墙。塬上的苍松翠柏如列阵兵士，诸葛亮庙建筑群的翘角塔尖隐约可见。

汽车在大坡度的北坡蛇行不久，便到达五丈原诸葛亮庙西侧的停车场。由此步行200米左右，便来到诸葛亮庙前的广场。这里是五丈原的最北侧，也就是这处台地边缘。

诸葛亮庙面北背南，庙前巨大的广场古柏参天。伫立广场北沿远眺，塬下的渭水以及北岸的蔡家坡尽收眼底。

诸葛亮与司马懿在五丈原对峙，前后有100多天。与诸葛亮前几次北伐的迂回战术不同，这次明摆着要正面作战，要决一死战。或许，是他认为蜀汉大军具备了正面作战的实力和信心；是他认为自己来日无多，对命运有所预感。

遗憾的是，司马懿已非常清楚诸葛亮的心态："纵其后出，不复攻城，当求野战，必在陇东，不在西也。"他料到诸葛亮终究会倾力直出褒斜道，寻求与曹魏主力决战。况且，褒斜道北口的五丈原，东距长安不过200多里，如果蜀汉大军能在这里站稳脚跟，将会对曹魏防线造成巨大威胁。

司马懿铁心死守，挑战却不出战；诸葛亮志在向前，却难以攻坚。双方就这样耗着，等待时来运转。

诸葛亮的中军帐，虽然在五丈原南端的豁落城，但是在北端的边沿，即如今的诸葛亮庙门前的广场边，无疑是观察敌情的最佳之处。

广场入口处，两株古柏参天蔽日。在它们的庇护之下，是一尊碑顶螭首和碑底龟趺的"五丈原"碑。此碑虽为新碑，也较为粗糙，但在我看来，它可能是设计者的独具匠心之作：碑顶为金色，似乎寓意北伐的辉煌；碑身为纯黑色，似乎凝结着无限的悲壮；碑底呈山石原色，似乎散发着难言的苍凉。

英明千古　忠贯云霄

五丈原诸葛亮庙整体呈长方形三进院落，按献殿、正殿、后院依次排列，与其他地方的诸葛亮庙（武侯祠）相同。

诸葛亮庙门前，两侧是"一诗二表三分鼎，万古千秋五丈原"的楹联，门楣的竖匾上书"五丈原诸葛亮庙"。进庙前，作为瞻仰诸葛亮庙的仪式，我仍按惯例肃立，令思绪在三国争霸的浩荡场景中纷飞，再次领略乱世英雄故事的荡气回肠。

庙门内侧上方，悬一块"忠贯云霄"的横匾，左右有两尊器宇轩昂的塑像，分别是魏延、马岱。

献殿前有鼓楼和钟楼，殿门上方有一横匾，书有"五丈秋风"。殿内墙上，镶嵌着四十通岳飞挥毫的前后《出师表》字碑。其书法龙飞凤舞，雄劲刚健。此外，献殿内还有朱元璋对诸葛亮的评述石刻，从中可读出英雄间的惺惺相惜。

献殿和正殿之间的院子中央，矗立着其他武侯祠不曾有的八卦亭。这座

五丈原诸葛亮庙

古风盎然、亭顶有八卦图形的攒尖八角亭,进一步体现了诸葛亮的神机妙算。

正殿大门上方,书有"英明千古"。殿内的诸葛亮塑像,身着蓝八卦衣,手执鹅毛扇,神态庄重自如。左右廊柱上,是"短兵五丈原,长眠一卧龙"的对联。蜀国四员大将关兴、王平与张苞、廖化,分别站立两旁。在他们两侧,还有两座配享小庙,左边是姜维,右边是杨仪。

诸葛亮衣冠冢,位于正殿后方偏西处。墓冢周围竖有28根立柱,寓诸葛亮辅佐刘备28年之意。相传,诸葛亮去世后,遗体被运回汉中并葬于勉县定军山下,而他生前的衣物,则被手下将士埋葬在五丈原。

正殿的正后方是较为宽敞的后院。院内环境清幽,草坪花坛令人如沐春风。诸葛亮衣冠冢幽居柏林之中,八角重檐的陨星亭耸立中央,文臣武将廊分列两侧。

与全国所有的诸葛亮庙(武侯祠)相比,这里的陨星亭是独一无二的。东晋孙盛所著《晋阳秋》,记载了诸葛亮辞世的一段传说:"有星赤而芒角,自东北西南流，投于亮营，三投再还，往大还小。俄而亮卒。"史学界对《晋阳秋》的评价是"词直理正，咸称良史"，因此，说不定当时还真有这样的天文异象。

陨星亭中，镶嵌着一块形状怪异且呈铁锈色的石头。解说牌上介绍，它正是诸葛亮死时落下的星星，叫作"落星石"。据说，这颗陨星落在诸葛亮中军帐遗址豁落城。当地人怀念诸葛亮，把星落之地叫作"落星湾"。

与全国所有的诸葛亮庙（武侯祠）不同的是，在五丈原诸葛亮庙东院，建有祭祀诸葛亮结发夫人的月英殿。该殿坐东朝西，塑有黄月英坐像，两个儿子塑像肃立两侧。黄月英像被塑得端庄秀美，一反她长得很丑的传说。

无论黄月英相貌如何，她的才华都是史学界公认的。她对诸葛亮事业帮助很大，特别是在研究八卦方面。五丈原诸葛亮庙的修建者，做了一件大德之事：夫妻两人，死不能同穴，就让他们的灵魂不孤独吧！

传奇终结　史诗流传

五丈原的周边区域，由于蜀魏两军对垒时间长，因而留下甚多的遗迹，为五丈原平添了浓厚的神秘色彩和迷人的魅力。

南面的棋盘山顶，平坦似棋盘。相传诸葛亮屯兵五丈原期间，曾多次在此弈棋憩息；诸葛亮中军帐遗迹豁落城，在棋盘山与五丈原之间的山包上，附近村庄叫落星村；五丈原以东10千米处的葫芦口，就是诸葛亮火烧司马懿的上方谷；五丈原北麓渭河南岸的高店，相传为魏延的驻防地；渭河北岸的三刀岭，与五丈原隔河相望，相传为司马懿的帅营所在地。此外，还有蜀军大本营九龙山、蜀军下原取水的十三盘古道、蜀军取水的诸葛泉等。

这些或真实或传说或附会的遗迹，令古往今来的无数人凭吊、遐思。

由于蜀魏两军相持日久，魏军背倚关中平原，后勤不成问题，蜀军的一部分粮食问题，只能就地解决。于是，五丈原北麓渭河南岸的坦平田野，便成为诸葛亮的屯田之地。

如此，便形成历史上一场战役间罕见的奇观：在两军阵前，栽种和收割庄稼的人，既有蜀军又有魏国百姓。《三国志·蜀书·诸葛亮传》载："耕者杂于渭滨居民之间，而百姓安堵，军无私焉。"这间接证明诸葛亮治军很成功，没有军纪败坏、侵犯百姓的现象。

五丈原诸葛亮庙到底建于何时，不仅在史学界争论不休，也是游人探讨的热门话题。

诸葛亮逝世后，各地请求为其立庙，百姓私祭不断。五丈原是诸葛亮病逝之地，当时虽属（魏）晋之地，但其统治者对他还是崇敬的。晋武帝司马炎曾下诏说，诸葛亮在蜀，尽心尽力，其子诸葛瞻在危难之时能守节而死义，这都是天下的优秀品质。所以，魏晋之时，在五丈原为诸葛亮建庙是有可能的。

金代诗人郝中有《题五丈原武侯庙》诗作云"坏壁丹青仍白羽，断碑文字只苍苔"，描绘出诸葛亮庙壁坍墙坏、碑裂石破的凋败景象，可证明五丈原诸葛亮庙早已有之。

元代廉访司副使郭思恭的《汉丞相诸葛武侯公五丈原庙记》，有"庙自汉至今，千有余年"。从这句碑文可知，五丈原上早已有"枕原向北"的诸葛庙。

元代朱铎在《五丈原怀古》诗云："遗庙经千古，愁云往日还。"此诗句亦从侧面说明"自汉至今，千有余年"的说法。

往事越千年，五丈原诸葛亮庙难免在天灾人祸之时，或毁或坍。不过，它如今的主体建筑修建时间，可以从立于庙门旁的《重修汉丞相诸葛武侯献殿碑记》得以确认。这通高约2米的青石碑，立于清代光绪七年。

我走出诸葛亮庙后，发现正对庙门的广场下方，正升起袅袅青烟。我走过广场逐级而下，又看见坡地上有几间农舍。那一缕缕青烟，从附近的一座简易祭坛上飘来。祭坛旁边，几位村民正在焚香。我走近前一问，才知这是当地祭祀诸葛亮的民间习俗，已不知延续了多少年。

一个传奇的人生，在五丈原终结；一个史诗般的故事，却永久流传。

川滇咽喉处　石达开的滑铁卢

中国古代有数十万人血拼的重大战役，大多逐鹿于中原。如战国时期发生于今山西省高平市西北的长平之战，东汉时期发生于湖北蒲圻赤壁山下的赤壁之战，东晋时期发生于安徽肥西淝河畔的淝水之战……

然而，19世纪中叶的中国西南腹地，却罕见地发生了一场数十万人绞杀的生死大战。这场史称"横江大战"的战役，改变了中国近代史的进程，实际上决定了企图占领成都、期望与天京的洪秀全遥相呼应的石达开的最终命运。

■ 川滇咽喉处　石达开的滑铁卢

殊死大会战

横江，是四川宜宾县一个与云南水富县隔河相望的小镇。

2000多年前至今，在横江镇伏龙口宽不到200米的逼仄峡谷之中，秦始皇开凿的川滇间的官道"五尺道"，仍蜿蜒于峡谷山间。历代运铜进京、运盐入滇的水道关河，仍在峡谷里奔腾不息。内昆铁路和水麻高速公路，在峡谷里飞架盘旋。川滇公路和宜凤、宜义两条通乡公路，在峡谷里亲密缠绕。

如此咽喉要道，呈现着古今交通发展史的奇观；如此险山恶水，是石达开戎马生涯真正的转折点。

自清同治元年（1862年）石达开率10万西征军进入贵州、云南后，他便坚定不移地要实现"久想占据四川"（《石达开自述》）的战略意图。并传说他在四川筠连县写下了"踏破河山胆气豪，偏师入蜀斩蓬蒿。临当痛饮黄龙酒，不灭乌珠恨不消"的豪迈诗句。

当年，他先后率军于4月和7月，分别在忠州、丰都、涪州一带和江津、合江一带试图突破长江天险，进占成都平原。但是，两次渡江均以失败告终。

于是，石达开于10月在云南镇雄兵分五路，以迅雷不及掩耳之势突入川南，克筠连、占高县，进至自古有"川滇门户"之称的宜宾县横江镇、双龙镇一带。

伏龙口的奇特地势和横江镇堡垒般的清代民居，立刻就给了我一种异样的感觉。横江古镇濒临关河，街道两旁一座座古朴的宅院，大条石垒成的墙基高近一米，用硕大厚重的大青砖砌成的院墙高四五米。如果不是开着石木结构的八字院门，门槛前剥落得有些看不出原形的门当，门框上腐蚀得皱纹深深的户对，真会被人误以为是一座座坚固的营垒。

我虽然略感惊诧，但很快确信，在如此牢固的高墙庇护之下的主人，不仅仅是炫富，还因为太需要安全感。事实的确如此，横江镇自古便是川滇交界处的重要物资集散地，丝绸、桐油、山货、药材、食盐、茶叶、布匹和日用百货，从这里流转至周边及其他地区。尤其是抗日战争爆发后，全国政治经济中心向西南转移，昆明与宜宾两地往来更加频繁。有着水路和陆路优势的横江镇，商业、运输业更加发达，拥有商户千家，人口近万，被称为"小宜宾"。于是，富商的纷纷诞生，便是顺理成章的事了。

横江镇，是石达开总结前两次渡江失败的经验后，精心选择的一处渡江基地：伏龙口峡谷里，关河河床狭窄、河道深切，一旦涨水，其河水就会被挤压而出，形成异常汹涌的水势。季节一到，大部队便可飞舟横渡，一举冲抵关河与金沙江交汇的金沙江北岸，然后踏上进攻川中腹地之路。横江镇乃商贸重镇，易于征集大量船只，又因为该镇常有匪患，所以每一个宅院都犹如堡垒，即使外围不守，也可凭巷战抵抗。

因此，石达开率部在横江、双龙、捧印、张窝一带构筑了大量的营垒城堡，坚守这一处强渡金沙江的绝好战略据点。为此，他通令全军："誓必渡此金河……兵士之有功者，赏军功检点职衔，功高者赏侯爵豫爵。"

老谋深算的骆秉章，识破了石达开的战略意图。他以最快的速度跟进，将四川境内能调动的全部清军，集中到横江周边，并兵分三路，欲对太平军进行"兜剿"：北路，于宜宾安边镇金沙江北岸设防；南路，由高县、筠连向横江进攻；西路，则于云南盐井渡、大关一带堵截。骆秉章孤注一掷，决心不惜任何代价，抢在关河涨水之前，将太平军聚歼于金沙江南岸。

横江，是石达开的大部队渡过金沙江最后一处理想之地，再向西，再往上游走，金沙江峡高谷深，江流湍急，小股部队偷渡尚可，千军万马只能望江兴叹。

横江，石达开不愿放弃，也不敢放弃。就在此决一雌雄吧，反正是迟早的事！一场殊死的大会战，即将打响。

1863年1月8日，双方共30万人马参战的横江大战爆发。当天，骆秉章如此向朝廷奏报战况："石逆知我军渐逼，乃于双龙场增贼营三十余座，势将久踞以老我师。而横江、双龙两处贼垒林立，卡坚路险，我军迫欲急攻，贼（营）中炮石雨下，（我）不免多有死伤。"

由此可见，战事一开始便直接进入高潮。

川滇咽喉处　石达开的滑铁卢

双方激战20余天，太平军各营垒岿然不动，清军却大量伤亡。战局对清军明显不利。

1863年1月30日深夜，横江镇突然鼓声大震、号角齐鸣，由云南提督胡中和率领的一支清军，从该镇后山小路破卡攻入镇内。这是因为清军在强攻受挫后，千方百计探得了一条通往横江镇的山间秘道。与此同时，被清军暗中收买的石达开部将郭集益、冯伯年也里应外合，同时对双龙场太平军发动进攻。

转眼间，形势逆转。眼看大势已去，石达开只得率余部由横江镇以南的燕子坡渡过关河，退往云南昭通、东川。白果坪的太平军，为掩护大部队撤退，与清军激战后全部阵亡。

横江大战，太平军阵亡的将领达50名，近4万士兵战死疆场。清军的伤亡也十分惨重，除游击将军胡万浦、都司胡东山等众多将领被击毙，身居高位的重庆镇总兵唐友耕也左腹中枪，身负重伤。

浴血黄鳝沟

横江大战主战场，位于横江镇以西一千米处。

据时任四川总督的骆秉章给清廷的奏折中对横江大战所述："其时（关河）两岸聚集悍党数万，夹河为垒，环筑木城土卡……横江镇西二里，黄鳝沟之贼军，三四万人伏墙死拒……铅丸将尽，继以锅铁碎石。"

黄鳝沟，成为有确凿史料记载的发生激战的具体地点。此沟是横江镇郊外的制高点白果坪与另一座山峦之间的沟壑，因沟内土壤颜色从古至今与横江的红土地不同，呈黄褐色，形状又曲曲折折，故名黄鳝沟。

当年，太平军的主阵地设于白果坪，其西临黄鳝沟一侧地势较缓，便成为清军的主攻方向。由于战事惨烈，清军的每一波进攻之后，沟内都被尸首填满。一旦战斗稍有间歇，太平军便迅速将清军尸首清理至沟口，使之作为肉体障碍物，挡住清军由河岸向沟内进攻的道路。而清军在每一波进攻之前，为使道路畅通，也顾不上对战友遗体的妥善处理了，直接将沟口的尸首纷纷拽入关河。一时间，关河成了血河。

黄鳝沟战斗，引起清廷的震动，骆秉章在给朝廷的奏折中哀叹，此战使清军"死伤不少。"

由于100多年来自然环境的不断变化，黄鳝沟内已无流水，密不透风的杂树蒿草已将此沟覆盖。直到20世纪90年代在沟口填土修沿河公路之前，在沟口周围仍不时挖出尸骨。

我从黄鳝沟向白果坪攀爬。白果坪并不平，而是屹立于关河畔、东南北三方皆为陡壁的山岗，只有黄鳝沟方向地势稍缓。攀至山腰，一排排断断续续的墙垒出现在我的眼前。

一般的古城墙，都是由青石或灰砖修砌的，远看如巨蟒盘缠山间；而太平军的金黄色卵石墙垒，在残阳下，如一道道血色长城。这些堪称奇观的墙垒壕埂，自北向东再向南，基本环绕白果坪，且层层设防，从山腰至山顶共4圈。由于太平军是流动作战且战事紧迫，所以筑垒修墙的巨大卵石均就地取材，从关河里采取。

点将台位于山顶一小块平阔处。它的周围，竟然还有最后一圈周长200余米、高近4米的卵石筑成的环形工事，这是太平军与清军玉石俱焚的地方。位于环形工事正中的卵石垒砌的点将台，如同多年无人祭扫、野草怒长的大坟包。环形工事突出部的一座卵石垒砌的半封闭碉堡，如蹲伏在杂草丛中的雄狮，随时准备将来犯者撕咬。

太平军进驻横江镇共两个月时间，其间有40多天处于激战之中。这些由山脚的关河之中采集的脸盆般大小且数量巨大的卵石，要搬运至无路可通的山上，并筑成御敌的工事堡垒，真是令人难以想象。西征的太平军那顽强的生命力和坚忍的战斗力，由此可见一斑。

其实，太平军早已是一支非常正规的军队。西征的太平军仍保留着正规作战的军事建制，设有类似如今工程兵的工匠营、土木营，他们遇山开路、逢水架桥、平地筑垒、关隘建卡，以便于主力部队攻守。

白果坪、黄鳝沟太平军"伏墙死拒"，是太平军在横江大战中惨烈的最后

■ 川滇咽喉处　石达开的滑铁卢

横江镇太平军卵石防御工事

一战。叱咤风云、豪气冲天的太平天国名将石达开，其征战生涯由此从辉煌趋于黯淡。

败走横江镇，放弃石城山，撤退至云南东川昭通的石达开，不会修正也不可能修正渡过金沙江的既定战略目标。事不过三，第四次渡江，明摆着是最后的尝试了，当然要多耍些花招。

正如曾国藩所说："查贼渠以石为最悍，其逛煽莠民，张大声势，亦以石为最谲。"石达开巧妙地分兵几路：李福猷部进军贵州，回攻川东，引诱沿江的清军回防；赖裕新部又作为疑兵冒充主力被清军当真，以至清军"诸军相率尾追"。石达开则从容地从云南巧家米粮坝渡过了金沙江。

当我离开横江前往石棉安顺场时，汽车在金沙江上的高速公路大桥上一掠而过。天堑变通途，坦荡朝天路，当年只能出现于石达开的梦中……

折戟大渡河

安顺场西北边的松林河与大渡河交会处，便是石达开率军强渡大渡河的主要地点。

我站在这里的河滩上，脚下是葱绿的菜畦，四周是飘香的果园，当年血肉横飞的战场痕迹已荡然无存。放眼望去，宽阔的两河汇合处，松林河水清亮泛绿，大渡河水浑浊泛黄。两水合流后，无语东去。

置身此地，稍有军事常识的人都会察觉，1863年5月的石达开，在石棉安顺场陷入《孙子兵法》里所称的"山川险隘，进退艰难，疾进即存，不疾进则亡"的绝境：北面是波涛汹涌的大渡河，西面是水势湍急的松林河，东面是奔流不息的南桠河，南面则绵延着险绝的马鞍山。

当地老船工告诉我，每年5月的大渡河，看似波澜不兴，但水下暗流涌动、漩涡连连，隐藏着难以估量的凶险。安顺场一带典型的渡船，其船身长近10米，船首尖细且高高翘起，状如龙舟，由此可见，一般的舢板竹筏，难以抵挡大渡河的惊涛。

石达开率军突入安顺场，实际上是他避实就虚、出其不意的战略思想指导下的明智之举。因为他已暂时摆脱了清军正规军、地方军及清军纠集的地方武装的围追堵截。

1863年5月14日到达安顺场时，石达开即派人渡河侦察，确认大渡河对岸尚无清军。当夜，大雨滂沱，大渡河开始涨水。此后三天，为确保大军安渡水势逐渐汹涌的大渡河，石达开命人准备且加固船筏。5月17日，对岸发现少量清军，石达开作试探性抢渡，以探虚实。5月21日，经过充分准备后，石达开率大军进行大规模抢渡，欲一鼓作气占领对岸。

就在石达开精心挑选的5000精锐发动首轮渡河作战，且船只已驶到河心之际，暴涨的洪水猝然而至，其水量数十年难遇。大渡河的洪水，本应7至8月出现，在1863年竟提前了一个多月。所有的船只，不是被打翻，便是被激流冲得不知去向。5000 精锐在洪水与炮火中无一人生还，是导致整个战局急转直下的主要原因。

兵败老鸦漩

石达开强渡大渡河无望后，试图放弃北上，转而西渡松林河。

我眼前的大渡河支流松林河，河面泛着白花花的细浪，显然水浅，且流速也并不快。但是，石达开抢渡松林河仍惨遭失败。其原因，至今历史学家们仍众说纷纭。

我身后不远处，是占地面积 20 亩、唐代建筑风格的红军强渡大渡河纪念馆，想当年大渡河两岸红军胜利的旗帜必定高高飘扬；我耳畔呼啸的秋风，似石达开"战必死，降亦必死，均一死也，不如其战"的绝唱在回荡。

5 月 22 日，石达开决定抢渡松林河。如能成功，便沿大渡河西岸进军至泸定，再寻机东渡大渡河。

由于船只已损失殆尽，过松林河只能泅渡。欲置之死地而后生的太平军，奋勇争先地扑入松林河时，竟都如同触电一般，惊恐地返身上岸。原来松林河口的河水是大渡河水暴涨倒灌而入的，这河水是贡嘎山流下来的雪水，冰冷刺骨。人浸在水中，很快便会冻成僵尸。

松林河对岸的山冈上，架满了土司王应元的土炮，轰得在冰水中动作缓慢的太平军死伤无数。因此，小小的松林河，也成为石达开军不可逾越的天堑。

强渡大渡河和松林河均告失败后，石达开于 6 月 11 日率残部 6000 余人，退至大渡河老鸦漩河段的石儿山下。

石儿山位于今石棉县城边上、大渡河铁索吊桥桥头。建于 1941 年的翼王亭，便伫立于此山上。

那是在 1941 年底，一条有 20 多万人参与修筑的抗战公路乐西公路（乐山至西昌，穿过石棉县城）全线通车。3 万筑路民工伤亡的惨烈，数万西征的太平天国将士全军覆没的悲壮，令时任国民政府军事委员会西昌行辕主任的张笃伦百感交集。于是，"路既成，建亭大渡河滨，所以彰先烈（石达开）而纪工程之艰巨"（张笃伦《大渡河怀翼王石达开并序》）。

当年的翼王亭，为六柱六角形，古朴雅致，精巧玲珑。20余通石碑组成的碑林，簇拥着翼王亭，将它映衬得庄严肃穆。国民政府军政要员于右任、白崇禧等人，撰写了咏怀翼王石达开的碑记或诗文，内容为赞颂翼王功绩和哀伤其败亡，言辞慷慨激昂、发人深省，且书法艺术水平高，均镌刻于碑林的石碑之上。其中，以于右任的《题大渡河翼王亭石室》诗"大渡河流急且长，梯山万众亦仓皇；遗民慷慨歌谣里，犹说军前失翼王"为最佳。

被困在石儿山下老鸦漩的石达开，面对因伤残饥饿、吃完战马后又吃光了附近桑叶而奄奄待毙的6000将士，断然将自己的生死置之度外，与清军谈判，以自己身入囹圄为条件，换取6000将士不被杀害。难怪他的对手骆秉章感叹，他"能以狡黠收拾人心，又能以凶威钤制其众"。

中国太平天国研究会顾问、国务院政府特殊津贴专家史式，于翼王亭修复之时撰写的对联，恰如其分、精炼地表达了对石达开的评价："扬鞭而威震六合，一世奇勋，有如两岸高山，千秋巍巍；舍命仍不保三军，百年遗恨，恰似满河怒水，万古滔滔。"

我在石棉期间，时值初秋，大渡河水既不汹涌，也不刺骨，是它一年之中性情最平和的时节。但是，大渡河畔上演的那场历史大戏，却永远波澜壮阔。